南昌海关年鉴
2023

《南昌海关年鉴（2023）》编纂委员会 编

中国海关出版社有限公司
·北京·

图书在版编目（CIP）数据

南昌海关年鉴.2023/《南昌海关年鉴（2023）》编纂委员会编.—北京：中国海关出版社有限公司，2024.5

（中国海关史料丛书）

ISBN 978-7-5175-0803-8

Ⅰ.①南… Ⅱ.①南… Ⅲ.①海关—南昌—2023—年鉴 Ⅳ.①F752.55-54

中国国家版本馆 CIP 数据核字（2024）第 096603 号

南昌海关年鉴（2023）

NANCHANG HAIGUAN NIANJIAN（2023）

作　　者：	《南昌海关年鉴（2023）》编纂委员会
责任编辑：	安颖侠　文珍妮
责任印制：	王怡莎
出版发行：	中国海关出版社有限公司
社　　址：	北京市朝阳区东四环南路甲1号　　邮政编码：100023
编 辑 部：	01065194242-7504（电话）
发 行 部：	01065194221/4238/4246/5127（电话）
社办书店：	01065195616（电话）
	https://weidian.com/?userid=319526934（网址）
印　　刷：	北京中科印刷有限公司　　经　销：新华书店
开　　本：	889mm×1194mm　1/16
印　　张：	18.75　　字　　数：410千字
版　　次：	2024年5月第1版
印　　次：	2024年5月第1次印刷
书　　号：	ISBN 978-7-5175-0803-8
地图审图号：	GS京（2022）1441号
定　　价：	190.00元

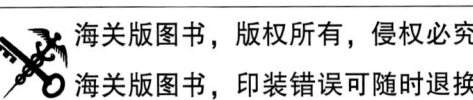

海关版图书，版权所有，侵权必究

海关版图书，印装错误可随时退换

《南昌海关年鉴（2023）》
编纂委员会

主 任 委 员 党英杰

副主任委员 赵月淦　符　平　李　宇　温劲松　张　潮
　　　　　　　邵　飞　蔡金水

编纂委员会委员 蓝祥光　刘　军　李旭日　万　彬　姜　蔚
　　　　　　　　邓菲菲　陈志勇　江望锦　卜延刚　李　鸣
　　　　　　　　韩大海　郭　一　谢　峰　姚　伟　段利平
　　　　　　　　柯亨军　祁　营　黄　敏　陈　婷　甘乐平
　　　　　　　　张小珉　陈威威　周艳艳　欧阳建军　韩　颖
　　　　　　　　刘　伟　廖立新

《南昌海关年鉴（2023）》编辑部

组　　长　李　宇

副 组 长　王柏青　刘　军

工 作 组　熊文兵　陈　涛　彭宇梅　曾绍华　黄　亮
　　　　　　黄丽萍　江志浩　万　雷　陈　斌　周汉辉

编辑部成员　李　驰　陶　林　卢　泉　董旖婧　王　琦
　　　　　　刘　娜　罗文龙　张　璐　陈小青　涂　径
　　　　　　欧阳亚萍　赖淑华　宗　华　全德昌　邓婉羚
　　　　　　高天放　李　阳　吴子骏　张思静　刘小保
　　　　　　杨　芳　曾雅洁　舒　杨　文　琪　邓　辉
　　　　　　罗羽琨　金一琪　陈义雄　钟宇祺　陈正强
　　　　　　刘　博　黄　标　姬文灏　徐兆伦　杨若为
　　　　　　曾　辉　宋兰洁

编辑说明

一、《南昌海关年鉴（2023）》坚持以习近平新时代中国特色社会主义思想为指导，载录2022年度南昌海关工作的基本情况，包括关区改革发展的重要举措、重大事件以及成绩和经验，以资政育人，凝心聚力，为建设中国特色社会主义现代化海关提供精神动力和史实支撑。

二、《南昌海关年鉴（2023）》记述时间为2022年1月1日至12月31日。

三、《南昌海关年鉴（2023）》记述资料来自南昌海关及其隶属海关、所属机构的文件、档案管理部门，限于篇幅，不一一注释。

四、《南昌海关年鉴（2023）》采用分类编辑法，设类目、分目、条目3个层级。有特载、专记、大事记、党的建设、业务建设、综合保障、各隶属海关单位、事业单位和社会团体、荣誉·名录、海关统计资料等类目，在各类目内设有分目，以条目为基本记述单元。卷首设专题图片，卷末设附录。

五、《南昌海关年鉴（2023）》统计数据和单位名称以及标点符号均按国家有关规定执行，计量单位采用国家法定计量单位和国际单位，技术规范、专业名词从规范要求。

南昌海关

比例尺 1 : 1 920 000

1	九江综合保税区
2	南昌综合保税区
3	赣州综合保税区
4	井冈山综合保税区

序号	类型	口岸名称	批准开放时间	口岸性质
1	航空口岸	南昌航空口岸	1990.3	国际常年
2	水运口岸	九江水运口岸	1980.2	国际常年

∧ 2022年6月15日，江西省委书记易炼红（左二）在南昌海关调研

∧ 2022年3月15日，江西省省长叶建春（前排左二）在南昌海关调研

∧ 2022年2月18日,海关总署政治部主任许大纯(左)出席南昌海关关长任职仪式

∧ 2022年6月16日,驻署纪检监察组组长王林(前排左)在南昌海关所属赣州海关调研

∧ 2022年9月8日,江西省委常委、省委宣传部部长庄兆林(左二)到南昌海关所属昌北机场海关调研

∧ 2022年6月27—28日,海关总署总检验师孙文康(左二)出席赣南等原中央苏区振兴发展战略实施十周年座谈会

∧ 2022年2月26日,南昌海关新一届党委在井冈山开展主题党日活动

∧ 2022年7月8—9日,南昌海关在中国井冈山干部学院召开年中工作会议

∧ 2022年6月24日,南昌海关关长、党委书记党英杰(前排右)到甘源食品股份有限公司调研

∧ 2022年7月1日,南昌海关关长、党委书记党英杰(右一)到定点帮扶村开展乡村振兴帮扶调研

∧ 2022年12月9日，南昌海关关长、党委书记党英杰赴江西省委党校参加江西省"十四五"高质量跨越式发展论坛并作专题报告

∧ 2022年10月14日，南昌海关缉私局局长、党委委员赵月淦讲授学习《习近平谈治国理政》第四卷专题党课

∧ 2022年9月22日,南昌海关副关长、党委委员符平(中)在九江参加中格海关AEO线上互认观摩

∧ 2022年8月6日,南昌海关副关长、党委委员李宇(前排左二)到南昌海关所属吉安海关辖区企业调研

2022年8月25日,南昌海关副关长、党委委员温劲松到南昌海关所属宜春海关调研

2022年3月11日,南昌海关政治部主任、党委委员张潮在南昌海关所属赣州海关与基层支部联系点开展强化政治机关建设专项教育活动调研

∧ 2022年5月10日,南昌海关副关长、党委委员邵飞(前排中)到赣州国际陆港调研赣州综合保税区规划调整工作

∧ 2022年10月10日,南昌海关党委纪检组组长、党委委员蔡金水(右三)到赣州龙南市渡江镇岭下村合丰上品蔬菜基地调研

业务建设

> 2022年9月16日，海关总署自贸司综合保税区和特殊区域发展司在南昌海关召开综合保税区综合改革及课题研究视频交流座谈会

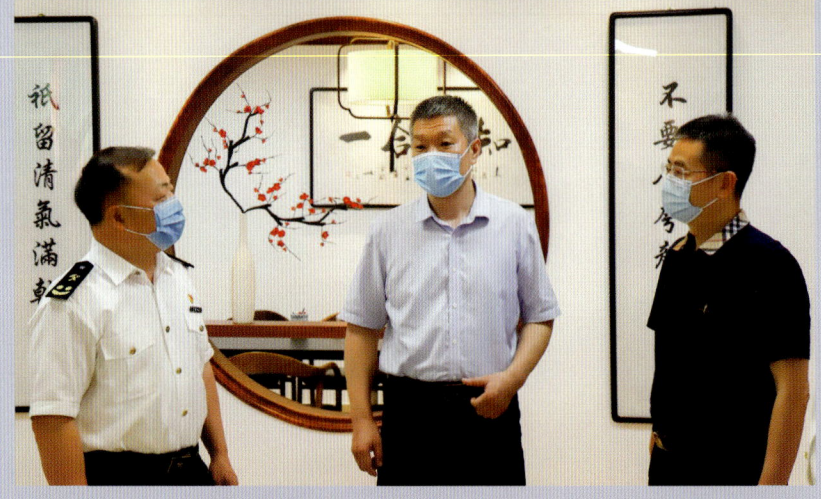

> 2022年7月13日，中国海关传媒中心在南昌海关所属赣江新区海关组织开展调研

> 2022年3月27日，南昌海关为入境分流客运航班检疫监管突击队做战前动员

∧ 2022年5月31日，南昌海关召开支援机场疫情防控工作队出征动员会

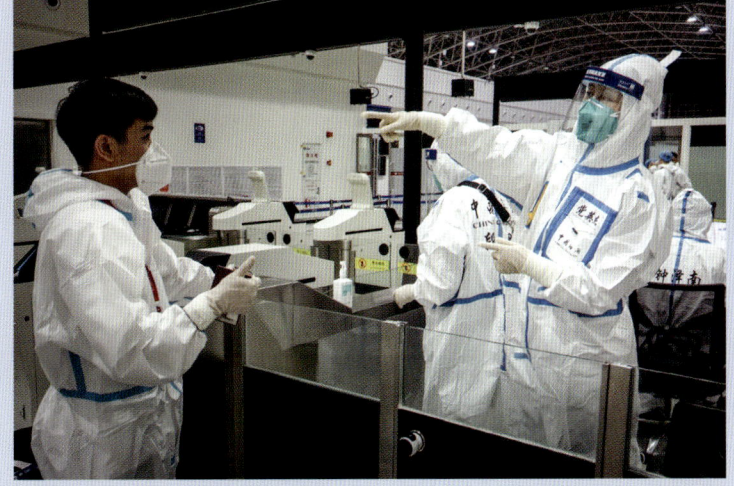

› 2022年5月12日，南昌海关开展"关长走进封管区"活动，关长党英杰（右一）在一线跟班作业并参加封闭管理

› 2022年11月7日，南昌海关作为重要保障力量参加江西省定期开展的国际客运航班保障实战演练

∧ 2022年3月13日,南昌海关关员对入境航班实施登临检疫

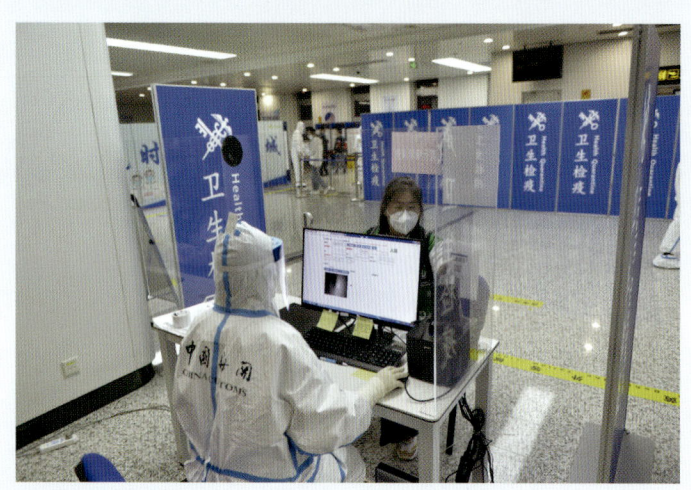

< 2022年3月31日,南昌海关关员对入境人员健康申明进行审核

< 2022年5月18日,南昌海关监管保障南昌昌北机场国际货运航班复航

> 2022年3月16日,南昌海关组织开展机关大楼疫情防控预防性消杀处理工作

∧ 2022年5月12日,武汉、南昌、长沙海关共同签署《推进长江中游地区高水平开放高质量发展鄂、赣、湘三地海关协同工作机制框架协议》

> 2022年6月30日,南昌海关与长沙海关举行《支持烟花爆竹出口加强安全监管合作协议》签约仪式

< 2022年11月3日，南昌海关与上海海关共同签署《推动沪赣两地高水平开放高质量发展协作备忘录》

< 2022年10月10日，南昌海关与江西省农业农村厅举行《服务乡村振兴 推动农业农村高质量发展合作备忘录》签署仪式

< 2022年8月9日，南昌海关与景德镇市政府签署合作备忘录

> 2022年4月18日,南昌海关召开实施"优化口岸营商环境专项行动"新闻发布会

> 2022年3月18日,南昌海关签发江西省首份对马来西亚RCEP原产地证书

> 2022年6月21日,南昌海关关员在新余冷轧钢企业调研

> 2022年6月29日,九江红光国际港首票外贸集装箱业务正式启运

< 2022年8月9日,南昌海关在景德镇举办"关'助'发展"系列活动启动会暨首期海关政策宣讲会

< 2022年2月9日,南昌海关缉私局民警对查扣的反宣品进行鉴定

∧ 2022年10月11日,南昌海关关员保障江铃汽车高效通关

∧ 2022年10月31日,南昌海关关员首次对进境参加中国国际进口博览会展出的艺术品进行身份信息采集

∧ 2022年11月17日,南昌海关关员赴黄菊生产企业帮扶产品出口海外

队伍风采

< 2022年9月1日，南昌海关举行党委理论学习中心组（扩大）学习暨廉政党课

< 2022年6月30日，南昌海关举行庆"七一"暨"两优一先"表彰大会

∧ 2022年3月12日，南昌海关与海关总署挂职干部、基层锻炼干部在赣州于都县联合开展主题党日活动

< 2022年5月12日，南昌海关开展"五四"表彰活动

< 2022年7月28日，南昌海关开展庆祝党的生日、诵读红色经典活动，关员诵读《可爱的中国》

< 2022年10月21日，南昌海关青年关员组织学习

< 2022年5月5日，南昌海关组织关员开展队列训练

< 2022年3月3日，南昌海关举行"匠心雕琢 共绘蓝图"国际劳动妇女节主题活动

目　录

第一篇　特　载

南昌海关概况、主要职能、组织架构 …… 3
在 2022 年南昌海关工作会议上的讲话 …… 5
在 2022 年南昌海关全面从严治党工作会议上
　的讲话 …… 16
在 2022 年南昌海关年中工作会议上的讲话 …… 23
在南昌海关党委理论学习中心组（扩大）学习
　暨正处级领导干部学习贯彻党的二十大精神
　培训班上的讲话 …… 32

第二篇　专　记

南昌海关开展捍卫"两个确立"、做到"两个
　维护"、强化政治机关建设专项教育活动 … 45
南昌海关科学精准高效做好口岸疫情防控 …… 47
南昌海关深化"三促一优"促进外贸保稳
　提质 …… 52
南昌海关开展"口岸危险品综合治理"百日
　专项行动纪实 …… 56
南昌海关推动 RCEP 高质量实施 …… 59
南昌海关开展"海关重点项目和财物管理
　以权谋私"专项整治工作情况 …… 62
南昌海关履行全面从严治党政治责任提高
　一体推进"三不腐"能力和水平 …… 67
南昌海关政务公开工作 …… 72

第三篇　大事记

2022 年南昌海关大事记 …… 79

第四篇　党的建设

党建工作 …… 97
　概况 …… 97
　思想文化宣传 …… 97
　基层组织建设 …… 97
　群团工作 …… 98
　巡视整改与政治巡察 …… 99
纪检监察 …… 100
　概况 …… 100
　监督检查 …… 100
　执纪问责 …… 101
　作风建设 …… 102
干部队伍建设 …… 103
　概况 …… 103
　人力资源管理 …… 103
　年轻干部培养使用 …… 103
　干部教育培训 …… 104
　干部监督管理 …… 104

第五篇　业务建设

法治建设 …… 107

概况	107
参与立法与制度建设	107
复议应诉与规范执法	107
法制协调和法治宣传	107

业务改革与发展 …………………… 109
 概况 …………………………… 109
 深化海关业务改革 …………… 109
 优化口岸营商环境 …………… 109
 通关运行管理 ………………… 110
 贸易管制与技术规范 ………… 110
 知识产权海关保护 …………… 110

开放平台建设与新业态发展 ……… 112
 概况 …………………………… 112
 开放平台建设 ………………… 112
 海关特殊监管区域管理 ……… 112
 推动特殊监管区域高水平开放高质量
  发展 ………………………… 113
 新业态发展 …………………… 113

风险管理 …………………………… 114
 概况 …………………………… 114
 风险信息 ……………………… 114
 风险分析 ……………………… 114
 风险布控 ……………………… 114
 大数据应用 …………………… 115

税收征管 …………………………… 116
 概况 …………………………… 116
 税则税政 ……………………… 116
 估价管理 ……………………… 116
 税收征管 ……………………… 116
 原产地管理 …………………… 117
 减免税管理 …………………… 117

卫生检疫 …………………………… 119
 概况 …………………………… 119

 口岸新冠疫情防控 …………… 119
 多病同防 ……………………… 120
 检疫管理 ……………………… 120
 卫生监督 ……………………… 121

动植物检疫 ………………………… 122
 概况 …………………………… 122
 外来入侵物种防控 …………… 122
 疫病监测 ……………………… 122
 保障优质农产品进口 ………… 122
 帮扶特色农产品出口 ………… 123
 国门生物安全治理基础建设 … 123

进出口食品安全监管 ……………… 125
 概况 …………………………… 125
 进口冷链食品监管 …………… 125
 进口食品"国门守护"行动 … 126
 食品安全宣传周活动 ………… 126
 食品监管队伍建设 …………… 126
 出口食品检验检疫 …………… 126

商品检验 …………………………… 128
 概况 …………………………… 128
 进口商品检验 ………………… 128
 出口商品检验 ………………… 128
 检疫监管模式改革 …………… 128
 法定检验商品以外进出口商品抽查
  检验及质量安全风险监测 … 129
 危险货物及危险化学品检验监管典型
  案例 ………………………… 129

口岸监管 …………………………… 130
 概况 …………………………… 130
 安全生产 ……………………… 130
 物流监管 ……………………… 131
 货物监管 ……………………… 131
 新业态监管 …………………… 131

快件邮件监管 …………………… 132
行李物品监管 …………………… 132
场所场地监管与装备管理 ……… 132
智能审图 ………………………… 132
海关口岸监管环节反恐 ………… 132

政策研究与统计 …………………… 133
概况 ……………………………… 133
政策研究 ………………………… 133
贸易统计 ………………………… 133
业务统计 ………………………… 134
统计调查 ………………………… 134
统计分析 ………………………… 134
统计服务 ………………………… 134

企业管理与稽查 …………………… 135
概况 ……………………………… 135
企业管理 ………………………… 135
稽查业务 ………………………… 135
核查业务 ………………………… 136
保税监管 ………………………… 136
属地查检 ………………………… 136

查缉走私 …………………………… 137
概况 ……………………………… 137
打击涉税走私 …………………… 137
打击非涉税走私 ………………… 137
智慧缉私 ………………………… 137
缉私法制建设 …………………… 138
综合治理 ………………………… 138

第六篇　综合保障

政务管理 …………………………… 141
概况 ……………………………… 141
新冠疫情内部防控 ……………… 141

应急值守 ………………………… 141
会议管理 ………………………… 141
信息工作 ………………………… 141
公文处理 ………………………… 142
督查督办 ………………………… 142
保密管理 ………………………… 142
档案管理 ………………………… 142
政务公开 ………………………… 142
信访工作 ………………………… 143
新闻宣传 ………………………… 143
建议提案办理 …………………… 143

财务管理 …………………………… 144
概况 ……………………………… 144
预算管理 ………………………… 144
决算管理 ………………………… 144
企事业财务管理 ………………… 145
税费管理 ………………………… 145
基建管理 ………………………… 145
资产、装备管理 ………………… 145
政府采购和涉案财物管理 ……… 145

科技发展 …………………………… 146
概况 ……………………………… 146
信息化建设 ……………………… 146
实验室管理 ……………………… 147
科研管理 ………………………… 147

督察内审 …………………………… 148
概况 ……………………………… 148
督察监督 ………………………… 148
审计监督 ………………………… 148
内控建设 ………………………… 148
执法评估 ………………………… 149

离退休干部管理 …………………… 150
概况 ……………………………… 150

离退休干部党建工作 ………… 150
离退休干部管理工作 ………… 151
离退休干部服务保障 ………… 151
离退休干部疫情防控 ………… 151

第七篇　隶属海关单位

昌北机场海关 …………………… 155
概况 ……………………………… 155
党的建设 ………………………… 155
综合监管 ………………………… 156
检验检疫 ………………………… 157
服务开放发展 …………………… 158
财务与后勤保障 ………………… 158
干部队伍建设 …………………… 159

赣江新区海关 …………………… 160
概况 ……………………………… 160
党的建设 ………………………… 160
综合监管 ………………………… 161
检验检疫 ………………………… 162
服务开放发展 …………………… 162
财务与后勤保障 ………………… 163
干部队伍建设 …………………… 164

青山湖海关 ……………………… 165
概况 ……………………………… 165
党的建设 ………………………… 165
综合监管 ………………………… 166
检验检疫 ………………………… 167
服务开放发展 …………………… 167
财务与后勤保障 ………………… 168
干部队伍建设 …………………… 168

九江海关 ………………………… 169
概况 ……………………………… 169

党的建设 ………………………… 169
综合监管 ………………………… 170
检验检疫 ………………………… 171
服务开放发展 …………………… 171
财务及后勤保障 ………………… 172
干部队伍建设 …………………… 172

赣州海关 ………………………… 174
概况 ……………………………… 174
党的建设 ………………………… 174
综合监管 ………………………… 175
检验检疫 ………………………… 176
服务开放发展 …………………… 176
财务及后勤保障 ………………… 177
干部队伍建设 …………………… 177

吉安海关 ………………………… 179
概况 ……………………………… 179
党的建设 ………………………… 179
综合监管 ………………………… 180
检验检疫 ………………………… 181
服务开放发展 …………………… 181
财务与后勤保障 ………………… 182
干部队伍建设 …………………… 182

景德镇海关 ……………………… 183
概况 ……………………………… 183
党的建设 ………………………… 183
综合监管 ………………………… 184
检验检疫 ………………………… 184
服务开放发展 …………………… 185
干部队伍建设 …………………… 185

新余海关 ………………………… 187
概况 ……………………………… 187
党的建设 ………………………… 187
综合监管 ………………………… 188

检验检疫	189	检验检疫	205
服务开放发展	190	服务开放发展	206
财务及后勤保障	190	财务与后勤保障	207
干部队伍建设	191	干部队伍管理	207

鹰潭海关 …… 192
概况 …… 192
党的建设 …… 192
综合监管 …… 193
检验检疫 …… 194
服务开放发展 …… 194
财务及后勤保障 …… 195
干部队伍建设 …… 195

上饶海关 …… 196
概况 …… 196
党的建设 …… 196
综合监管 …… 197
检验检疫 …… 197
服务开放发展 …… 198
财务及后勤保障 …… 199
干部队伍建设 …… 199

宜春海关 …… 200
概况 …… 200
党的建设 …… 200
综合监管 …… 201
检验检疫 …… 201
服务开放发展 …… 202
财务及后勤保障 …… 203
干部队伍建设 …… 203

萍乡海关 …… 204
概况 …… 204
党的建设 …… 204
综合监管 …… 205

抚州海关 …… 208
概况 …… 208
党的建设 …… 208
综合监管 …… 210
检验检疫 …… 210
服务外贸发展 …… 210
干部队伍建设 …… 211

龙南海关 …… 213
概况 …… 213
党的建设 …… 213
综合监管 …… 215
检验检疫 …… 215
服务开放发展 …… 215
财务与后勤保障 …… 216
干部队伍管理 …… 216

第八篇　事业单位和社会团体

南昌海关后勤管理中心 …… 221
概况 …… 221
党的建设 …… 221
业务建设 …… 221
队伍建设 …… 222

南昌海关技术中心 …… 223
概况 …… 223
党的建设 …… 223
业务建设 …… 224
队伍建设 …… 224

江西国际旅行卫生保健中心（南昌海关口岸门诊部） ………… 226
    概况 ………… 226
    党的建设 ………… 226
    业务建设 ………… 227
    队伍建设 ………… 227

中国电子口岸数据中心南昌分中心 ………… 228
    概况 ………… 228
    党的建设 ………… 228
    业务建设 ………… 228

南昌海关学会 ………… 230
    概况 ………… 230
    理论研究 ………… 230

第九篇　荣誉·名录

南昌海关关于表彰2020—2022年度先进集体和先进工作者的决定 ………… 233
2022年度南昌海关获评"两优一先"名录 ………… 234
2022年度南昌海关获评厅局级及以上表彰名录 ………… 236
2022年度南昌海关"四强"党支部名录 ………… 237

第十篇　海关统计资料

江西省进出口商品年度总值表 ………… 243
2022年江西省进出口商品月度总值表 ………… 244
2022年江西省进出口商品国别（地区）前30位总值表 ………… 245
2022年江西省进出口商品贸易方式总值表 ………… 247
2022年江西省进出口企业性质总值表 ………… 248
2022年江西省进出口商品收发货人所在地总值表 ………… 249
2022年江西省进出口商品运输方式总值表 ………… 250
2022年江西省进出口商品类章总值表 ………… 251

附　录

2022年南昌海关公告 ………… 261

"中国海关史料丛书"编委会

"中国海关史料丛书"编委会 ………… 263

第一篇

特载

南昌海关概况、主要职能、组织架构

一、概况

中华人民共和国南昌海关（简称南昌海关）是国家设在江西的进出境监督管理机关，是受中华人民共和国海关总署（简称海关总署）垂直领导的直属海关。在海关总署党委的正确领导下，南昌海关坚持以习近平新时代中国特色社会主义思想为指导，深入贯彻党的二十大精神，认真落实中央经济工作会议部署，弘扬伟大建党精神，开展捍卫"两个确立"、做到"两个维护"、强化政治机关建设专项教育活动，聚焦习近平总书记视察江西时提出的"作示范、勇争先"目标定位，铸忠诚、担使命、守国门、促发展、齐奋斗，坚持忠诚作示范、创新促发展、实干防风险、严管勇争先，为促进地方开放型经济发展贡献海关力量，党的建设、队伍建设、法制建设、业务建设、科技建设等方面取得了长足的发展。

截至2022年年底，关区共有在编干部职工727人、离退休干部239人，各级基层党组织113个、党员784人。内设18个机构（不含缉私局），下辖14个隶属海关，管理4个事业单位。规划建成国家级检测重点实验室8个，区域性中心实验室6个，常规检测实验室3个。监管国家批准开放口岸2个、临时开放口岸2个，分别是南昌昌北国际机场（空运口岸）、九江港（水运口岸）和赣州国际陆港（铁路临时开放口岸）、赣州黄金机场（空运临时开放口岸）。监管海关特殊监管区域4个，分别为南昌综合保税区、九江综合保税区、赣州综合保税区、井冈山综合保税区。

二、主要职能

（一）负责本关区贯彻落实党中央、国务院关于海关工作的方针政策和决策部署，在履行职责过程中坚持和加强党对海关工作的集中统一领导，履行全面从严治党责任。

（二）负责贯彻执行与海关管理相关的法律、法规、规章、规范性文件和相关技术规范，负责本关区征税、监管、缉私、出入境检验检疫、统计等工作。

（三）监控研判本关区各类执法风险、管理风险和廉政风险并组织防范和化解，负责本关区基层党组织建设、队伍建设和日常管理工作。

（四）完成海关总署交办的其他工作。

三、组织架构

内设18个机构（不含缉私局），分别是：下设14个隶属海关，负责各辖区内海关各类管理工作。分别为：昌北机场海关、赣江新区海关、青山湖海关、九江海关、赣州海关、吉安海关、景德镇海关、新余海关、鹰潭海关、上饶海关、宜春海关、萍乡海关、抚州海关、龙南海关。

设有4个事业单位，分别为：南昌海关后勤管理中心、南昌海关技术中心、江西国际旅行卫生保健中心（南昌海关口岸门诊部）、中国电子口岸数据中心南昌分中心。

设有1个社会团体：南昌海关学会。

在 2022 年南昌海关工作会议上的讲话

南昌海关关长、党委书记　张格萍

（2022 年 1 月 27 日）

会议的主要任务是：以习近平新时代中国特色社会主义思想为指导，深入贯彻党的十九大和十九届历次全会精神，增强"四个意识"、坚定"四个自信"、做到"两个维护"，认真落实 2022 年全国海关工作会议、全国海关全面从严治党工作会议精神，总结工作、分析形势、明确任务，研究部署 2022 年工作。

一、2021 年工作回顾

2021 年是党和国家历史上具有里程碑意义的重要一年。面对百年变局和世纪疫情，南昌海关始终坚持以习近平新时代中国特色社会主义思想为指导，弘扬伟大建党精神，聚焦"作示范、勇争先"目标定位，全面践行海关总署党委"五关"建设总体要求，坚持"绝对忠诚讲政治、把好国门强基础、改革创新抓落实、严管厚爱带队伍"工作思路，统筹口岸疫情防控和促进外贸稳增长，各项工作稳中有进、稳中向好，实现了"十四五"良好开局。

这一年，习近平总书记首次对南昌海关参与撰写的分析研究报告作出重要批示，其他中央领导批示 6 篇次。倪岳峰署长 2 次视频连线听取汇报并给予肯定，其他署领导 2 次、江西省委省政府主要领导 3 次莅临现场调研并给予肯定。关区获评全国文明单位数量达 10 个，占比 67％。昌北机场海关旅检科获全国巾帼文明岗称号。在江西省委省政府绩效考核中连续 3 年获评优秀并记集体三等功。荣获省全面深化改革工作先进单位。在江西省省直机关党建考评中连续 6 年获评特优单位，连续 3 年在中央驻赣单位中排名第一，有关做法被评为江西省机关党建创新案例一等奖。机构改革以来，46 个集体、21 人次获省部级以上表彰。

（一）持之以恒推进政治建关，在践行"两个维护"上实现新作为

学习习近平新时代中国特色社会主义思想"入脑入心"。坚持"第一议题"制度，坚持"每日必学、每周研讨"，党委会、党委理论学习中心组学习习近平总书记重要讲话精神 49 次 192 篇次。把学习习近平总书记"七一"重要讲话精神和十九届六中全会精神作为重中之重，举办专题读书班 3 期，开展"大学习、大研讨、大落实"活动 78 次，深刻领会"两个确立"的决定性意义，不断提升政治判断力、政治领悟力、政治执行力。中央电视台《新闻联播》报道南昌海关贯彻十九届六中全会精神、"我为群众办实事"典型成果。

落实习近平总书记重要讲话和重要指示批示精神"见行见效"。细化"66项重点任务清单",纳入每月形势分析及工作督查例会督办落实。科学精准战疫情,坚持"外防输入、内防反弹"总策略,牢记坚持就是胜利,口岸检疫"规定动作"100%到位,得到国务院联防联控机制检查组充分肯定。持续加力防风险,连续3年制定《重大风险防控清单》,细化措施508项。全力以赴稳外贸,促进江西省进出口总值近5000亿元,创10年来最快增速。"双区联动"促"三智",推动"双区联动"项目列入中国—中东欧国家领导人峰会成果,打造中欧内陆"南线"物流新通道,赣州开行中欧班列累计超1000列。严厉打击"水客"、"洋垃圾"、濒危野生动植物及其制品等走私,查办案件30起。助力脱贫攻坚、乡村振兴,南昌海关和驻村工作队均被评为最高等次"好",驻村第一书记获评省脱贫攻坚先进个人。

党史学习教育"走深走实"。把党史学习教育与庆祝中国共产党成立100周年紧密结合,一体推进学党史、悟思想、办实事、开新局。围绕习近平《论中国共产党历史》等"8本书"学深悟透原理,党员干部撰写研讨文章和心得体会423篇。开展"井冈山下话初心"集体政治生日等"8个一"活动690次。开展百名党员讲党史等"8个百"活动1046次。《红色税关——筠门岭》专题片获江西省"职工网民讲党史"第一名。《唱支山歌给党听》获省直机关庆祝中国共产党成立100周年群众歌咏活动一等奖。江西省海关志、检验检疫志完成编纂。"三走进"办好群众实事,解决"急难愁盼"问题1056个。3件民生实事入选海关总署"百佳项目"。中央电视台《焦点访谈》报道南昌海关党史学习教育成果。

巡视整改任务"落地落实"。坚决服从海关总署党委政治巡视安排,按照"照单全收、坚决整改、一改到底,一条也不含糊、一件也不放过"的要求,不折不扣抓好整改落实。召开党委会、调度会、专题民主生活会28次,制订"1+1+6"整改方案,33个问题、172项措施全部整改。开展整改"回头看",建立健全80项制度机制。聚焦巡视巡察上下联动,累计对30个单位(部门)开展政治巡察,覆盖率达84%。

(二)持之以恒推进依法把关,在建设更高水平平安国门上实现新作为

疫情防控成果持续巩固。关党委把疫情防控作为头等大事,带头下沉一线、靠前指挥、靠前监督119次,召开指挥部会议14次,制订疫情防控方案、预案8个。坚持外防输入"毫不松懈",严格落实"三查三排一转运",规范实施口岸卫生检疫,监管出入境航空器1353架次、出入境人员7607人次,登临检疫作业短片入选海关总署货机检疫示范片,一线人员"14+7+7"封闭管理要求全面落实。注重"人、物、环境"同防,认真做好进口冷链食品、农产品和高风险非冷链集装箱货物监测检测。坚持内部防控"毫不松劲",细化"十个严格"措施,有效应对本土突发疫情。坚持督促检查"毫不放松",成立3个"挑毛病"专家组,每日常态检查、每月全面自查、每季专项督查,"四不两直"监督检查51次,确保"零漏检、零感染"。

综合监管效能不断提升。参与《中华人民

共和国海关法》及海关总署10部规章立法修订，法治基础进一步夯实。强化风险管理，布控精准度和查获率稳步提高，货物渠道、跨境电商保税网购清单人工分析布控查获率，分别居全国第十、第三，邮递渠道人工分析布控查获占比全国第三。强化正面监管，完善监控指挥体系，严格监管作业场所管理，现场监管检查更加规范有效。持续开展安全生产专项整治三年行动，动态调整"两个清单"，开展燃气安全专项整治。开展跨境电商进口走私"断链刨根"专项整治行动，行邮监管进一步加强。严密危险品等重点敏感商品监管，检出烟花爆竹不合格133批次。开展"国门绿盾"专项行动，截获有害生物144种类、1514种次。深化稽查改革，强化问题查发导向，稽查追补税1.64亿元、再创新高。强化综合治税，税收入库首次超百亿、增长12.3%。深化14个大洋洲国家技术性贸易措施研究，填补研究空白。深化业务数据安全专项行动，守住数据安全底线。开展"龙腾"专项行动，查扣侵权货物批次、件数分别增长2.7倍、9.7倍，寄递渠道查获侵权案例入选中国海关知识产权保护典型案例。

打击走私取得积极战果。开展"国门利剑""蓝天"等专项行动，刑事立案30起、案值4.9亿元，同比分别增长7.1%、3.3倍；行政立案117起、案值2.1亿元。"301"走私雪茄网络系列案被国家烟草专卖局、海关总署缉私局联合挂牌督办。全年业务部门移交刑事成案占比达50%。召开省打私综合治理工作电视电话会议，反走私综合治理进一步深化。

（三）持之以恒推进改革强关，在助力老区振兴发展上实现新作为

助力平台建设扩开放。对接"一带一路"、粤港澳大湾区建设，推动4大口岸引领开放、4大综合保税区优化升级、8大功能平台拓展完善、跨境电商等新业态加速发展，形成陆、海、天、网"四位一体"互联互通开放新格局。落实促进综合保税区发展"21条措施"，赣州综合保税区调整至赣州国际陆港获批，4个综合保税区进出口457.7亿元、增长1.6倍，南昌综合保税区绩效排名上升30位。畅通国际航空物流通道，南昌空港国际货邮吞吐量达11.2万吨、增长46.2%。跨境电商全业务覆盖、全模式运行、全链条打通，进出口规模跃居全国第五位。扩大开放工作获省政府集体三等奖。

优化营商环境提效能。深化"放管服"改革，"双随机、一公开"监管不断深化。"海关改革2020"持续见效，"两步申报"率全国第一。全国首创"跨省域、跨关区、跨陆海港"的"组合港"通关新模式，促进"老区+特区"共赢发展。全面做好《区域全面经济伙伴关系协定》（RCEP）实施工作，助力企业快享尽享政策红利。连续3年实施"通关与沿海同样效率"专项行动，"直提直装"扩大试点，2021年12月进、出口整体通关时间较2017年分别压缩72.7%、98.9%，通关效率保持全国前列。其中空运出口时长0.14小时，通关效率居全国第二。

"十百千万"服务促发展。"心贴心"对有色金属等十大重点产业跟踪分析。"一对一"对百强外贸企业个性化服务，促进百强企业进出口增长18.4%。"面对面"对千家中小型企业调研指导，建立"问题清零"机制，解决问题1326个。"实打实"对2万余家注册企业全天候、全领域宣讲指导，有进出口实绩企业数

量增长14.2%。

（四）持之以恒推进科技兴关，在建设智慧海关上实现新作为

"科技+业务"的支撑能力不断增强。全国海关唯一试点HGIS"三维建模"，率先在内陆海关开展智能审图制图试点。加强实验室能力建设，江西国际旅行卫生保健中心（南昌海关口岸门诊部）新冠病毒实验室满分通过国家卫健委评价。首批完成实验室整合，形成综合技术、卫生保健2个类别，陶瓷检测院士工作站1个特色以及5个分中心的"2+1+5"管理新格局。

"科技+运维"的保障能力不断增强。圆满完成庆祝中国共产党成立100周年、十九届六中全会期间网络安保工作。参与公安部网络攻防演习，成功处置阻断互联网攻击事件1.1万次，网络安全指标居全国海关前列。HB2012办公系统迁移上"云"，率先完成国产邮箱系统部署。业务网国产设备替代稳步推进。

"科技+研究"的创新能力不断增强。4项科技成果参加海关总署评定。2项署级科研项目通过验收，1项获评"优秀"。参与海关总署"揭榜挂帅"3个项目申报。技术中心2018年以来首获农业农村部标准制修订立项1项。1人获评全国海关十佳科普讲解员。

（五）持之以恒推进从严治关，在建设准军事化纪律部队上实现新作为

从严抓班子，"一把手"和领导班子监督更加有力。修订"三重一大"决策制度、党委议事清单。出台"21项具体措施"，加强对"一把手"和领导班子监督。制定政治谈话实施办法，开展"一把手"谈话172人次。推行下沉式、嵌入式、清单式监督，细化工作"任务清单"、梳理监督"问题清单"、建立整改"效果清单"。出台领导干部政治素质考察办法，打造过硬班子。

从严抓党建，"强基提质工程"扎实推进。开展"创'四强'党支部、创模范机关、创第一等工作"活动，党建工作在海关总署政治部主任会上作交流发言。支部唱主角，评选"四强"党支部14个，开展党建"双随机"全覆盖检查39次。书记挑大梁，创新"六位一体"述职评议考核模式，1个党支部入选全国海关"书记项目"试点，1名基层党支部书记在"海关e课堂"作经验交流。党员站前排，87名党员受到表彰奖励。品牌创示范，培树署级品牌4个、特色品牌106个，在全国海关支部书记示范班上直播授课。离退休干部党建做法在系统内推广。

从严抓队伍，"三关心"机制凝心聚力。全年干部选任、职级晋升9批次211人次，机构改革以来选拔任用21批次274人次、职级晋升15批次440人，其中推荐提拔署管干部6名、晋升二级巡视员（督办）21名，提任处级领导干部66名、科级领导干部131名。选任、晋升职级人员覆盖面达93.5%，连续3年选人用人满意度测评和从严管理干部情况好评率居全国前列。注重选拔"789"年轻干部，处、科级领导干部平均年龄分别下降5岁、4.6岁。新提任的副处级干部、晋升的四级高级主办中，有执法一线科长经历的分别占69%、94%。领导干部个人有关事项查核准确率100%。"正向激励"关心关爱，集体嘉奖16个专项、265人次。老干部服务工作进一步加强。

从严抓纪律，清廉海关建设纵深推进。用

好不敢腐的惩处"鞭子",与江西省纪委监委建立5方面协作机制,制定深入治理违反中央八项规定精神突出问题58项措施,用好监督执纪"四种形态"。扎牢不能腐的制度"笼子",推进"现场监管与外勤执法权力寻租"专项整治,"五学"联动抓教育、"五审"联动核体会、"四查"联动排风险,完善制度机制24项;深化内控机制建设,实现"全覆盖"审计监督。筑牢不想腐的思想"根子",上好必修课、宣讲课、传承课、警示课、预防课等"五堂课",推动政治生态持续向上向好。

同时,机关运转更加顺畅,办文、办会、办事更加高效,应急值班、机要保密更加规范,精文简会成果不断巩固。财务保障更加有力,落实"过紧日子"要求,预算管理、政府采购质效稳步提升,预算执行率创历史新高,闲置房地产处置率超额完成海关总署任务,培训疗养机构改革稳步推进,事业单位所属企业脱钩有序落地,节能减排得到新加强,获评省级公共机构节水型单位。后勤管理中心、数据分中心服务保障水平得到新提高。南昌海关机关连续8年获评"省平安建设工作先进单位"。学会工作稳步推进。

过去的一年,我们努力付出了,奉献了,也收获了。成绩的取得,充分彰显了习近平新时代中国特色社会主义思想的真理伟力,得益于海关总署党委的正确领导,承载着地方党政领导的关心厚爱,饱含着全体干部职工的心血汗水,书写了南昌海关践行"五关"建设总体要求的精彩篇章。在此,我代表关党委,向长期以来为关区事业付出辛勤劳动、作出积极贡献的干部职工和离退休老同志,表示亲切的慰问和衷心的感谢!

二、牢记"国之大者",从政治和大局高度理清思路

习近平总书记强调,要更好把握和运用党的百年奋斗历史经验,弘扬伟大建党精神,为实现第二个百年奋斗目标而不懈努力。倪岳峰署长指出,要增强政治意识和政治敏锐性,善于从政治和大局高度审视海关工作。我们要把握好战略和策略的辩证统一关系,准确认识和把握主要矛盾和中心任务,把政治标准贯穿到关区工作的全过程、各领域,立足新发展阶段,贯彻新发展理念,服务构建新发展格局,推动高质量发展。

(一)深刻认识推进政治机关建设的极端重要性,增强政治意识,坚定捍卫"两个确立"、坚决做到"两个维护"

党的十九届六中全会开创性提出"两个确立",是党的十八大以来最重大的政治成果、最重要的历史经验和最确凿的历史结论。党和国家事业之所以取得历史性成就、发生历史性变革,根本在于有习近平总书记作为党中央的核心、全党的核心掌舵领航,有习近平新时代中国特色社会主义思想科学指引。进入新发展阶段,必须旗帜鲜明讲政治,大力加强政治机关建设,不断提高政治判断力、政治领悟力、政治执行力,切实把讲政治从外部要求转化为内在主动,实现政治效果和业务效果相统一,确保统一思想、统一意志、统一行动。

奋进新征程,我们的头脑要特别清醒,时刻牢记海关是政治机关、是准军事化纪律

部队，要学懂弄通做实习近平新时代中国特色社会主义思想，深刻领会"两个确立"的决定性意义，把捍卫"两个确立"、做到"两个维护"作为最大政治，忠诚核心、拥护核心、跟随核心、捍卫核心。立场要特别坚定，坚决落实习近平总书记重要指示批示精神，引导督促党员、干部真正悟透党中央大政方针，时时处处向党中央看齐，扎扎实实把对党绝对忠诚体现在坚决贯彻落实党中央重大决策部署上、体现在履职尽责做好海关监管服务上、体现在日常言行中，以工作实效检验讲政治成效。

（二）深刻认识统筹发展和安全面临的新考验新挑战，增强系统观念，筑牢口岸防线、守牢国门关口

习近平总书记强调，要坚持统筹发展和安全，在发展中更多考虑安全因素，努力实现发展和安全的动态平衡。进入新发展阶段，时代之变和世纪疫情交织叠加，我国面临更为复杂严峻的外部环境，口岸面临的政治、意识形态、社会生态等输入性风险挑战不断增大。关区跨境电商、国际邮快件等新业态快速增长与监管资源相对不足之间的矛盾愈发凸显，"洋垃圾"、濒危物种及其制品等走私，涉恐涉暴、毒品、反宣、侵犯知识产权等风险通过口岸渗透手段更加多样、方式更为隐蔽。

奋进新征程，我们要牢固树立总体国家安全观，坚持底线思维和系统观念，始终牢记监管是海关最基本、最重要的职责，守好国门、外防输入工作一点儿不能大意、一点儿不能放松。要发扬斗争精神，加强监管体系和能力建设，完善事前、事中、事后监管协同机制，探索建立全风险要素防控机制、全链条协同监管机制、全业务流程运行监控机制，建立健全系统完备、科学规范、运行有效的安全监管体系，切实守住监管底线，坚决守牢国门关口。

（三）深刻认识加快构建新发展格局面临的新期待新要求，深化改革创新，推进制度型开放、推动高质量发展

习近平总书记强调，新发展格局决不是封闭的国内循环，而是开放的国内国际双循环。进入新发展阶段，疫情的深度影响仍将持续，我国经济发展面临需求收缩、供给冲击、预期转弱"三重压力"，外贸不确定不稳定不平衡因素增多。2021年江西外贸进出口接近5000亿、创历史新高，但开放型经济发展质量不高、平台效能不优等问题仍然存在，要在较高基数下推动外贸进一步增长、加快推进老区振兴发展，对关区工作的要求更高、任务更重。

奋进新征程，我们要发挥海关处于国内国际双循环的"交汇枢纽"作用，坚持"人民海关为人民"，深化改革创新，运用创新思维、先进理念、科技手段，全面提升关区工作整体效能，让改革发展成果更多惠及广大进出口企业。要坚定不移推动制度型开放，深化"三智"合作，打造综合保税区等高水平开放平台，畅通高水平"走出去"和高质量"引进来"对外通道，提升制度创新和治理能力建设水平，打造市场化法治化国际化口岸营商环境，促进贸易和投资自由化便利化。要聚力"六稳""六保"，落实稳外贸跨周期调节措施，助力产业链供应链稳定，推动外贸实现质的稳步提升和量的合理增长，以高水平开放推动高质量发展。

（四）深刻认识推进全面从严治党面临的新课题新使命，勇于自我革命，建设清廉海关、打造准军队伍

习近平总书记强调，要增强全面从严治党永远在路上的政治自觉，决不能滋生已经严到位、严到底的情绪。进入新发展阶段，海关全面从严治党和反腐败斗争形势依然严峻复杂，海关作为廉政高风险部门的特性没有改变，滋生腐败的外部环境长期存在，不正之风禁而未绝。从关区看，全面从严治党还没有做到"一贯到底"，党建基层基础还不够扎实，党建品牌引领作用还不够突出，准军队伍建设还不够到位，党风廉政建设还存在弱项。

奋进新征程，越是取得重大胜利的时刻，越是要保持高度的历史清醒、增强斗争精神、勇于自我革命。我们要坚持严的主基调不动摇，把纪律挺在前面，保持对"腐蚀""围猎"的警觉，永远吹冲锋号，锲而不舍纠"四风"树新风，以刀刃向内的自觉推进自我革命，积极构建自我净化、自我完善、自我革新、自我提高的制度规范体系，一体推进"三不腐"机制建设，推进全面从严治党真管真严、敢管敢严、长管长严，打好党风廉政建设和反腐败斗争攻坚战持久战。

2022年是党的二十大召开之年、"十四五"时期关键一年。面对新形势新要求，关党委研究确定2022年工作的总体要求是：以习近平新时代中国特色社会主义思想为指导，深入贯彻党的十九大和十九届历次全会精神，认真落实中央经济工作会议部署，弘扬伟大建党精神，深刻领会"两个确立"的决定性意义，聚焦"作示范、勇争先"目标定位，坚持党对海关工作的绝对领导，增强"四个意识"、坚定"四个自信"、做到"两个维护"，坚持稳中求进工作总基调，立足新发展阶段，完整、准确、全面贯彻新发展理念，加快构建新发展格局，全面深化改革开放，坚持创新驱动，推动高质量发展，继续落实"六稳""六保"部署，统筹发展和安全，强化监管优化服务，统筹口岸疫情防控和促进外贸稳增长，马上就办、真抓实干，锲而不舍、一以贯之推进"五关"建设，提升制度创新和治理能力建设水平，服务打造高水平、制度型对外开放格局，奋力建设新时代最讲党性、最讲政治、最讲忠诚、最讲担当的社会主义现代化海关，以优异成绩迎接党的二十大胜利召开。

三、坚持稳字当头、稳中求进，扎实做好2022年工作

（一）更高站位强化政治统领，锲而不舍、一以贯之走好"第一方阵"

坚定政治信仰，坚决做"两个确立"的忠诚拥护者。坚持"第一议题"制度，坚持"每日必学、每周研讨"，持续学懂弄通做实习近平新时代中国特色社会主义思想。开展捍卫"两个确立"、做到"两个维护"、强化政治机关建设专项教育活动，深化理论学习、深入查摆问题、全面整改落实、强化监督检查，推动政治机关意识内化于心、外化于行，确保关区工作取得好的政治效果。推进党史学习教育常态化长效化，开展学习党的十九届六中全会精神处级领导干部全员轮训和党员干部系统培训，抓好党的二十大精神学习宣传贯彻。

强化政治担当，坚决做"两个维护"的忠实践行者。全面加强党的领导，不折不扣落实习近平总书记重要指示批示精神和党中央重大

决策部署。发挥党委把方向、管大局、保落实的作用，严格执行"三重一大"事项集体决策制度，加强重大部署、重要任务、重点工作组织领导，做到绝对忠诚讲政治。

（二）更严要求加强综合监管，锲而不舍、一以贯之筑牢国门安全屏障

全力以赴提升风险防控效能。落实各条线、全领域风险监测、评估、预警、处置机制，完善规则指令管理闭环。优化布控规则，有效提升风险布控精准性，稳步提高查获率。加强风险情报体系建设，深化"云擎"平台应用，持续推进大数据应用、风险模型优化迭代和实战运用、口岸安全风险联合防控。

全力以赴抓好疫情防控。慎终如始落实各项防控要求，保持指挥体系的高效运转，加强监督检查和专项考核。强化入境人员和行李物品卫生检疫，严格运输工具登临检疫，严格实施进口冷链食品、农产品和高风险非冷链集装箱货物监测检测。压实企业主体责任，做好入境高风险交通工具、"四类人员"行李物品等消毒监督工作。科学精准做好内部疫情防控，从严从紧落实落细出差出行、办公区域管控、非必要不参加聚集性活动等管控措施。从严就高做好个人防护，加强免疫接种，严格执行一线高风险岗位人员封闭管理。坚持"多病共防"，同步做好埃博拉等其他重大传染病口岸防控。积极参与联防联控，加强抗疫人财物保障，推进口岸公共卫生核心能力建设。

全力以赴维护国门生物安全。落实海关生物安全建设战略规划，建设"智慧动植检"，健全动植物疫情预警、检疫查验、应急处置等体系。坚持人病兽防、关口前移，严防动植物疫情疫病传入。开展"国门绿盾2022"行动，实施口岸外来入侵物种普查，严厉打击非法引进行为。强化进出境农产品风险分级分类管理，严格生猪、蔬菜等供港澳农食产品检验检疫监管。

全力以赴加强质量安全管控。落实食品安全"四个最严"要求，持续开展进口食品"国门守护"行动，优化进出口食品化妆品检验监管模式，提升安全风险事件处置能力。完善进出口商品质量安全风险预警和快速反应监管体系。聚焦"安全卫生健康环保"，加强烟花爆竹、危化品等重点敏感商品检验监管。深化商品检验模式改革，落实检验结果采信制度。

全力以赴提高综合治税水平。做好RCEP实施工作，加强规则的研究、宣传和利用，扎实做好进口货物原产地审核与出口签证。坚持依法科学征管，实现"量、质、效"并举，力争完成税收预算目标。深化关税政策研究，聚焦国家战略、重点产业、重点商品开展税政调研。优化税收风险防控体系，强化非贸税收征管风险分析，完善属地纳税人管理，加强企业合规申报引导，推进应税进口全链条管理。

全力以赴提升实际监管效能。巩固提升安全生产专项整治三年行动成效。做好冬奥会、冬残奥会服务保障。完善口岸运行监控指挥体系，严格口岸监管作业场所运行管理。加强口岸环节监管查缉，强化反恐应急演练，落实贸易管控措施。加强监管装备智能化应用，规范检查作业，提升现场主动查发能力。强化企业信用管理，加大高级认证企业培育力度。强化后续监管，统筹推进"多查合一"，加大涉检、涉税领域稽查力度，推行核查分类管理、选查处分离等制度，提升稽核查查发能力。开展"龙腾行动2022"，加强知识产权海关保护。

全力以赴保持打私高压态势。开展"国门利剑2022"联合专项行动,严厉打击"水客"走私,一以贯之打击象牙等濒危物种及其制品、"洋垃圾"、冻品、成品油、武器弹药、毒品、反宣品等走私,持续打击涉检违法犯罪行为。加强全员打私,推进"智慧缉私"建设,提升缉私执法规范化水平,确保打私绩效始终位于绿色区间。深化反走私综合治理,推动地方政府落实主体责任。

(三)更深层次优化营商环境,锲而不舍、一以贯之服务高水平开放高质量发展

助力开放平台建设扩量增效。认真落实《国务院关于新时代支持革命老区振兴发展的意见》,助力江西内陆开放型经济试验区提速建设。支持对接共建"一带一路"高质量发展、长江经济带发展、粤港澳大湾区建设,助力南昌、赣州创建中欧班列集结中心,促进"双区联动"项目高质量发展。支持江西设立自贸区、申建综合保税区,推动赣州综合保税区规划调整后建设验收并封关运作,"一区一策"引导江西省综合保税区用好功能、提高绩效,落实保税物流中心设立审批和管理方式调整改革。支持南昌国际航空枢纽建设、赣州黄金机场口岸开放,助力九江港扩大开放验收。支持鹰潭国际综合港经济区发展,加快推进保税仓库和铁路监管场所建设。推动南昌3个指定监管场地建成验收并投入使用。

助力外贸促稳提质。出台新一轮外贸促稳提质行动举措。促进内外贸一体化发展,推进内外贸产品同线同标同质,促进内贸和外贸、进口和出口协调发展。巩固"十百千万"服务计划成果,深化分析研究"一关一品"工程,支持先进技术装备、关键零部件、大宗商品、种质资源等扩大进口,促进蜜橘、烤鳗、茶叶等优势农产品扩大出口,精准服务有色金属、数字经济、绿色低碳等重点产业发展。支持企业设立全球供应仓与枢纽,促进新兴业态健康发展。加强国外技术性贸易措施研究应对,提升规则运用水平。

助力跨境贸易自由化便利化。推进"三智"国际合作,推动AEO互认便利措施落地见效。深化"放管服"改革,推进简政放权,加强"双随机、一公开"监管,精简整合报关单申报项目。复制推广自贸区海关监管创新制度。落实进一步深化跨境贸易便利化改革举措,持续开展"通关与沿海同样效率"专项行动,巩固压缩整体通关时间成效。深化"问题清零"机制,搭建"关企e联通"平台,实现关企实时联动。

(四)更大力度深化改革创新,锲而不舍、一以贯之提升制度创新和治理能力建设水平

高标准推进法治建设。积极参与《中华人民共和国海关法》《中华人民共和国关税法》《中华人民共和国进出境动植物检疫法》等法律法规制修订。加强规范性文件合法性审查,深化"立改废",健全业务制度体系。开展权责清单编制,从源头上规范统一执法。全面实行口岸监管执法"持证上岗"。大力实施"八五"普法规划,加强法治人才储备,推进法治文化建设。

高效能深化业务改革。围绕"拓围、提质、增效"目标,积极参与全业务领域一体化改革,做好重点业务领域跨关区协同管理。推进税收征管方式改革,推广汇总征税、预裁定等便利措施。探索实施九江"区港一体化"通关模式。实施报关单位注销管理,加大"多证合一"推广力度。构建以合同、企业、企业集团为单元的多层次加工贸易监管模式，推进单耗管理等改革试点。加强属地查检与口岸监管、稽核查工作执法联动。深入贯彻"十四五"海关发展规划，落实具体任务措施。深化统计现代化改革，丰富统计调查方法，优化统计专业流程，强化数据质量控制，加大统计监督力度，严格业务数据管理。

高质量推进科技创新。健全网络安全和数据安全防护体系。加强信息化基础设施建设，推进业务网国产化设备替代工作。完善课题项目"揭榜挂帅""联合攻关"等制度。全力保障通关、监控指挥等重要系统稳定运行。加强"互联网+稽核查"等系统应用，加快快件、跨境电商智能监管系统建设。探索人脸识别、机器人巡查等新场景应用，推行"自助式""移动式""智能化"等业务模式。

高水平加强检测服务。优化实验室配置，根据业务发展调整重点实验室和区域实验室设置，提高科研能力和保障水平。加强新冠病毒核酸检测实验室建设，提高国际旅行健康服务水平和传染病检测能力。建好烟花爆竹风险监测点，争取获评陶瓷产品风险监测点。加大对新冠病毒检测、防疫物资检测、濒危物种鉴定、进出口食品监管等设备投入。协同推进"检学研企"，在开展疫情预警等方面实现技术创新。

（五）更实举措规范内部管理，锲而不舍、一以贯之提升综合保障效能

提升政务运行效能。严格公文办理和审核把关制度执行，改进文风会风，守住精文简会的"硬杠杠"。提高督促检查实效，确保政令畅通、令行禁止。加强信息报送和新闻宣传策划，优化值班应急管理。不断提升机要保密、档案管理、政务公开、信访和建议提案办理等工作水平。

提升财务保障水平。坚持"过紧日子"，扎实做好预算项目管理和经费支出审批，不断提高资源配置和资金使用效益，提升预算执行效能。继续做好固定资产整合优化，加强对政府采购、涉案财物、重点基建项目以及经济实体等领域的管控。提升后勤服务保障质量，创建绿色机关。

提升督察审计水平。聚焦重大决策部署开展跟踪督察，常态化推进审计监督全覆盖，落实海关总署经济责任审计整改要求。用实用好内部控制与监督平台，持续完善海关执法评估体系，深化内控体系建设，创建推广内控科室"样板间"。

（六）更强担当加强干部队伍建设，锲而不舍、一以贯之深化全面从严治党

持续推进党建工作高质量发展。巩固"强基提质工程"成效，深化党建品牌创建，健全日常指导、典型培树、考核激励、动态退出工作机制。强化支部政治功能，加强"书记项目"建设，加大党建阵地建设力度，用好"智慧党建"系统，实施党务干部能力提升工程，推动基层党组织全面进步、全面过硬。深化准军事化纪律部队建设，强化日常养成，抓好岗位练兵、技能比武，推进精神文明单位创建，深入挖掘身边榜样，组织评选表彰先进，激发队伍士气。加强海关文化建设，深化海关史研究。改进思想政治工作，开展干部职工思想动态分析，帮助解决实际困难，开展群众性文化活动。推动海关政务服务"好差评"全覆盖，促进窗口作风建设。做好定点帮扶，助力乡村

振兴。

持续加强领导班子和队伍建设。深入推进干部工作"五大体系"建设。选优配强各级领导班子，突出政治素质考察考核，健全领导班子常态化分析研判机制。加强执法一线科长队伍建设，培养选拔优秀年轻干部。统筹推进重点领域人才队伍建设，培养高层次领军人才。强化干部管理监督，严格领导干部个人事项报告。深化"三关心"，持续关爱防疫一线人员，加大表彰奖励力度，激励干部担当作为，推进事业单位改革。抓好分级分类精准施训，加强师资培养，优化学时学分考核，提升培训实效。用心用情做好老干部工作。

持续打造清廉海关。坚持"四责协同"，构建完整责任落实链条，一体推进不敢腐、不能腐、不想腐。落实垂管单位纪检监察体制改革部署，不断加强纪检干部队伍建设。强化对"一把手"和领导班子监督，健全落实全面从严治党主体责任检查考核机制。坚决落实中央八项规定及其实施细则精神，深化整治形式主义、官僚主义。常态化抓好党规党纪学习和警示教育，引导党员干部筑牢思想防线。巩固巡视整改成果，实现巡察全覆盖。巩固"现场监管与外勤执法权力寻租"专项整治成果，开展"海关重点项目和财物管理以权谋私"专项整治。深化打私反腐"一案双查"，严肃查处违纪违法行为，深化运用"四种形态"，推进精准规范问责，营造风清气正的政治生态。

同志们，奋进新征程，一起向未来！让我们坚持以习近平新时代中国特色社会主义思想为指导，弘扬伟大建党精神，牢记"国之大者"，坚定信心、勇毅前行，争创新时代"第一等的工作"，努力打造最讲党性、最讲政治、最讲忠诚、最讲担当的社会主义现代化海关，以优异成绩迎接党的二十大胜利召开！

在 2022 年南昌海关全面从严治党工作会议上的讲话

南昌海关党委书记、关长　张格萍

（2022 年 1 月 27 日）

会议的主要任务是，深入学习贯彻习近平总书记在十九届中央纪委六次全会上的重要讲话精神，认真落实全国海关工作会议、全国海关全面从严治党工作会议部署，总结 2021 年关区全面从严治党工作，部署 2022 年重点任务。

一、深刻领会习近平总书记重要讲话和十九届中央纪委六次全会精神，准确把握全面从严治党的新部署新要求

习近平总书记的重要讲话，深刻总结新时代党的自我革命的成功实践，深刻阐述全面从严治党取得的历史性开创性成就、产生的全方位深层次影响，对把全面从严治党向纵深推进、迎接党的二十大胜利召开作出战略部署，是推进新时代党的建设新的伟大工程的基本遵循。我们要认真学习领会，坚决贯彻落实。

（一）深刻领会新时代全面从严治党取得的历史性开创性成就，进一步增强历史自信，筑牢历史记忆

习近平总书记指出，今年是党的十八大以来第十个年头，十年磨一剑，党中央把全面从严治党纳入"四个全面"战略布局，以前所未有的勇气和定力推进党风廉政建设和反腐败斗争，刹住了一些多年未刹住的歪风邪气，解决了许多长期没有解决的顽瘴痼疾，清除了党、国家、军队内部存在的严重隐患，管党治党宽松软状况得到根本扭转，探索出依靠党的自我革命跳出历史周期率的成功路径。倪岳峰署长强调，要深刻认识勇于自我革命是中国共产党区别于其他政党的显著标志，是确保党不变质、不变色、不变味的根本保证。在新的赶考路上，我们要准确把握我们党探索出依靠党的自我革命跳出历史周期率成功路径的历史必然性，牢牢把握我们党以伟大自我革命引领伟大社会革命的历史逻辑，自觉运用党的百年奋斗历史经验，永葆自我革命精神，敢于斗争、善于斗争，坚定不移将党风廉政建设和反腐败斗争进行到底，持续深化清廉海关建设。

（二）深刻领会新时代全面从严治党的丰富实践和伟大经验，进一步增强历史定力，把握历史主动

习近平总书记指出，党的十八大以来，我们继承和发展马克思主义建党学说，总结运用

党的百年奋斗历史经验，深入推进管党治党实践创新、理论创新、制度创新，对建设什么样的长期执政的马克思主义政党、怎样建设长期执政的马克思主义政党的规律性认识达到新的高度，并以"六个必须""九个坚持"全面总结了党的十八大以来管党治党取得的宝贵经验。倪岳峰署长强调，全国海关要着重用好党的十八大以来以习近平同志为核心的党中央推进全面从严治党的重要经验，持之以恒抓好党风廉政建设和反腐败斗争。在新的赶考路上，我们要准确把握"六个必须""九个坚持"的成功经验，不断汲取历史智慧，掌握历史主动，答好时代之问，不断增强党在长期执政条件下自我净化、自我完善、自我革新、自我提高能力，为打造最讲党性、最讲政治、最讲忠诚、最讲担当的社会主义现代化海关提供有力保障。

（三）深刻领会纵深推进全面从严治党的部署要求，进一步增强历史自觉，强化历史担当

习近平总书记指出，腐败和反腐败较量还在激烈进行，并呈现出一些新的阶段性特征，防范形形色色的利益集团成伙作势、"围猎"腐蚀还任重道远，有效应对腐败手段隐形变异、翻新升级还任重道远，彻底铲除腐败滋生土壤、实现海晏河清还任重道远，清理系统性腐败、化解风险隐患还任重道远。倪岳峰署长强调，要保持反对和惩治腐败的强大力量常在，坚定不移把海关反腐败斗争推向纵深。在新的赶考路上，我们要准确把握"四个任重道远"的重大判断，牢牢把握党风廉政建设和反腐败斗争面临的复杂形势，坚持严的主基调不动摇，持之以恒正风肃纪反腐，加固中央八项规定的堤坝，锲而不舍纠"四风"树新风，一体推进不敢腐、不能腐、不想腐，以永远在路上的执着，打好党风廉政建设和反腐败斗争这场攻坚战持久战。

二、2021年工作回顾

2021年是中国共产党成立100周年，是"十四五"开局之年。一年来，关党委始终坚持以习近平新时代中国特色社会主义思想为指导，认真落实海关总署党委全面从严治党工作部署，坚决扛起管党治党政治责任，一以贯之推进全面从严治党，各项工作取得新成效。

（一）践行"两个维护"更加坚定坚决

持续学懂弄通做实习近平新时代中国特色社会主义思想，深入学习贯彻党的十九届六中全会精神，第一时间召开党委会、举办专题学习班，开展"大学习、大研讨、大落实"活动78次，深刻感悟"两个确立"的决定性意义，坚决做到"两个维护"。把党史学习教育作为重大政治任务，统筹做好庆祝中国共产党成立100周年各项工作，广泛开展"8本书"学习研讨和"8个一""8个百"活动1736次，"三走进"办好民生实事，3件民生实事入选海关总署"百佳项目"，经验做法在海关工作情况交流刊发，中央电视台《焦点访谈》报道南昌海关党史学习教育成果。坚持"第一议题"制度，坚持"每日必学、每周研讨"，坚决落实口岸疫情防控、打击"洋垃圾"等走私、优化口岸营商环境、助力乡村振兴等重大决策部署，加强督查督办，形成落实闭环。全力配合海关总署巡视，把巡视整改作为重大政治责任，制订"1+1+6"整改方案，细化172项整改措施，整改完成率100%。

（二）对"关键少数"监督更加聚焦聚力

制定21项具体措施，加强对"一把手"和领导班子监督，修订"三重一大"决策制度、党委议事清单，制定政治素质考察办法和年度考核、平时考核、专项考核3项考核制度，从制度层面强化监督约束。全力支持党委纪检组履责，听取党委纪检组和派驻纪检组汇报73人次，听取案件情况、信访举报线索处置情况汇报22次，提拔晋升、交流调整纪检干部18人。连续3年实施"六位一体"述责述廉述党建考核，做法获评省直机关党建创新案例一等奖。开展政治谈话172人次，组织"基层书记组长谈责任"视频访谈23次。个人有关事项查核准确率100%。对16个单位（部门）开展政治巡察，巡察覆盖率达84%。

（三）纪律作风更加严明严实

持续加固中央八项规定堤坝，制定深入治理违反中央八项规定精神突出问题58项措施，紧盯节假日等关键节点开展监督检查75人次，严防反弹回潮。开展精简文件专项整治，正式和非正式文件同比分别减少20.2%和30%，促进真减负减真负。牢固树立"过紧日子"思想，南昌海关获评"2021年省级公共机构节水型单位"。坚持严管与厚爱相结合，制定落实保护关心爱护疫情防控一线人员33项措施，督促抓好纠治酒驾醉驾问题12项措施，组织开展"内务规范强化季"活动，开展"双随机"内务督察32次，推动纪律严起来实起来。推行政务服务"好差评"，五星好评率100%。连续3年开展机关、基层双向跟班作业。开展商检领域岗位练兵，南昌海关荣获优秀组织奖，3名同志进入"百强"选手名单。选人用人坚持政治标准和实绩导向，选人用人满意度和从严管理干部情况好评率连续3年居全国前列。大力培树先进典型，为33名老党员颁发"光荣在党50年"纪念章，11个集体、3名个人荣获省部级以上表彰，连续6年获评省直机关党建考评特优单位、连续3年排名中央驻赣单位第一。

（四）权力运行监督网更加织密织牢

扎实推进权责清单编制，全面落实行政执法"三项制度"，让权力在法治轨道上运行。连续3年制定《风险防控清单》，涵盖8个领域、118个风险点，制定508项防控措施，坚持每月督办、对账销号。发挥HLS2017系统监督功能，全面推广内控节点岗位清单制管理，梳理更新关级内控节点155项，持续筑牢基层自控、职能监控、专门监督"三道防线"。统筹审计、巡察、巡视整改"回头看"等检查任务，对关区14个隶属海关、4个事业单位开展全覆盖综合大检查。强化新兴业态风险防控，制定加强邮快件跨境电商业务监管和风险防范工作29项措施。对本级财务、隶属海关、事业单位实现审计监督"全覆盖"。

（五）一体推进"三不腐"更加有力有效

对违规违纪问题抓早抓小、露头就打。扎实推进"现场监管与外勤执法权力寻租"专项整治，排查廉政风险87个，制定防范举措423条，整改率100%，完善制度机制24项，做法得到驻署纪检监察组肯定。支持纪检部门履行监督专责，推行清单式、嵌入式、下沉式监督，探索实施派驻纪检监督"盯、看、谈、听、查、督"六字工作法，开展监督286次，发现并整改问题148个。开展"以案为鉴、以案促改"警示教育月活动，开展"访家情、促廉洁、筑防线"廉政家访活动 155 人次，上好"五堂课"，用"身边事"教育"身边人"。

三、2022 年主要任务

2022 年将召开党的二十大，这是党和国家政治生活中的一件大事。2022 年全面从严治党工作的总体要求是：坚持以习近平新时代中国特色社会主义思想为指导，全面贯彻党的十九大和十九届历次全会精神，认真落实十九届中央纪委六次全会部署，全面加强党的领导，增强"四个意识"、坚定"四个自信"、做到"两个维护"，坚持稳中求进工作总基调，立足新发展阶段，贯彻新发展理念，构建新发展格局，推动高质量发展，自觉运用党的百年奋斗历史经验，弘扬伟大建党精神，永葆自我革命精神，坚持全面从严治党战略方针，坚定不移将党风廉政建设和反腐败斗争进行到底，不敢腐、不能腐、不想腐一体推进，惩治震慑、制度约束、提高觉悟一体发力，持续深化清廉海关建设，深入推进"五关"建设，为建设新时代最讲党性、最讲政治、最讲忠诚、最讲担当的社会主义现代化海关提供坚强保证，以优异成绩迎接党的二十大胜利召开。重点开展以下五个方面工作：

（一）坚持不懈强化政治统领，自觉捍卫"两个确立"、做到"两个维护"

习近平总书记指出，旗帜鲜明讲政治是我们党作为马克思主义政党的根本要求。倪岳峰署长强调，党的领导是人民海关的建关之本、强关之魂，听党指挥、绝对忠诚是海关队伍必须坚持的政治本色。我们必须坚定不移推进政治建关，坚定捍卫"两个确立"、做到"两个维护"。

在坚决做到"两个维护"上再加力。始终把学习贯彻习近平总书记重要讲话和重要指示批示精神作为党委会、形势分析及工作督查例会"第一议题"，真正悟透党中央大政方针，无条件执行党中央决策部署，确保执行不偏向、不变通、不走样。认真开展捍卫"两个确立"、做到"两个维护"、强化政治机关建设专项教育活动，坚持领导带头、全员参与，按照人人学、个个查、全员改的要求，围绕学习提高、查找问题、整改落实、拓展巩固四个步骤，紧扣 16 项推进措施稳步推进，使每名党员干部深刻认识没有脱离政治的业务、也没有脱离业务的政治，切实增强任何工作都要从政治上看的意识，自觉把讲政治的要求贯彻落实到每个岗位、每项业务工作中。加强对党中央决策部署贯彻执行情况的监督检查，大力推行"四不两直"监督检查工作法，健全清单式督查问责机制，确保各项工作落地落实。

在强化党的创新理论武装上再加力。坚持把学懂弄通做实习近平新时代中国特色社会主义思想作为首要政治任务，作为党委理论学习中心组、支部"三会一课"核心内容，坚持"每日必学、每周研讨"，不断提高政治判断力、政治领悟力、政治执行力。抓好党的十九届六中全会精神处级以上领导干部全员轮训和党员干部系统培训，扎实做好党的二十大精神的学习宣传贯彻。注重从党的百年奋斗史中汲取强大信仰力量，巩固拓展"8 个一""8 个百"等党史学习教育成果，建立常态化、长效化制度。深化苏区红色海关史研究，推动红色基因融入血脉。深入开展对党忠诚教育、党性教育和海关职业操守教育，让对党绝对忠诚成为关区党员干部最鲜明的政治品格。

在强化政治功能上再加力。严明政治纪律和政治规矩,坚决做到"五个必须",严防"七个有之",绝不允许阳奉阴违、对党不忠诚不老实,"两面人"、两面派。严格执行重大事项请示报告制度,凡是重大问题、重要事项、重要工作进展情况,都必须按规定及时请示报告。筑牢守稳意识形态阵地。严格落实党内政治生活制度,高质量开好民主生活会和组织生活会。巩固深化"强基提质工程"成果,在"三强一树""唱挑站创""三创"的基础上,深化"四强"党支部建设和党建品牌创建,增强党支部政治功能和组织力凝聚力。突出政治标准,注重在实战中考准考实干部政治素质,加强政治审查,严把选人用人"政治关",营造风清气正的政治生态。

(二)坚持不懈扛起管党治党政治责任,以上率下发挥"头雁效应"

习近平总书记强调,要抓住"关键少数",破解"一把手"监督难题。倪岳峰署长要求,全面从严治党关键在"一把手"带头履行主体责任,"一把手"和领导班子必须知责于心、担责于身、履责于行。我们要深入推进"四责协同"同题共答、同向发力、同频共振,以有效监督促进"一把手"和领导班子正确规范用权、履职尽责。

在落实"两个责任"上持续下功夫。两级党委要履行全面从严治党主体责任,突出加强对"关键少数"特别是"一把手"和领导班子的监督,拧紧"清单式"明责、"跟踪式"督责、"随机式"考责的责任链条。党委书记要带头履责,做到"四个亲自",管好班子、带好队伍,严格自律、严负其责、严管所辖。班子成员要认真履行"一岗双责",把分管领域全面从严治党工作抓紧抓实、抓出成效。党委纪检组要深入贯彻《中国共产党纪律检查委员会工作条例》,切实履行监督专责,在"监督"和"协助"上做好文章,提升工作规范化法治化正规化水平。

在加强"一把手"和领导班子监督上持续下功夫。认真落实对"一把手"和领导班子监督21项具体措施,通过"调研督导、述职述廉、谈心谈话、提示提醒、履责报告"等方式,推动监督严在经常、抓在日常。认真落实政治谈话制度,通过"辣味"谈话助推责任落实。加强"三重一大"集体决策制度落实情况监督检查,对各种违反议事规则和决策程序的行为及时提醒、督促整改。建立政治生态分析研判机制,综合运用信访举报、案件查办、政治巡察等,常态化开展政治"体检",认真查找整改领导班子自身存在的突出问题。

在精准考责问责上持续下功夫。制定全面从严治党主体责任检查考核实施办法,持续开展党组织书记述责述廉述党建,用好队伍建设综合管理平台,加强检查考核,督促履职尽责。严格落实问责条例,对不抓不管、失职失责的党组织和党员领导干部,精准规范开展问责。认真落实"三个区分开来",真容错敢纠错,旗帜鲜明为坚持原则、敢抓敢管、不谋私利的干部撑腰鼓劲。

(三)坚持不懈深化纪律作风建设,持续锤炼过硬准军事化纪律部队

习近平总书记指出,要加固中央八项规定的堤坝,锲而不舍纠"四风"树新风。倪岳峰署长强调,坚持党风党纪一起抓,坚决把纪律挺在前面。我们要纠建并举、标本兼治,以钉钉子精神巩固拓展纪律作风建设成效。

驰而不息纠"四风"。坚决贯彻中央八项规定及其实施细则精神，严格落实海关总署制定的17条措施，党员领导干部要带头做到"五个一律不准"，执法一线科长和关员要自觉做到"四个一律不准"。要紧盯"关键少数"，从"一餐饭、一瓶酒、一包烟"等小事小节抓起，对违规收受礼品礼金、违规接受宴请、公车私用、私车公养等突出问题，对通过物流快递收送礼品、违规收送电子红包等隐形变异问题，露头就打、反复敲打。坚持"过紧日子"，提高预算执行效率和资金使用效益，厉行勤俭节约，严肃制止餐饮浪费行为。

减负松绑树新风。持续整治形式主义、官僚主义问题，抓好基层减负常态化机制落实，进一步清理滥用积分排名及微信工作群、重复检查考核等问题，坚决纠正"会议接力""表格接龙""指尖上的形式主义"等问题，切实把基层干部从文山会海中解脱出来，腾出更多时间扑下身子抓落实。巩固和深化业务问题收集反馈和机关直接服务基层等机制，推动"我为群众办实事"实践活动常态长效。开展窗口作风提升行动，深入推进海关政务服务"好差评"全事项、全渠道覆盖，发挥好特约监督员、12360热线作用，坚决纠治不担当不作为、简单化乱作为等问题。

严明纪律树形象。严格纪律执行，强化疫情防控。持续开展"内务规范强化季"活动，深入开展"双随机"视频检查，整肃关容风纪。加强事业单位和协管员队伍管理监督。加强"8小时"以外管理监督，强化落实禁止饮酒规定的监督检查，要抓重点、常态抓、坚决抓，严格防范酒驾醉驾。严格执行领导干部配偶、子女及其配偶经商办企业等制度，加强离职人员管理。突出政治标准和实干实绩导向，注重在急难险重实战中考验、识别、选拔、使用优秀年轻干部。深化"三关心"机制，认真落实保护关心爱护疫情防控一线人员33项措施，做到严管有力度、厚爱有温度。

（四）坚持不懈强化政治监督，推动形成常态长效监督合力

习近平总书记指出，要完善权力监督制度和执纪执法体系，使各项监督更加规范、更加有力、更加有效。倪岳峰署长强调，要统筹推进政治巡视巡察等各种监督协调贯通。我们要持续推进政治监督全覆盖、具体化、常态化，确保各项监督贯通协同、形成合力。

推动政治巡察"全覆盖"。坚守巡察工作政治定位，紧扣"两个维护"根本任务，聚焦"四个落实"，紧盯"一把手"和领导班子，贯通、穿插使用"常规+专项""一托二""回头看"等形式，6月底前完成巡察全覆盖。健全巡视巡察上下联动机制，完善巡察工作流程和相关配套制度，提升巡察精准性有效性。健全巡察人员选配和人才库动态调整机制，加大培训力度，不断提高巡察干部能力素质。

构建日常监督"立体网"。健全完善政治监督任务清单，综合运用"调研式""嵌入式""下沉式"等监督方式，做到监督常在、形成常态。积极探索"巡纪联动""巡审联动"等监督统筹衔接的方法路径，健全各类监督在计划安排、力量统筹、情况研判等方面的配合协作机制，实现"1+1>2"的监督效果。

答好巡视、审计整改"必答题"。坚持把巡视整改作为一项长期政治任务，认真落实巡视整改常态长效机制6项措施，强化日常监督和专责监督，每季督查督办通报整改情况直至

下次巡视。认真抓好海关总署审计反馈问题整改，加强考核问责，确保问题整改既"见底清零"又"决不贰过"。

（五）坚持不懈推进"三不腐"战略目标，持续提升综合治理效能

习近平总书记指出，要保持反腐败的政治定力，不断实现不敢腐、不能腐、不想腐一体推进的战略目标。倪岳峰署长强调，要坚持惩治震慑、制度约束、提高觉悟一体发力，提升反腐败综合治理效能。我们要坚持系统施治，在一体推进上持续发力，努力取得更大治理成效。

高悬不敢腐的"利剑"。紧盯一线执法领域和重点岗位，紧盯"关键少数"特别是"一把手"和领导班子，严肃惩治"影子公司"、"影子股东"、政商"旋转门"、利用影响力或职权谋私贪腐等问题。完善"一案双查"工作机制，强化打私反腐合力。巩固深化"现场监管与外勤执法权力寻租"专项整治成果，开展"海关重点项目和财物管理以权谋私"专项整治，紧盯工程建设、信息化建设、实验室建设、装备购建、疫情防控保障项目等非执法领域，严肃查处暗箱操作、权钱交易等问题。精准用好"四种形态"特别是"第一种形态"，抓早抓小，防微杜渐。

织密不能腐的"笼子"。巩固拓展"制度+科技"理念，将其有序扩大到各个权力行为领域，充分运用"制度+科技"管权限权。推进权责清单编制，做好制度"立改废"工作。持续推进现场执法"选、查、处"分离。加强新兴业态伴生廉政风险的跟踪研判，紧跟加贸及保税监管、属地查检等领域改革进展，充分发挥HLS2017系统平台监督功能，一体提升执法效能和风险防控能力。推进以案促改制度化规范化，凡是发生违纪违法案件的都要在关区开展以案促改，深入剖析案件暴露出的监管漏洞、制度短板，对存在共性问题的在相关条线以案促治，加强对受处分党员的回访教育，做实"后半篇文章"。

增强不想腐的"定力"。常态化学习党章党规党纪和法律法规，让党员干部在思想上高度警醒，知敬畏、存戒惧、守底线。持续开展警示教育月活动，加大典型案例通报曝光力度，用身边案件教育身边人。从严从实加强年轻干部教育管理监督，扣好廉洁从政的"第一粒扣子"。认真贯彻落实关于加强新时代廉洁文化建设的意见，深入挖掘江西地域文化中的廉洁元素，深入推进家教家风建设，继续推行"清廉家访"活动，讲好新时代清廉海关故事，打造富有南昌海关特色的廉政文化品牌。

同志们，百年奋斗铸就辉煌伟业，新的征程召唤更强担当。踏上新的赶考之路，让我们更加紧密地团结在以习近平同志为核心的党中央周围，坚定信心、保持定力，埋头苦干、勇毅前行，不断推进全面从严治党、党风廉政建设和反腐败斗争向纵深发展，努力开创关区全面从严治党工作新局面，以优异成绩迎接党的二十大胜利召开！

在 2022 年南昌海关年中工作会议上的讲话

南昌海关关长、党委书记　党英杰

（2022 年 7 月 8 日）

会议的主要任务是：深入学习贯彻习近平总书记重要指示批示精神，切实贯彻党的十九大和十九届历次全会精神，认真落实海关总署党委工作部署和 2022 年全国海关年中工作会议精神，总结 2022 年上半年工作，分析形势、明确任务，研究部署 2022 年下半年工作。

一、上半年工作回顾

2022 年以来，南昌海关坚持以习近平新时代中国特色社会主义思想为指导，聚焦习近平总书记对江西提出的"作示范、勇争先"目标要求，落实海关总署党委工作部署，统筹疫情防控和经济社会发展，推动各项工作稳中有进、稳中向好。习近平总书记对南昌海关参与撰写的分析研究报告作出重要批示。海关总署署长俞建华在听取视频汇报时对南昌海关工作给予肯定。江西省委书记易炼红莅临调研，为南昌海关工作"点赞"，评价南昌海关"工作抓得积极主动，体现了担当作为"。江西省省长叶建春在南昌海关新班子组建不到一个月就莅临现场调研，对南昌海关工作充分肯定。

（一）政治坚强作示范，坚定不移走好"第一方阵"

捍卫"两个确立"坚定坚决。坚持"第一议题"制度，学习习近平总书记重要讲话精神 20 次 33 篇，深刻领会"两个确立"的决定性意义。统筹开展"学查改"专项工作和政治机关建设专项教育活动，把讲政治的要求落实到每个岗位、每项业务工作。

坚持"服务大局"见行见效。科学精准战疫情，全力以赴做好两批上海分流入境航班检疫监管，海关总署通报表扬 2 次，评价南昌海关"在抗击疫情的关键时刻展现新作为、彰显新担当"，并得到江西省委省政府高度认可。促进外贸保稳提质成效明显，1—5 月江西进出口同比增长 34%，外贸增速中部第一、全国第五。服务国家外交大局，代拟的《水产品检验检疫和兽医卫生要求议定书》被纳入李克强总理会见巴布亚新几内亚总理合作成果清单。加强技术性贸易措施研究，1 篇特别贸易关注被纳入中美双边磋商例会议题。严厉打击"洋垃圾"等走私，禁止"洋垃圾"进境，退运固体废物 210.4 吨。昌北机场海关查获濒危制品 52 票。

（二）创新为民促发展，坚定不移促进外贸保稳提质

落实海关总署保稳提质"十条措施"，细

化33条具体举措，围绕"十大重点项目"开展优化口岸营商环境专项行动，以"三促一优"为抓手，千方百计促进外贸保稳提质。

促平台，构建互联互通开放格局。落实李克强总理视察江西时指示，支持上饶综合保税区申报建设，指导赣州综合保税区置换项目建设，"一区一策"引导综合保税区提质增效，1—5月综合保税区进出口增长139%。新开"中老班列"，进境食用水生动物指定监管场地通过海关总署验收，支持红光国际港首票外贸集装箱业务正式启运。推动鹰潭国际陆港中欧班列正式开通。

促产业，助力产业链供应链稳定。建立党委班子成员每月走访重点企业联系机制，各基层单位组建"一线服务队"，坚持"问题清零"闭环模式，下沉一线宣讲政策、助企纾困解决问题401个。实施"一关一品"工程，精准服务锂电、铜加工等辖区重点产业，1—5月锂电、光伏等特色商品出口增长118.6%、134.3%。宜春海关实行"一企一策"，保障4万羽种鸡安全进境，助力供港澳鸡蛋出口占关区九成以上。

促整合，创新优化释放政策红利。推进"跨境电商+中欧班列+海外仓"功能叠加，1—5月跨境电商进出口规模跃居全国第四。数据分中心完成跨境电子商务管理系统辅助监管模块开发。赣江新区海关1210业务量和金额同比分别增长2.5倍、3.2倍。龙南海关验放跨境电商网购保税进口清单增长41.8%。实施"RCEP+减免税"等优惠政策"组合包"，1—5月江西对RCEP贸易伙伴进出口增长50.2%。推进AEO培育认证，新增高级认证企业占全年计划数的70%。景德镇海关帮扶颜色釉陈设瓷等特色产品积极拓展RCEP成员国市场。

优环境，通关效率稳居全国前列。在全国海关年中工作会上，俞建华署长专门提到南昌海关优化口岸营商环境专项行动的情况。我们联合武汉、长沙海关签署鄂赣湘三地海关合作协议，实现三地海关在促改革、搭平台、优环境、防风险上协同联动。加强与长沙海关合作，签订湘赣边区域海关合作协议。上线"洪关一点通"，实现21类业务"掌上办"。巩固压缩通关时间成效，6月份进、出口通关效率均居中部第一、全国前列。九江海关推动"离港确认"改革全国扩大试点首票落地，压缩整体通关时间近40小时。赣州海关推动"组合港"通关新模式稳定运行，促进"老区+特区"共赢发展。

（三）履职担责防风险，坚定不移筑牢国门安全屏障

疫情防控成果不断巩固。坚持从严外防输入，严格做好上海分流入境航班检疫监管，在系统内首次检出旅客通关作业现场环境样本阳性。认真做好进口冷链食品、农产品和高风险非冷链集装箱货物监测检测。坚持从严管理实验室，江西国际旅行卫生保健中心（南昌海关口岸门诊部）实验室满分通过国家卫健委新冠病毒奥密克戎变异株核酸检测室间质量评价。健全平急转换机制，扎实做好了疫情内部防控工作。

综合监管能力稳中有升。巩固安全生产专项整治三年行动成效，完善领导小组机制，持续开展安全生产检查，查获复合稳定剂等危险品200余吨，查获涉濒危等违规情事。加强烟花爆竹等重点敏感商品监管，检出不合格货物

70批次、货值1164万元，危险品检验监管岗位培训考核通过率100%、高出全国平均水平25个百分点。统筹通关便利和依法科学征管，1—6月关区税收入库58.5亿元，同比增长15.1%。深化稽查改革，稽查查发率97.06%，同比提高34.37个百分点。开展"国门利剑"专项行动。吉安海关加强非洲猪瘟疫情全链条监管，连续两年供港澳生猪数量占关区60%以上。萍乡海关查发并移交烟花爆竹生产企业涉嫌超范围生产情事9起。新余海关强化属地纳税人管理，1—6月税收入库同比增长96.47%。

风险防控体系灵敏高效。防范化解重大、系统性风险，制订《2022年风险防控工作方案》，落实整体性推进、动态化管理。深化海关总署经济责任审计整改。强化布控分析，货运渠道、跨境电商保税网购人工分析布控查获率、邮递渠道人工分析布控高质量查获占比列全国第六、第九、第八。青山湖海关稽查追补税2721万元，同比增长3.2倍。

（四）从严治关求实效，坚定不移打造模范机关

实施政治能力提升工程。加强班子建设，集体学习《党委会的工作方法》，开展处级以上干部集中轮训；细化40项措施推动党史学习教育常态化长效化；梳理150个岗位、1030条政治要求，培树青年理论学习标兵，营造"学与思融合、知与行转化"的好环境。抚州海关以线上"逐梦"论坛和线下"逐梦"课堂为平台，加强青年理论学习。

实施基层党建提能工程。深化"四强"党支部和党建品牌创建，评定"四强"党支部37个，授予党建示范、培育品牌17个，关区党建特色品牌106个，全国文明单位占比67%，党建做法被评为全省机关党建创新案例一等奖，举办庆"七一"暨"两优一先"表彰，3个集体以及方倩、段明、李春耀等6人获省部级以上党建表彰，取得党建与业务深度融合的好效果。

实施准军建设提神工程。制定关心爱护疫情防控一线人员长效机制32项措施，关领导带头走进封管区，与一线关员同吃、同住、同劳动。俞建华署长在全国海关年中工作会议上选读两段南昌海关心得体会，南昌海关所提"N+7+7"意见获海关总署采纳并全国推行，《中国国门时报》"关长走进口岸封管区"专栏首发南昌海关经历体会。新班子成立以来提任或进一步使用7名执法一线科长，晋升调研员（高级主管、高级主办）14人。制定《隶属海关周期性报送数据表格材料正面清单》，压减表格材料35项、减少30.2%，营造"暖心舒心"的好氛围。

实施清廉海关提质工程。落实中央八项规定及其实施细则精神，持之以恒正风肃纪反腐。推进"海关重点项目和财物管理以权谋私"专项整治，"地毯式"摸排问题及廉政风险，更新制度16项。坚决查处违纪问题，常态化开展警示教育，一体推进"三不腐"体制机制建设，巩固风清气正的良好政治生态。后勤管理中心深入研判疫情防控保障类重点项目，推进专项整治取得实效。

同时，机关运转更加顺畅，办文、办会、办事更加高效，应急值班、机要保密更加规范，精文简会成果不断巩固，报送信息近年来首次获署长批示、获署领导批示4次，2022年以来制发正式、非正式文件分别减少4%和39.4%。上饶海关倡导业务一线既当监管员、

服务员，又当信息员、宣传员，发出海关好声音、展示海关好形象。关区年鉴编纂工作获海关总署发文通报表扬，海关年鉴供稿被列为模板。扎实推进法治建设，法治基础进一步夯实。财务保障更加有力，预算管理、政府采购质效稳步提升，节能减排工作得到新加强。技术中心克服疫情影响，受理法检样品数量和市场委托业务均有明显增长。老干部服务工作进一步加强。

同志们，守正道而开新篇，致广大而尽精微。2022年以来，我们统一思想、明确目标、凝聚力量，我们深入一线、调查研究、狠抓落实，我们相互支持、相互欣赏、包容共赢，很多工作取得新突破、再上新台阶。成绩的取得，充分彰显了习近平新时代中国特色社会主义思想的真理伟力，得益于海关总署党委的正确领导，承载着地方党政领导的关心厚爱，饱含着全体干部职工的心血汗水。在此，我代表关党委，向全体干部职工和离退休老同志，表示亲切的慰问和衷心的感谢！

二、提升两级想问题，从政治和大局高度认清当前形势、明确思路

下半年将召开党的二十大，保持平稳健康的经济环境、国泰民安的社会环境、风清气正的政治环境，海关重任在肩。面对复杂多变的国内外形势，关区上下要围绕迎接宣传党的二十大这条主线，聚焦"疫情要防住、经济要稳住、发展要安全"的重要指示，把思想和认识统一到海关总署党委对当前形势的分析判断上来，坚持和加强党对海关工作的全面领导、坚持服务大局、坚持海关为民、坚持防范风险、坚持真抓实干、坚持严管厚爱、坚持稳中求进，崇尚"求实、扎实、朴实"的海关文化，一以贯之讲政治、守国门、促发展、强队伍。

（一）深刻认识政治机关建设面临的更高要求

政治机关建设是灵魂、是前提，是中国特色社会主义海关的根本优势所在。当前，世界之变、时代之变、历史之变正以前所未有的方式展开，"两个一百年"、百年变局和世纪疫情、高质量发展与高风险防范三个历史交汇点和重要节点交织叠加，国际局势形势复杂多变。越是面对风险挑战，越要加强党的领导，大力加强政治机关建设，在政治上坚如磐石。

我们要坚持"忠诚作示范"，始终把政治机关建设摆在首要位置，在捍卫"两个确立"、做到"两个维护"上践忠诚、作示范。江西是一片红色热土，是人民海关的发祥地。作为红土圣地上的红色海关，在政治机关建设上必须意识更强、标准更高、效果更好，始终把习近平总书记的重要讲话和重要指示批示精神作为根本遵循。树牢"没有脱离政治的业务，也没有脱离业务的政治"的理念，将政治寓于业务之中、业务寓于政治之中，确保政治稳、业务稳、队伍稳、衔接稳，改革进、融合进、开放进、服务进，做"两个确立"的坚决捍卫者、"服务大局"的忠实践行者、"稳中求进"的不懈奋斗者。

（二）深刻认识促进外贸保稳提质面临的更大压力

海关是国民经济的重要组成部门，在新发展格局中处于关键地位。受疫情等影响，全球产业链供应链出现阻断，"黑天鹅""灰犀牛"现象多发。同时，世界经贸格局面临深刻重塑，外贸不确定不稳定不平衡因素增多。从关

区看，上半年江西外贸快速增长，但开放型经济体量不大、发展质量不高、开放平台综合效应不优等短板弱项仍然存在，缺芯、缺柜、缺工等"三缺"以及运费、原材料、能源资源价格、人民币汇率上升等"四升"问题的影响仍然存在，实现稳外贸目标需付出更大努力。

我们要坚持"创新促发展"，始终把执法为民作为最根本的价值追求，坚持创新驱动，坚持科技赋能，用好"望远镜"从全局谋划一域，用好"显微镜"以一域服务全局，自觉把关区工作放到党和国家大局下、全国海关"一盘棋"中思考、谋划和推进。高效统筹疫情防控和经济社会发展，在抓好常态化疫情防控的同时，把稳增长放在更加突出的位置。坚持"一线工作法"，在继承中创新、在创新中发展，向科技要效率、以改革求突破，在促进外贸保稳提质、助力稳住经济大盘上展现海关更大作为，树立海关可亲、可敬、可靠的良好形象。

（三）深刻认识维护国门安全面临的更大考验

2022年，保安全促稳定责任重大、任务艰巨。全球疫情仍处于高位，猴痘、不明原因肝炎等传染病不断涌现，进出境领域政治安全和意识形态安全、经济安全和生态安全、传统安全和非传统安全等输入性风险不断增大。同时，新产业、新业态、新模式不断涌现，时刻考验着我们的综合监管能力，海关统筹发展和安全的职责任务更重、工作标准更高。

我们要坚持"实干防风险"，始终把实干作为立身之本，务实功、出实招、求实效。坚持思想上求实，实事求是，一切从实际出发，不搞"花架子"、不做表面文章；坚持工作上扎实，敢于直面问题，勇于担当作为，脚踏实地，真抓实干；坚持生活上朴实，厉行节约、艰苦奋斗，做老实人、说老实话、做老实事，让求实、扎实、朴实的新时代海关文化在关区落地生根。尤其在风险防范上来不得半点虚功，要以"时时放心不下"的责任感，树牢底线思维，增强忧患意识，时刻瞪大眼睛、拉长耳朵，盯细节、防风险。高效统筹防范风险和通关便利，对各项工作想全、想细、想万一，以大概率思维应对小概率事件，全力以赴防范化解风险、维护国门安全。通过更加精准、有效的监管，在"管得住"的前提下实现"放得开""通得快"。

（四）深刻认识加强队伍建设面临的更大责任

习近平总书记强调，反腐败斗争具有长期性、复杂性、艰巨性，全面从严治党永远在路上。党的十九大以来，海关反腐败斗争取得压倒性胜利并全面巩固，但全面从严治党、从严治关依然任重道远。南昌海关近年来始终把纪律和规矩挺在前面，抓班子、带队伍，抓基层、打基础，干部队伍整体状况较好。但队伍建设还存在薄弱环节，作风上奋勇争先的精气神也还有待提升。

我们要坚持"严管勇争先"，始终把准军事化作为干部队伍建设的鲜明特征，坚持严管厚爱，既要求到位，也关心到位。持续深化全面从严治党，推进抗疫从严、管理从严、保密从严、监督从严、纪律从严、反腐从严，进一步树正气、遏邪气、易俗气，在惠企利企中构建亲清关商关系。落实关心关爱，关心干部成长、关注干部待遇、关爱干部生活，激励干部担当作为。涵养"勇争先"的气魄，锤炼"勇争先"的能力，找准"勇争先"的抓手，推动各项工作纵向有进步、横向有进位、整体上台阶，力争在全国海关树品牌、创特色，奋力争创新时代"第一等工作"。

三、下沉一级抓落实，稳中求进扎实做好下半年工作

面对新形势新任务新要求，我们要坚定"忠诚作示范、创新促发展、实干防风险、严管勇争先"的工作思路，以"七个扎实"务实功求实效，以实际行动迎接党的二十大胜利召开。

（一）践行"两个维护"，扎实推进政治机关建设

一是在坚定政治信仰上作示范。坚持"第一议题"制度，持续学懂弄通做实习近平新时代中国特色社会主义思想。把迎接宣传党的二十大作为头等大事，党的二十大召开后，迅速掀起学习热潮，切实把思想和行动统一到党的二十大精神上来。深化"学查改"专项工作和政治机关建设专项教育活动，持续推进问题整改，把政治标准贯穿到海关工作全过程、各领域。大力开展对党忠诚教育，推进党史学习教育常态化长效化，用好"我为群众办实事"实践活动形成的良好机制。

二是在强化政治担当上作示范。全面加强党的领导，完善上下贯通、执行有力的抓落实工作机制，把习近平总书记重要讲话和重要指示批示精神作为"第一政治要件"抓好学习贯彻。做深做实思想政治工作。持续抓好高效统筹疫情防控和经济社会发展等重大任务，在"两个维护"中坚决做到有表达、有情感、有行动、有成效、作示范。

（二）牢记"坚持就是胜利"，扎实做好疫情防控工作

一是思想不放松。坚持"外防输入、内防反弹"总策略和"动态清零"总方针，坚持稳字当头、严字在心，对应急处置等持续保持"活跃度"，不能麻痹大意、掉以轻心，更不能自以为是、自作主张、自降标准。力戒自由主义、经验主义，层层传导压力，全流程、全覆盖自查自纠，确保不贰过。

二是工作不降准。进一步统一标准、统一规范、统一实施，确保规定动作执行到位。严格落实健康申明卡核验、体温监测、医学检查、采样检测、移交转运等各项措施，强化对变异株流行国家和地区的入境人员检疫措施。坚持"人、物、环境"同防、"多病同防"，做好疫情防控措施优化调整落实执行工作，加强入境分流国际客运航班和常态化货机检疫监管。严格个人安全防护，对一线作业、封闭管理工作人员个人防护要求再强调、责任再夯实。优化完善进口冷链食品疫情防控措施，对非冷链货物物品分级分类采取预防性消毒或放行措施。提前做好口岸复开、国际航班调增的应对准备。强化内部防控，严格落实调整后的封闭管理措施，因应疫情形势不断优化平急转换机制，坚决避免职业暴露和社会面接触感染。

三是责任不推卸。压实疫情防控"四方责任"，厘清海关内外各方责任边界，拧紧责任链条，形成严密高效的防控体系。及时梳理解决"关长走进口岸封管区"提出的意见建议，加强对入境航班工作复盘、"挑毛病"专家小

组发现问题的整改提升，不断完善自身防疫措施。

（三）保持"时时放心不下"的责任感，扎实防范重大、系统性风险

一是毫不放松防风险。健全风险防控机制，落实《2022年风险防控工作方案》，一体推进系统性梳理、体制性预防和应急式处理。紧盯风险防控重点，聚焦防范重大、系统性风险，织密织牢基层自控、职能监控和专门监督"三道防线"，严防小问题拖大、大问题拖炸。常态化排查防控风险，协同联动防控风险，严防制度不健全、监管不到位、合成谬误等风险。加强风险处置预演和突发事件应急演练，确保应急处突稳妥严密、有条不紊。

二是毫不放松保安全。深化安全生产专项整治三年行动，推行安全生产风险隐患信息"吹哨人"预警机制，深入开展安全生产大检查，坚决守住安全底线、监管红线。推进"国门绿盾2022"行动，强化外来入侵物种监测和防控工作，坚决打击非法引进行为。严防非洲猪瘟疫情，保障活猪安全供港供澳。加强危化品、烟花爆竹等重点敏感商品检验监管，筑牢口岸安全防线。统筹通关便利与依法合规征管，全力以赴完成税收任务。

三是毫不放松严打私。持续开展"国门利剑2022"联合行动，严厉打击"水客"、象牙等濒危物种及其制品、"洋垃圾"、冻品、成品油等走私，持续打击涉检违法犯罪行为。推进缉私专业能力建设，深化"智慧缉私"，发挥大数据系统实战作用。精准实施"宽严相济"政策，落实"少捕慎诉慎押"要求，促进政治效果、社会效果和法律效果相统一。深化综合治理，完善"打、防、管、控"一体化的反走私综合治理格局。

（四）深化"三促一优"，扎实促进外贸保稳提质

认真落实海关总署促进外贸保稳提质"十条措施"、进一步助企纾困降成本"七条措施"，以及关区33项具体举措，保市场主体、保跨境物流畅通、保产业链供应链稳定，助力江西高水平开放高质量发展。

一是做优内陆开放平台。落实李克强总理指示要求，积极跟进上饶综合保税区申报建设。支持对接"一带一路"、粤港澳大湾区建设和长江中游城市群发展，服务江西内陆开放型经济试验区建设。支持南昌冰鲜水产品、水果等指定监管场地验收获批，指导赣州综合保税区置换项目规划建设，助力九江口岸扩大开放，支持鹰潭国际陆港建设，促进跨境电商等新业态健康发展。在地方开放平台的前期规划、中期建设、后期运营中，加大全流程调研指导力度，有机嵌入海关监管要求。

二是创优口岸通关模式。深入实施优化口岸营商环境专项行动，推动"十大重点项目"全面落地、取得实效。总结赣鄂湘三地海关通关协作、湘赣边区域海关合作等成功经验。加快复制推广自贸区海关监管制度，用好"船边直提""抵港直装""离港确认"便利措施，大力推进"组合港"推广项目，持续巩固压缩整体通关时间成效。积极参与更高水平全业务领域一体化改革，加快推进属地查检与口岸监管、稽核查工作执法联动，推动重点业务领域跨关区协同管理。支持中欧班列畅通，促进"双区联动"项目高质量发展。

三是培优外贸发展动能。健全外贸形势分

析会议机制，提升数据"首发、首报、首用"能力，"加强、加密、加深"进出口分析和政策研究。每月分析调度，加强江西外贸形势研判，把数字数据转化为促进地方发展的真知灼见。深化"一关一品"工程，发挥"数据+研究"优势，精准服务铜加工、锂电、光伏、钢铁等江西重点产业发展，促进蜜橘、烤鳗、茶叶等优势农食产品扩大出口。支持优质农食产品检疫准入，服务国内市场保供稳价。做好定点帮扶，助力乡村振兴。

四是建优便企服务机制。做优做实"企业问题清零"机制，推广现场"一站式"办理、12360热线高效服务、通关政策深度解读等经验做法。稳妥推进AEO国际互认，推动企业在境内外享受同等便利。完善关长联系企业机制，领导干部特别是"一把手"要既当"指挥员"，又当"战斗员"，带头深入一线，"一企一策"帮助企业解决实际问题，增强企业经营减负增效、关员工作提质高效等"两个获得感"。

（五）健全"三应"运行机制，扎实做好综合保障

一是强化政务运行。强化垂直管理意识，强化制度指令执行，全面落实业务运行下对上响应、左和右呼应、上对下反应的"三应"机制要求，不折不扣执行好海关总署党委各项部署。进一步加强和规范请示报告，提高请示报告的实效和质量。加大信息宣传力度，持续发出"洪关好声音"。树立舆情风险第一责任人意识，加强舆情监测处置，严防舆情"次生灾害"。

二是强化科技保障。坚持科技创新赋能，提升监管服务效能。深化人工智能、大数据、云计算、物联网、区块链、5G等技术应用，用好"洪关一点通"等平台，建设智慧海关。持续开展"揭榜挂帅"科研攻关，用好"微创新"工作机制。强化科技安全保障，加强网络和信息系统运维管理，坚决防范发生重大网络安全事件。加大在疫情防控中的科技应用，探索"机器代替人工"，把有限人力资源从重复操作中解放出来。

三是强化绩效管理。要认真对照海关总署考核指标，找差距、补短板、强弱项。要向好的学，切实把工作效率提起来、把工作质量提上去、把指标考核完成好。要同强的比，牢固树立争先进位的强烈意识，敢定"跳一跳、够得着"的目标，敢做"拼一拼、办得到"的事情。要与快的赛，把年度绩效考核指标量化到每个季度、每个月份，打好提前量，推动各项绩效指标能提前完成的尽快提前完成。

（六）坚持"严管厚爱"相统一，扎实推进准军事化纪律部队建设

一是加强党建引领。巩固"强基提质工程"成果，以抓党建促进业务，以强业务提升党建。深入开展基层党建"双提升"行动，发挥"四强"党支部和党建品牌的辐射带动作用，打造更多、更有特色的全国海关党建品牌，推动后进赶先进、中间争先进、先进更前进，实现基层党组织全面进步、全面过硬。

二是加强队伍建设。狠抓班子建设，选优配强各级领导班子，以班子强带动队伍强、工作强。坚持"一把尺"量准、"一张单"列明、"一盘棋"考虑，不论出处、不唯年龄、不唯学历，让那些想干事、肯干事、能干事、干成事的干部能脱颖而出，树立重政治、重品行、重基层、重担当、重实绩的鲜明用人导向。大力培养选拔优秀年轻干部，建立日常发

现机制,分级分类建立年轻干部库,从严从实管理监督,把政治过硬、历练扎实、实绩突出、廉洁自律的年轻干部选出来、用起来。合理使用各年龄段优秀干部,特别是用好"老黄牛"式的干部,决不能让苦干实干的同志流汗又流泪。

三是加强关心爱护。按照"过紧日子"要求,集中财力保民生、重点保运转、精准保发展。积极争取和拓展资金保障来源,加大存量资源盘活和内部挖潜力度。细化落实抗疫一线关心关爱举措,凝心聚力打好疫情防控持久战。精心精细精准做好离退休老干部工作,关心他们的生活和健康,积极听取他们的意见建议。认真做好临退休干部工作,引导其政治上不放松、纪律上不放纵、工作上不放任,为职业生涯画上圆满句号。

四是加强作风建设。发扬准军事化纪律部队优良作风,开展经常性、实战性岗位练兵和技能比武,提高队伍政治业务素质。推崇同事之间"相互支持、相互欣赏、包容共赢",坚决向不负责任的主观臆断、道听途说、发泄私愤的行为"亮剑",进一步树正气、遏邪气、易俗气,形成清清爽爽的同志关系、规规矩矩的上下级关系。牢固树立"深入学习、扎实调研、狠抓落实"的鲜明导向,以实实在在的工作作风,取得实实在在的工作成绩,推动各项工作干在实处、走在前列。

(七)深化"三不腐"一体推进,扎实建设清廉海关

一是用好不敢腐的惩处"鞭子"。坚持严的主基调不动摇,强化打私反腐"一案双查",巩固"现场监管与外勤执法权力寻租"专项整治成果,深化"海关重点项目和财物管理以权谋私"专项整治工作,坚持执法领域和非执法领域廉政风险两手抓、同步防,严肃查处各类违纪违法行为。用好监督执纪"四种形态"尤其是"第一种形态",抓早抓小、防微杜渐、层层设防。

二是扎牢不能腐的制度"笼子"。严格落实中央八项规定及其实施细则精神,整治形式主义、官僚主义、自由主义等问题。持续加强对"一把手"和领导班子监督,发挥好"一把手"和领导班子重点事项监督自查报告制度作用。强化源头防腐,深化"制度+科技"反腐应用,推进执法行为进系统、标准化、留痕迹、可追溯。

三是筑牢不想腐的思想"根子"。常态化学习党章党规党纪和法律法规,深入开展警示教育月活动,持续上好必修课、宣讲课、传承课、警示课、预防课等"五堂课"。加强以案示警、以案为戒、以案促改,用身边事教育身边人,注重对年轻干部的教育引导。加强廉洁文化建设,把廉洁要求贯穿融入干部日常教育管理监督,用廉洁文化滋养身心,使党员干部知敬畏、存戒惧、守底线。

同志们,1965年毛泽东同志重上井冈山,写下"世上无难事,只要肯登攀"的不朽诗篇。今天,我们怀着崇敬的心情来到井冈山,谋划部署关区下半年工作,感受豪情壮志,激发昂扬斗志。让我们坚持以习近平新时代中国特色社会主义思想为指导,深刻领悟"两个确立"的决定性意义,认真落实海关总署党委部署,忠诚作示范,创新促发展,实干防风险,严管勇争先,以奋勇登攀的气概和坚韧,踔厉奋发、笃行不息,以实际行动迎接党的二十大胜利召开!

在南昌海关党委理论学习中心组（扩大）学习暨正处级领导干部学习贯彻党的二十大精神培训班上的讲话

南昌海关党委书记、关长　党英杰

（2022年11月10日）

学习宣传贯彻党的二十大精神是当前和今后一个时期的首要政治任务。海关总署党委连续通过党委会、视频会、党委理论中心组（扩大）学习、专题培训班等形式组织学习研讨，为全国海关作出行动示范。此前，南昌海关召开党委会组织了学习部署并参加了海关总署的学习研讨，关党委委员陆续到基层支部开展了宣讲。根据党中央《关于认真学习宣传贯彻党的二十大精神的决定》，按照海关总署党委、南昌海关党委工作方案部署安排，今天我们举办南昌海关党委理论学习中心组（扩大）学习暨正处级领导干部学习贯彻党的二十大精神培训班，对全面学习、全面把握、全面落实党的二十大精神再巩固再提升，对南昌关区学习宣传贯彻工作再部署再动员。

一、坚持学深悟透，全面准确把握党的二十大的重要意义、精神实质和深刻内涵

党的二十大是在全党全国各族人民迈上全面建设社会主义现代化国家新征程、向第二个百年奋斗目标进军的关键时刻召开的一次十分重要的大会。会议高举中国特色社会主义伟大旗帜，全面贯彻习近平新时代中国特色社会主义思想，系统阐述了新时代坚持和发展中国特色社会主义的重大理论和实践问题，科学谋划了未来一个时期党和国家事业发展的目标任务和大政方针，擘画了以中国式现代化全面推进中华民族伟大复兴的宏伟蓝图。学习宣传贯彻党的二十大精神事关党和国家事业继往开来，事关中国特色社会主义前途命运，事关中华民族伟大复兴，我们要在全面学习、全面把握、全面落实会议精神实质和丰富内涵上下功夫，自觉用党的二十大精神统一思想、统一意志、统一行动。

（一）深刻领会党的二十大的主题，牢牢把握在新征程上举什么旗、走什么路、以什么样的精神状态、朝着什么样的目标继续前进的重大问题

党的二十大的主题是：高举中国特色社会主义伟大旗帜，全面贯彻新时代中国特色社会主义思想，弘扬伟大建党精神，自信自强、守

正创新、踔厉奋发、勇毅前行，为全面建设社会主义现代化国家、全面推进中华民族伟大复兴而团结奋斗。这个主题郑重宣示了全党必须坚持以马克思主义中国化时代化最新成果为指导，坚定中国特色社会主义道路自信、理论自信、制度自信、文化自信，坚持道不变、志不改，确保党和国家事业始终沿着正确方向胜利前进；必须恪守伟大建党精神，保持党同人民群众的血肉联系，保持谦虚谨慎、艰苦奋斗的政治本色和敢于斗争、敢于胜利的意志品质，确保党始终成为中国特色社会主义事业的坚强领导核心；必须保持自信果敢、自强不息的精神风貌，保持定力、勇于变革的工作态度，永不懈怠、锐意进取的奋斗姿态，使各项工作更好体现时代性、把握规律性、富于创造性；必须紧紧扭住新时代新征程党的中心任务，集中一切力量，排除一切干扰，坚持以中国式现代化全面推进中华民族伟大复兴；必须不断巩固全党全国各族人民大团结，加强海内外中华儿女大团结，形成同心共圆中国梦的强大合力。

我们必须深刻认识到，党的二十大的主题是大会的灵魂，是党和国家事业发展的总纲。我们党立志于中华民族千秋伟业，致力于人类和平与发展崇高事业，责任无比重大，使命无上光荣。党的二十大确立这样一个主题，目的就是鼓舞和激励全党全国各族人民勇于变革、勇于创新，万众一心、团结奋斗，奋力开创社会主义现代化建设新局面。

（二）深刻领会党和国家新时代十年的历史性成就、历史性变革，坚定捍卫"两个确立"，坚决做到"两个维护"

征途回望千山远，前路放眼万木春。党的十八大以来，以习近平同志为核心的党中央统筹中华民族伟大复兴战略全局和世界百年未有之大变局，采取一系列战略性举措，推进一系列变革性实践，实现一系列突破性进展，取得一系列标志性成果，党和国家事业取得历史性成就、发生历史性变革。新时代十年的伟大变革，在党史、新中国史、改革开放史、社会主义发展史、中华民族发展史上具有里程碑意义。党和国家事业不断开创新局面、取得举世瞩目的重大成就，根本在于有习近平总书记作为党中央的核心、全党的核心掌舵领航，在于有习近平新时代中国特色社会主义思想科学指引。习近平同志继续当选中共中央总书记，充分体现了全党共同意志、亿万人民共同心愿，充分体现了全党全军全国各族人民对习近平总书记的无比爱戴、无限敬仰，已经写在新时代的伟大征程中、写在全党全军全国人民心坎上，是时代的呼唤和历史的选择，是党之大幸、国之大幸、军队之大幸、人民之大幸。

我们必须深刻认识到，"两个确立"是党在新时代取得的重大政治成果，是推动党和国家事业取得历史性成就、发生历史性变革的决定性因素，是党应对一切不确定性的最大确定性、最大底气、最大保证。新时代新征程上把中国特色社会主义事业推向前进，最紧要的是深刻领悟"两个确立"的决定性意义，增强"四个意识"、坚定"四个自信"、做到"两个维护"，自觉在思想上政治上行动上同以习近平同志为核心的党中央保持高度一致。

（三）深刻领会马克思主义中国化时代化新境界，笃信笃行习近平新时代中国特色社会主义思想

复兴之志凝聚磅礴之力，真理之光照亮奋斗之路。党的十八大以来，面对国内外形势新变化和实践新要求，我们党勇于进行理论探索和创新，以全新的视野深化对共产党执政规律、社会主义建设规律、人类社会发展规律的认识，取得重大理论创新成果，集中体现为习近平新时代中国特色社会主义思想。习近平新时代中国特色社会主义思想为丰富和发展马克思主义作出重大原创性贡献，为激活中华优秀传统文化的生命力作出历史性贡献，为人类文明进步作出世界性贡献，实现了马克思主义中国化时代化新的飞跃，为新时代党和国家事业发展提供了根本遵循。正是在习近平新时代中国特色社会主义思想指引下，我们党紧紧依靠人民，稳经济、促发展、战贫困、建小康、控疫情、抗大灾、应变局、化危机，攻克了一个个看似不可攻克的难关险阻，创造了一个个令人刮目相看的人间奇迹，牢牢掌握了新时代新征程党和国家事业发展的历史主动。

我们必须深刻认识到，思想是旗帜、是方向，前进道路上，要深入领会党的创新理论的道理学理哲理，做到知其言更知其义、知其然更知其所以然，切实把党的创新理论贯彻落实到党和国家工作各方面全过程。要全面把握习近平新时代中国特色社会主义思想的世界观和方法论以及贯穿其中的立场观点方法，深刻领会"两个结合""六个坚持"的重要要求，正确认识和把握习近平新时代中国特色社会主义思想的精神实质。只要坚持不懈用党的创新理论最新成果武装头脑、指导实践、推动工作，用马克思主义的真理光芒照耀前行之路，我们就一定能战胜一切艰难险阻，创造新的更大奇迹。

（四）深刻领会新时代新征程的使命任务，以中国式现代化全面推进中华民族伟大复兴

宏伟蓝图激荡人心，时代号角催人奋进。党的二十大报告提出，从现在起，中国共产党的中心任务就是团结带领全国各族人民全面建成社会主义现代化强国、实现第二个百年奋斗目标，以中国式现代化全面推进中华民族伟大复兴。报告明确了中国式现代化的中国特色和本质要求，部署了分两步走全面建成社会主义现代化国家的战略任务，提出了必须牢牢把握的"5个坚持"的重大原则。报告从"加快构建新发展格局，着力推动高质量发展""实施科教兴国战略，强化现代化建设人才支撑""发展全过程人民民主，保障人民当家作主""坚持全面依法治国，推进法治中国建设""推进文化自信自强，铸就社会主义文化新辉煌""增进民生福祉，提高人民生活品质""推动绿色发展，促进人与自然和谐共生""推进国家安全体系和能力现代化，坚决维护国家安全和社会稳定""实现建军一百年奋斗目标，开创国防和军队现代化新局面""坚持和完善'一国两制'，推进祖国统一""促进世界和平与发展，推动构建人类命运共同体"等方面，对全面建设社会主义现代化国家、全面推进中华民族伟大复兴进行了战略谋划和系统部署，进一步指明了党和国家事业的前进方向。

我们必须深刻认识到，全面建设社会主义现代化国家，是一项伟大而艰巨的事业，前途光明，任重道远，必须准备经受风高浪急甚至惊涛骇浪的重大考验。在新征程上，我们要认真落实党的二十大各项部署，锚定既定奋斗目标、始终保持清醒坚定，始终掌握党和国家事业发展的历史主动，踔厉奋发、勇毅前行，在新的赶考之路上交出新的优异答卷、创造新的时代辉煌。

（五）深刻领会坚持全面从严治党的重大部署，以党的自我革命引领伟大社会革命

十年淬火锻造，十年百炼成钢。党的十八大以来，以习近平同志为核心的党中央把全面从严治党纳入战略布局，开展了史无前例的反腐败斗争，以"得罪千百人、不负十四亿"的使命担当祛疴治乱，打出了一套自我革命的"组合拳"。我们坚持"老虎"露头就要打、"苍蝇"乱飞就要拍、"狐狸"再远也要追，坚持"管党治党一刻也不能放松"，坚定不移正风肃纪反腐，力度之大前所未有、成效之大有目共睹。经过坚决斗争，管党治党宽松软状况得到根本扭转，刹住了一些长期没有刹住的歪风，纠治了一些多年未除的顽瘴痼疾，反腐败斗争取得压倒性胜利并全面巩固，消除了党、国家、军队内部存在的严重隐患，党找到了自我革命这一跳出治乱兴衰历史周期率的第二个答案。

我们必须深刻认识到，反腐败就是同各种弱化党的先进性、损害党的纯洁性的病原体作斗争。绝不能低估腐败的顽固性和危害性，深刻认识"四个任重道远"的新的阶段性特征，保持零容忍的警醒、零容忍的力度，永远吹冲锋号，一刻不停歇深入推进反腐败斗争，推动全面从严治党向纵深发展，激浊扬清、固本培元，把我们这个历经百年苦难与辉煌的伟大政党建设得更加坚强有力、充满活力。

（六）深刻领会团结奋斗的时代要求，激励同心共圆中国梦的干事热情

团结才能胜利，奋斗才会成功。党的二十大报告高度评价十年来对党和人民事业具有重大现实意义和深远历史意义的三件大事，深刻指出"这是中国共产党和中国人民团结奋斗赢得的历史性胜利"，并强调"团结奋斗是中国人民创造历史伟业的必由之路""团结就是力量，团结才能胜利""党用伟大奋斗创造了百年伟业，也一定能用新的伟大奋斗创造新的伟业"，号召"为全面建设社会主义现代化国家、全面推进中华民族伟大复兴而团结奋斗"。"团结奋斗"作为百年来中国共产党和中国人民最显著的精神标识，在新时代更加熠熠生辉，引人思考，给人启迪。实践充分证明，新时代的伟大成就是党和人民一道拼出来、干出来、奋斗出来的，团结奋斗是中国人民在党的领导下创造历史伟业的必由之路。

我们必须深刻认识到，前进道路上，只要我们在党的旗帜下团结成"一块坚硬的钢铁"，调动一切可以调动的积极因素，团结一切可以团结的力量，不断巩固全国各族人民大团结，加强海内外中华儿女大团结，形成同心共圆中国梦的强大合力，增强志气、骨气、底气，知难而进、迎难而上，全力战胜各种困难和挑战，就一定能依靠顽强斗争打开事业发展新天地，继续创造令人刮目相看的新的奇迹。

二、锚定以中国式现代化全面推进中华民族伟大复兴的宏伟目标，增强奋进新征程的政治担当、使命担当、责任担当

习近平总书记在党的二十大报告中指出："从现在起，中国共产党的中心任务就是团结带领全国各族人民全面建成社会主义现代化强国、实现第二个百年奋斗目标，以中国式现代化全面推进中华民族伟大复兴。"俞建华署长强调，要在以中国式现代化全面推进中华民族伟大复兴的新征程上，找准海关工作方位，明确奋斗目标和工作任务，做到前瞻性思考、

全局性谋划、整体性推进，全面履行职责使命，更好服务经济社会发展大局。我们要提高政治站位，坚决把思想和行动统一到党的二十大精神上来，自觉将海关工作融入党和国家事业发展全局，在推进中国式现代化中展现海关应有的担当作为，既为一域增光，又为全局添彩。

（一）强化政治担当，在以中国式现代化推进中华民族伟大复兴中发挥更大作用

实现中华民族伟大复兴是近代以来中华民族最伟大的梦想，是全体中华儿女的共同心愿。我们党一经成立，就把实现共产主义作为最高理想和最终目标，义无反顾肩负起实现中华民族伟大复兴的历史使命。一百多年来，我们党团结带领人民经过艰辛探索、接续奋斗，成功走出了中国式现代化道路，创造了人类文明新形态，中华民族伟大复兴进入了不可逆转的历史进程。中国式现代化，是中国共产党领导的社会主义现代化，既有各国现代化的共同特征，更有基于自己国情的中国特色。中国式现代化是人口规模巨大、全体人民共同富裕、物质文明和精神文明相协调、人与自然和谐共生、走和平发展道路的现代化。海关是政治机关，南昌海关是扎根江西这片红土圣地上的海关，必须增强历史自觉，发扬历史主动精神，把学习贯彻党的二十大精神作为追随核心、维护核心、捍卫核心的具体行动，在习近平总书记的带领下，更加坚定中国特色社会主义的道路自信、理论自信、制度自信和文化自信，提高政治站位，胸怀"国之大者"，在以中国式现代化推进中华民族伟大复兴的新征程上撸起袖子加油干、风雨无阻向前行，以实际行动彰显我们对党绝对忠诚的政治品格。

（二）强化使命担当，在以中国式现代化推进中华民族伟大复兴中作出更大贡献

全面建设社会主义现代化国家，是一项伟大而艰巨的事业，前途光明，任重道远。高质量发展是全面建设社会主义现代化国家的首要任务，高水平对外开放是实现高质量发展的内在要求。当前，我国推进高水平开放高质量发展还面临着许多现实问题，同时我们也要看到，我国经济韧性强、潜力足、回旋余地广，长期向好的基本面没有改变。党的二十大报告对"推进高水平对外开放""加快建设贸易强国""推动共建'一带一路'高质量发展"等进行了全面谋划和系统部署，这些重大决策部署与海关工作紧密相关。海关在推进中国式现代化进程中责任重大、使命光荣，在推进高水平开放高质量发展方面大有作为。面对新的形势任务，我们要增强忧患意识，坚持底线思维，强化使命担当，知难而进、迎难而上，准确识变、科学应变、主动求变，在危机中育新机、于变局中开新局，在提升开放层次、扩大开放范围、优化开放环境、加快构建新发展格局等方面更加积极主动作为，为中国式现代化建设贡献海关力量。

（三）强化责任担当，在以中国式现代化推进中华民族伟大复兴中体现更大作为

新征程是充满光荣和梦想的远征。今天我们比历史上任何时期都更接近、更有信心和能力实现中华民族伟大复兴的目标，同时必须准备付出更为艰巨、更为艰苦的努力。海关处在国内国际双循环的"交汇枢纽"，是对外开放的窗口，同时又是国家治理体系的重要组成部分，在维护国家安全、扩大对外开放、服务构建新发展格局中具有重要作用。从海关承担的

职责来看，口岸疫情防控关系统筹疫情防控和经济社会发展大局，口岸营商环境关系稳外贸稳外资大局，国门生物安全关系粮食和生态安全大局，税收和贸易管制关系中央财政收入和对外斗争大局，检验检疫和监管打私关系国家安全、人民生命健康和社会稳定大局。新征程上，我们要增强全局观念，立足"两个大局"，善于从政治层面看业务，善于从党和国家事业发展大局来审视、谋划和推动海关工作。要加强战略思维，既要立足当前，也要着眼长远，统筹谋划近期、中期和远期目标，措施发力适当靠前，预留发展空间，掌握工作主动。要围绕全面建设社会主义现代化海关的目标，持续提升海关制度创新和治理能力建设水平，打造先进的、在国际上最具竞争力的海关监管体制机制，做到"管得住、放得开、通得快"。

三、深入贯彻落实党的二十大精神，在新征程上奋力谱写中国式现代化的南昌海关篇章

习近平总书记强调，空谈误国、实干兴邦，一分部署、九分落实。党的二十大提出了一系列新论断、新战略、新部署、新要求，为前进道路提供了根本遵循。俞署长提出了"铸忠诚、担使命、守国门、促发展、齐奋斗"的工作要求，强调了12个方面的重点任务。我们要深入学习领会，结合实际抓好贯彻落实，按照关党委"忠诚作示范、创新促发展、实干防风险、严管勇争先"的工作思路，推动各项决策部署和工作任务付诸行动，见之于成效。

（一）铸忠诚塑强关之魂，坚持和加强党对海关工作的全面领导

习近平总书记指出，全面建设社会主义现代化国家、全面推进中华民族伟大复兴，关键在党。俞建华署长强调，铸忠诚是强关之魂，是海关始终保持正确政治方向的根本保证。海关工作做得怎么样，归根到底是要看是否忠诚这一条。新征程上，我们要旗帜鲜明坚持和加强党对海关工作的全面领导，把坚定拥护"两个确立"、坚决做到"两个维护"作为最高政治原则和根本政治责任。

要始终拥戴核心，坚定捍卫"两个确立"。切实提升政治判断力、政治领悟力、政治执行力，在思想上、政治上、行动上同以习近平同志为核心的党中央保持高度一致，做到任何时候任何情况下都坚决听从习近平总书记命令、服从党中央指挥，确保绝对忠诚、绝对纯洁、绝对可靠，切实把对"两个确立"决定性意义的深刻理解转化为自觉践行"两个维护"的具体行动。要坚决遵守执行党的章程，党的二十大通过的党章修正案，将增强"四个意识"、坚定"四个自信"、做到"两个维护"列入党员义务，必须坚决维护党章作为党内根本大法的权威性严肃性，在尊崇党章、执行党章、严守党章中践行"两个维护"。

要始终坚定决心，走好践行"两个维护"的"第一方阵"。要严格落实"第一议题"制度，坚决贯彻落实习近平总书记重要指示批示精神，把习近平总书记重要讲话和重要指示批示精神作为"第一政治要件"抓好学习贯彻，完善上下贯通、执行有力的长效机制，走好践行"两个维护"第一方阵。制定政策、落实工作时要自觉同党的理论和路线方针政策对标对表、及时校准偏差，确保不偏向、不变通、不走样。要建立贯彻落实习近平总书记重要指示批示精神的闭环系统，做到对上有响应、相互

有呼应、对下有反应，以横向协作、纵向联动、上下贯通的高效运行机制保证好的政治效果。各部门单位要对照海关总署党委关于宣传贯彻党的二十大精神工作部署和南昌海关的工作安排，结合自身实际谋划落实举措，创造性开展工作，做到有计划、有部署、有成效。

要始终不忘初心，持续增强政治机关意识。必须始终牢记海关的政治机关属性，心怀"国之大者"，提高政治"三力"，做到政治上绝对可靠、对党绝对忠诚。要持续强化理论武装，坚持不懈用习近平新时代中国特色社会主义思想凝心铸魂，做到学思用贯通、知信行统一。要巩固深化政治机关专项教育成果，用好江西红色资源常态化开展党史学习教育。要加强政治能力建设，贯彻民主集中制，严格执行"三重一大"事项决策制度，加强对重要业务工作和重要改革事项的政治把关，不断增强把方向、谋大局、定政策、促改革的能力。严守政治纪律和政治规矩，严格执行党章党规，严肃党内政治生活，持续净化良好政治生态，防止"七个有之"，做到"五个必须"，在政治上站得稳、靠得住。

（二）担使命固强关之本，为推动中国式现代化贡献海关力量

习近平总书记指出，未来五年是全面建设社会主义现代化国家开局起步的关键时期。俞建华署长强调，担使命是强关之本，要提高政治站位，增强大局意识，把海关工作放到以中国式现代化推进中华民族伟大复兴中去定位、去谋划、去推动。立足海关本职，全面履职尽责，共建"一带一路"必贡献，海关自由贸易港建设必担当，确保粮食、能源资源、重要产业链供应链安全必尽责。新征程上，我们要提高政治站位，自觉将海关工作融入党和国家事业发展全局，坚持系统观念，坚持"跳出海关看海关"，坚持"全国海关一盘棋"，加强前瞻性思考、全局性谋划、战略性布局、整体性推进。

助力共建"一带一路"高质量发展。要对标国际最高标准、最好水平助力贸易强国建设，全力做好支持对接"一带一路"建设有关工作。深化与上海、深圳、厦门、阿拉山口等口岸的联通协作，"借船出海"，切实打通内陆与沿海沿边间的"地缘阻隔"。推进"三智"国际合作，加强与WCO战略对接，推动和支持更多国际合作项目落地。做好RCEP实施工作，加强规则的研究、宣传和利用，综合运用大数据、原产地政策和签证经验推送出口战略，发挥自由贸易协定的重要作用，进一步拓展共建"一带一路"国家和地区的市场。积极参与陆海新通道建设，助力南昌、赣州创建中欧班列集结中心，打通"水上、陆上、空中、数字"四大通道，持续推进促进"双区联动"项目。稳妥推进AEO国际互认，推动企业在境内外享受同等便利。

保障产业链供应链稳定安全。要积极有效应对国际经贸摩擦，助力破解"卡脖子"瓶颈，提升产业链供应链韧性和安全水平。针对江西省产业链循环堵点开展调研，保障芯片等关键零部件进口，努力推动解决产能外迁、贸易订单量减少等问题。各隶属海关要结合各地优势产业，从大处着眼，从小处落手，加大企业信用培育力度，引导企业用好用足海关各项优惠政策，积极开展对国外技术性贸易措施的研究和解读，及时掌握国外措施对江西出口带来的不利影响，指导企业有效应对。要积极主动服务地方重点产业和特色产品出口，落实减免税政策，支持先进技术、重要设备、关键零部件、优质种质资源进口，不断提升海关助企措施的精准度和有效性，增强企业获得感和满意度。

强化创新驱动科技应用。坚持创新驱动，积极参与全业务领域一体化改革，做好重点业务领域跨关区协同管理。推进税收征管方式改革，推广汇总征税、预裁定等便利措施。构建以合同、企业、企业集团为单元的多层次加工贸易监管模式，推进单耗管理改革。加强属地查检与口岸监管、稽核查工作执法联动。深化统计现代化改革，丰富统计调查方法，优化统计专业流程，强化数据质量控制，严格业务数据管理。坚持科技赋能，加强信息化基础设施建设，全力保障通关、监控指挥等重要系统稳定运行。做好保税监管领域"区块链+鉴证溯源"试点和推广工作，打造南昌海关鉴证溯源监管品牌。加强"互联网+稽核查"等系统应用，加快快件、跨境电商智能监管系统建设。优化实验室配置，根据业务发展调整重点实验室和区域实验室设置，提高科研能力和保障水平。

（三）守国门筑强关之基，坚决维护国家安全和人民利益

习近平总书记指出，国家安全是民族复兴的根基，社会稳定是国家强盛的前提。俞建华署长强调，守国门是强关之基，是海关最基本、最重要的职责。必须全面推进国门安全体系和能力现代化，口岸疫情防控必坚守，防范化解重大风险必上心，国门生物安全关口必把牢，有效应对各类安全挑战，为高水平开放高质量发展保驾护航。新征程上，我们要坚定不移贯彻落实总体国家安全观，统筹发展与安全，健全完善海关保障国家安全的制度机制，织牢织密口岸防线，有效防范和化解重大、系统性风险。

要坚决筑牢口岸检疫防线。坚持"外防输入、内防反弹"总策略和"动态清零"总方针，做好新冠疫情防控期间入出境常态化客运航班卫生检疫工作，坚持"人物环境同防""多病同防"，做好埃博拉、出血热、鼠疫、猴痘等传染病外防输入工作。优化完善进口冷链食品疫情防控措施，对非冷链货物物品分级分类采取预防性消毒或放行措施。持续开展"跨境电商'异宠'综合治理"和"国门绿盾"专项行动，严厉打击非法引进外来物种行为。深化与卫健、疾控等部门联防联控常态化运作机制，推动实现联合调查、联合预警、联合管理、信息共享。强化内部防控。

要坚决把住国门安全关口。切实维护国门生物安全，严防各类动植物疫病疫情传入和外来物种入侵，保障活猪安全供港供澳。落实"四个最严"要求，强化进出口食品安全监管，推进进口食品"国门守护"行动，守护"舌尖上的安全"。严把进出口商品检验关，加强危化品、烟花爆竹等重点敏感商品检验监管，深化安全生产专项整治三年行动，坚决防止发生重特大安全生产事故。

要坚决守好监管底线红线。始终牢记监管是海关最基本最重要的职责，强化实际监管，提升现场检查作业查发能力。深化综合治税，提高税收征管水平，强化归类、审价和原产地管理，严厉打击价格低报瞒报等各类逃税违法行为。强化稽核查监管，提高查发有效率。始终保持高压严打态势，围绕重点区域、重点领

域、重点商品走私突出问题，推进反走私专项整治、综合治理双管齐下，维护良好市场秩序和贸易安全。

要及时化解各种风险隐患。必须以"时时放心不下"的责任感，牢牢守住不发生系统性风险、颠覆性错误底线，宁可向前一步形成重叠，不可后退一步造成缝隙。要健全风险防控机制，大力运用"制度+情报+科技"手段，加强情报信息收集和大数据运用，提升风险防控的精准性、有效性。要紧盯风险防控重点，聚焦防控重大、系统性风险，织密织牢基层自控、职能监控和专门监督"三道防线"，瞪大眼睛，保持战斗状态，严密防范系统性安全风险。要常态化排查防控风险，协同联动防控风险，严防制度不健全、监管不到位、合成谬误等风险。加强风险处置预演和突发事件应急演练，确保应急处突稳妥严密、有条不紊。

（四）促发展切强关之要，高水平助推贸易强国建设

习近平总书记指出，高质量发展是全面建设社会主义现代化国家的首要任务。俞建华署长强调，促发展是强关之要，是海关服务构建新发展格局、推动高质量发展的必然要求。海关必须积极主动作为，充分发挥职能作用，建设贸易强国海关必要强，促进高水平开放必作为，多双边合作必促进，以高水平开放促进高质量发展。新征程上，我们要牢牢把握发展这个党执政兴国的第一要务，以推动高质量发展为主题，完整、准确、全面贯彻新发展理念，按照"作示范、勇争先"的要求，持续推动"促平台、促产业、促整合、优环境"，服务江西内陆开放型经济试验区建设，助力革命老区高水平开放高质量发展。

要促进开放平台效能更高。要对标国际最高标准、最好水平助力贸易强国建设。支持对接"一带一路"、粤港澳大湾区建设和长江中游城市群发展，发挥江西毗邻长三角、粤港澳大湾区（珠三角）、海西的区位优势，充分利用赣鄂湘三地海关通关协作、湘赣边区域海关合作等机制，全力服务江西内陆开放型经济试验区建设。要深入探索各平台间的功能整合、政策叠加，深化"双区联动""区港联动""中欧班列+"的项目的成功经验，推动口岸、指定监管场地与综合保税区等平台业务联动发展，让不同类型的平台功能实现效益最大化，让"平台+新业态"成为促进江西外贸发展的新动能。

要促进口岸营商环境更优。用好"船边直提""抵港直装""离港确认"便利措施，大力推进"组合港"推广项目，持续巩固压缩整体通关时间成效。围绕"三促一优"，持续开展跨境贸易便利化专项行动，扎实推进优化口岸营商环境专项行动"十大重点项目"、22条工作措施和促进外贸保稳提质33条落实举措取得实效。要做优化口岸营商环境的"参与者""践行者"和"推动者"，不做"干扰者"和"旁观者"，探索形成"管得住、放得开、通得快"的监管服务模式，营造国际一流口岸营商环境，促进贸易和投资自由化便利化，促进江西外向型经济发展。

要促进外贸量质提升更大。要在工作中继续保持敏感性，围绕俞署长提出的38个"深入思考"开展调查研究、主动思考，提出有价值的意见建议。深入落实外贸形势分析会议机制，提升和发挥数据"首发、首报、首用"的优势，聚焦江西"2+6+N"产业高质量跨越式

发展目标,"加强、加密、加深"进出口分析和政策研究,深入挖掘数据背后的内涵和规律,提出更多促进江西外贸发展的真知灼见。持续深化"一关一品"工程,发挥"数据+研究"优势,精准服务铜加工、锂电、光伏、钢铁等江西重点产业发展,促进优势产品扩大出口。

(五)齐奋斗立强关之志,坚定不移推进全面从严治党

习近平总书记指出,团结就是力量,团结才能胜利。新时代的伟大成就是党和人民一道拼出来、干出来、奋斗出来的。俞建华署长强调,齐奋斗是强关之志,是海关奋进新征程、建功新时代的集结号、动员令。必须讲团结、齐奋斗,建设堪当民族复兴重任的高质量干部队伍海关必力推,青年工作必远谋,正风肃纪反腐败斗争攻坚战持久战必打赢。新征程上,我们必须讲团结、齐奋斗,以团结凝聚力量,以奋斗开创未来,全面加强新时代海关党的建设各项工作,为关区事业发展提供坚强政治和组织保证。

要提振团结奋斗的精气神。更加紧密地团结在以习近平同志为核心的党中央周围,坚决维护党中央权威和集中统一领导,确保海关事业发展的正确政治方向。要弘扬求实、扎实、朴实的海关文化,加强准军事化纪律部队建设,强化号令意识,提高执行能力。要从党的伟大精神谱系中汲取力量,弘扬伟大建党精神,发扬井冈山精神、苏区精神、延安精神,向着我们的共同事业、共同目标、共同理想、共同未来努力奋进。要敢于斗争、善于斗争,坚决与疫病疫情斗,与不法分子斗,与霸权主义斗,与腐败行为斗,知难而进,迎难而上,以钉钉子精神抓落实,以实干建功新时代。

要建设坚强有力的党组织。深入实施"四提两打造"行动,以增强党组织政治功能和组织功能为重点,不断提高基层党建质量。要巩固深化基层党建"标准化、规范化、信息化"成效,持续推进"四强"党支部建设,发挥两级党建示范、培育品牌辐射带动作用,推动事业、企业单位党组织建设提质增效。要严肃党的组织生活,增强党内政治生活政治性、时代性、原则性、战斗性,经常、认真、严肃、规范开展组织生活。严格党员教育管理,聚焦党组织和党员"两个作用",做好经常性思想政治工作,深化创先争优,加强典型培树。严明党建政治责任,巩固党委委员支部联席会制度等创新举措,完善党建述职评议考核工作机制,层层压实书记党建责任。

要锻造高素质的干部队伍。深入践行新时代党的组织路线,选优配强各级领导班子。坚持新时代好干部标准,坚持"一把尺""一张单""一盘棋",树立重政治、重品行、重基层、重担当、重实绩的鲜明用人导向,注重一线考察识别干部,在重大斗争和艰苦复杂环境中培养选拔干部。要合理使用各年龄段优秀干部,特别是用好"老黄牛"式的干部,大力培养选拔优秀年轻干部,健全完善容错机制,落实"三个区分开来",让实干者得实惠、奋斗者有奔头、善为者有期待。坚持严管厚爱,突出对"一把手"和领导班子的监督,加强选人用人专项检查,加强关心关爱,完善"三位一体"考核体系,形成能者上、优者奖、庸者下、劣者汰的良好局面,激励广大干部担当作为、干事创业。

要营造风清气正的政治生态。坚持以严的

基调强化正风肃纪，把严的要求、严的措施贯穿教育管理监督全过程，推进责任全覆盖、反腐全领域、管控全流程、监督全方位。锲而不舍落实中央八项规定及其实施细则精神，重点纠治形式主义、官僚主义，紧盯"线下转线上""指尖上的形式主义"等新动向新表现，切实为基层减负。要加强纪律教育，督促党员干部严于律己、严负其责、严管其辖，涵养富贵不能淫、贫贱不能移、威武不能屈的浩然正气。要坚持"不敢腐、不能腐、不想腐"一体推进，巡视巡察、审计督察、纪律监督、派驻监督同时发力、同向发力、综合发力。要保持惩治腐败高压态势，永远吹冲锋号，深化打私反腐"一案双查"，坚决惩治群众身边的"蝇贪"。加强海关廉洁文化建设，引导党员干部清清白白做人，干干净净做事。

同志们，新时代的蓝图已经绘就，新征程的号角已经吹响。让我们更加紧密地团结在以习近平同志为核心的党中央周围，全面贯彻习近平新时代中国特色社会主义思想，深入贯彻落实党的二十大精神和党中央决策部署，牢记"三个务必"，踔厉奋发，勇毅前行，为全面建设社会主义现代化海关、实现中华民族伟大复兴而团结奋斗！

第二篇

专记

南昌海关开展捍卫"两个确立"、做到"两个维护"、强化政治机关建设专项教育活动

强化理论武装。坚持"第一议题"制度,坚持"每日学习、每周研讨"机制,将专项教育有关内容纳入党委会重点学习内容,两级党委理论学习中心组专题学习习近平总书记关于加强党的政治建设的重要论述37篇次。印发学习材料750余册,通过党委会、中心组学习、"三会一课"等方式,抓好学习领会。用好"学习强国""钉钉""智慧党建"等平台,通过网上培训班教育培训1031人次。将专项教育活动纳入党委会和党委理论学习中心组学习重点内容,组建专项教育活动督导组和工作专班,制订活动方案和学习计划表。举办思想理论学用讲坛,深化"双百"特色做法,召开"青年跟党走、建功新时代"青年干部座谈会,组织开展"政治机关建设大家谈"等活动,930余人次参与学习讨论。

开展全域查摆。对照"四个是否"开展全员覆盖、全域查摆,通过党员干部自查、领导班子排查、关区统筹研判等方式梳理形成问题清单,制定整改措施。将"从政治层面检视业务工作"纳入民主生活会、组织生活会查摆重点。建立"政治要求必谈、政治风险必核、政治责任必查、听取一线意见建议"的"三必一听"工作法,共查摆问题54个,制定整改措施156条,全方位查找150个岗位对应的政治要求1030条。各级领导干部深入一线开展调研指导122次,开展课题研究29个,对照"四个是否"开展全员覆盖、全域查摆,通过党员干部自查、领导班子排查、关区统筹研判等方式梳理形成问题清单,制订整改措施。将"从政治层面检视业务工作"纳入民主生活会、组织生活会查摆重点。

▲2022年7月9日,南昌海关组织在井冈山开展"走好第一方阵 我为二十大作贡献"主题党日活动

抓实问题整改。建立"党委书记主责、领导小组主抓、领导小组办公室统筹"的领导机

制，制订整改方案，把捍卫"两个确立"、做到"两个维护"、强化政治机关建设专项教育活动和"学查改"专项工作纳入党委会专题议题持续跟踪问效。建立领导小组办公室与督导组每周沟通机制，经常深入基层单位现场指导，定期反馈指导中发现的问题，提出具有针对性和操作性的整改意见建议，指导反馈各类问题28个。将整改工作与巡视整改、审计整改、专题民主生活会整改统筹推进，确保取得实效。4个督导组对问题整改落实情况开展"四不两直"式监督检查17次，专班编发工作简报11期，相关工作情况在海关总署政工简报17期刊登。

南昌海关科学精准高效做好口岸疫情防控

南昌海关党委贯彻落实习近平总书记系列重要指示批示精神，贯彻党中央国务院重大决策部署，落实海关总署工作部署，始终坚持人民至上、生命至上，坚持"铸忠诚、担使命、守国门、促发展、齐奋斗"，弘扬"三实"海关文化，健全"三应"工作机制，统筹做好疫情防控和促进外贸稳增长各项工作，以"时时放心不下"的责任感筑牢口岸检疫防线，以强烈的使命担当推进江西外贸高水平开放高质量发展。

一、基本情况

南昌海关关区有南昌昌北机场和九江城西港两个对外开放口岸。2022年，南昌海关圆满完成上海入境分流航班等重要检疫任务，检出新型冠状病毒感染、登革热等传染病，首次在海关系统内入境旅客通关作业现场检出阳性环境样本，关区首次检出飞行机组人员（机长）阳性。

南昌海关疫情防控和促进外贸稳增长工作得到各级领导的关心和肯定。国务院联防联控机制现场督查对南昌海关工作给予肯定；海关总署署长俞建华等署领导在听取视频汇报时，对南昌海关口岸疫情防控工作给予肯定；海关总署2次通报表扬评价南昌海关"在抗击疫情的关键时刻展现新作为、彰显新担当"；江西省委省政府领导到南昌海关现场调研指导，肯定南昌海关口岸疫情防控工作。

二、主要措施和成效经验

（一）高站位狠抓工作部署落实

坚持以上率下、深入一线，南昌海关关长、党委书记党英杰带头，与其他关党委委员走进口岸一线封管区，与一线关员同吃、同住、同工作，向海关总署提交6份工作建议报告，提出20条改进措施。坚持直奔现场、全程督导，关党委委员第一时间下沉一线检查督导、现场指挥，针对口岸较长时间无常态化入境旅客检疫等短板弱项，坚持直奔一线协调解决现场设施改造等防控难点、堵点，职能处室一线指导参战，全程指挥航班检疫监管。坚持马上就办、推动落实，关党委召开党委会、指挥部会议等统筹部署疫情防控和促进外贸稳增长，做到第一时间学习贯彻习近平总书记重要指示批示精神、第一时间落实党中央国务院决策部署、第一时间按照海关总署党委工作要求推进关区疫情防控和促进外贸稳增长工作；召开专项工作推进会，制发各类文件25个，细化落实措施751条，全面落实海关总署工作要求，确保统一指挥、统一协调、统一调度，举全关之力统筹做好口岸疫情防控和促进外贸稳增长工作。

（二）全方位织牢立体防控网络

完善设施设备，夯实防控硬件基础。全力保障上海分流航班检疫任务，推动地方政府整合优化航站楼内资源，单独划分730平方米用于海关现场体温监测和健康申明卡核验，海关入境全流程实际使用面积超2700平方米；大力协调地方在口岸新建2个防护装备穿戴区、10个单风向脱卸间和24个高标准负压采样方舱，负压采样方舱数量居全国航空口岸前列。

制订方案预案，健全疫情防控机制。预判出入境人员增加、秋冬季防控风险上升、重大活动和节假日、工作人员感染等突发事件处置情形，研究制定口岸新冠病毒样本送检实验室检测、包机卫生检疫、秋冬季口岸疫情防控、人力资源保障、突发事件应急处置等工作预案11个，确保应急处置有备无患。根据"一口岸一方案""一机一案"以及专项工作要求，结合现场实际，全面落实组织保障、风险研判、联防联控、处置流程、信息上报、人员和物资保障、监督检查等疫情防控措施，制订分流航班和定期客运航班卫生检疫方案及专项工作方案24个。

深化关地联动，确保全程闭环管理。南昌海关主要负责同志向江西省党政主要负责同志专题汇报口岸疫情防控情况，职能部门和口岸现场等各个层面主动加强与地方协调沟通，提出工作建议94条。针对临时航班、分流航班等重点航班，推动江西省防控指挥部建立"一机一案"指挥体系，在口岸成立现场指挥部，建立由属地政府、海关、卫健委、口岸驻场单位等相关单位、部门参加的联合指挥机制；每班支援20余名医护专业人员，专归海关现场调度使用。持续总结前期联防联控经验，推动促成江西省防控指挥部出台《江西省入境国际航班疫情防控工作方案》《入境国际航班人员新冠病毒核酸检测信息共享实施方案》《江西省定期国际客运航班常态化疫情防控工作机制》《定期国际客运航班常态化疫情防控操作指引》等文件，不断强化疫情防控机制。

抓实"三个同防"，严防疫情叠加输入。坚持"水空同防"，针对关区来暂无出入境船舶的实际，统筹资源全力保障航空口岸疫情防控，同时密切跟踪国际船舶通航信息，提前做好水运口岸检疫排查、采样检测、联防联控等技术储备。坚持"人、物、环境"同防，落实入境人员检疫措施，推动实行信息报告、隔离管控、检测检疫、转运转送和医疗救治"五个闭环"管理，确保"零漏检"；按要求科学规范实施进口环节冷链食品、高风险非冷链集装箱货物新冠病毒监测检测和预防性消毒监督工作，确保"零输入"；细化完善入境客运航空器终末消毒监督和环境监测方案并进行强化培训，首次在海关系统入境旅客通关作业现场检出阳性环境样本，督促一线做好环境监测和污染控制工作，确保"零感染"。坚持"多病同防"，密切关注儿童急重肝炎、黄热病、霍乱、埃博拉病毒病、猴痘等境外疫情，不断细化完善工作方案，加强风险分析研判，强化流行病学调查和医学排查，在做好新冠疫情防控的同时毫不放松其他传染病防控，检出流感、登革热，防止疫情叠加输入。

严格安全防护，严防职业暴露感染。南昌

海关党委高度重视安全防护工作，始终把防止职业暴露感染放在口岸疫情防控的首要位置，多次专题研究部署安全防护工作，建立直属关和隶属关二级安全防护监督体系，压紧压实"一把手负总责、业务条线各负其责、一线部门具体负责"的安全防护管理主体责任，做到业务工作与安全防护工作"同研究、同部署、同督促"，执行"岗前检查、工作巡查、全程督查"和"双人作业、互相监督"的"3+2"安全防护监督制度，确保"培训考核、监督管理、自查督查"三位一体的安全防护体系高效运转。强化培训演练考核及督导，职能部门第一时间跟进解读海关总署方案、指南、手册，细化口岸疫情防控各岗位安全防护指南，加大个人防护培训演练和考核力度，强化开展理论培训94次（3841人次）、个人防护考核29次（424人次）、实战及应急处置演练17次（729人次），确保熟练掌握安全防护技能后方可上岗；指导口岸按照要求严格执行一线人员封闭管理，不断规范口岸一线安全防护操作。加强实验室安全管理，江西国际旅行卫生保健中心（南昌海关口岸门诊部）实验室2个负压新冠检测区域均通过地方卫生部门生物安全二级实验室备案，规范实验室生物样本管理并及时移交阳性样本，每日开展实验室内现场监督、江西国际旅行卫生保健中心（南昌海关口岸门诊部）内部监督和专家组视频监督，强化样本箱消毒、试剂制备、核酸提取、核酸扩增、废弃物处置等全流程检查。

实施精准检疫，提升检疫监管效能。广泛收集信息，与海关总署主动沟通及时获取相关重点航班、重点人员等全国数据信息，加强与相关部门联系获取省内重点人员信息，指定专人搜集互联网境外人员、航空和相关疫情信息。加强风险研判，密切关注国际疫情形势和防控政策调整情况，跟踪分析航班航线的变化，及时掌握通航/复航信息，预先了解掌握交通运输工具运行计划，全面开展疫情研判和预警评估，优化完善"一口岸一方案"和"一机一案"。构建"总关+现场"两级指挥部，自保障上海分流航班起，从登临检疫到转运交接全流程设置现场工作组18个，并逐一制定标准化作业程序，明确现场职责分工并落实到岗到人；航班监管结束后，及时开展各条线内部复盘，持续优化流程，整机检疫时间从4小时压缩至2小时，做到"一机一总结、一案一提升"并持续完善。加大科技赋能力度，围绕"信息化、数字化、智能化"目标，开通旅客通关管理子系统健康申报自助验放接口，完成口岸6台闸机硬件安装和入网调试，实现自动验核拦截/放行，优化技术参数提升系统响应时效50%。

强化监督检查，规范一线现场作业。完善常态化监督检查机制，建立"总关、隶属关、作业班组"三级监督员队伍，成立职能部门组成的"挑毛病"专家组，及时梳理海关总署疫情防控最新要求，动态更新5版自查督查工作表，细化465项检查内容，坚持开展常态化视频检查、每月自查督查、每季度专项检查和"四不两直"抽查，督促立行立改，做到问题清零。落实海关总署专项督查要求，全力配合海关总署"百名科长百日督查""国庆前后派驻实地督查"工作，派员赴合肥海关开展实地督查，建立专项督查工作调度与协调机制，及时回应海关总署督查组提问，第一时间督办联系事项，确保件件有着落、事事有回应，以督促行、以查促改。健全监控指挥体系，建立监管现场、属地联合、直属海关远程指挥的三级监督指挥体系，把入境全流程划分为4个监控区，便于分别进行针对性监控；收集整理海关总署监控指挥中心通报问题，建立9个监控模块，采取"全域覆盖、分区把守"策略提升监督效果。实行实时监控督查，在采样、脱卸、秩序维护等关键环节新增摄像头点位150多个，采取"远程+现场"监督形式，充分发挥语音摄像头作用，形成"作业班组现场监督+隶属关视频指挥+总关远程指导"三级监督模式，督促登临检疫、个人防护、脱卸洗消、医疗废弃物处理等各项防疫措施落实到位，做到监督指导"零延时"，对现场操作中的问题做到发现、指出、整改"3个快和准"。

（三）深挖潜强化防控梯队建设

坚持统筹调配，优化支援队伍管理。坚持南昌关区"一盘棋"统筹调配人力资源，抽调支援昌北机场海关口岸7轮次，充分论证人员调配方案保证常态化客运航班开启，建好"一线、预备、应急"3个梯队，保障封闭管理人力资源始终充足。多渠道推荐选拔口岸疫情防控梯队人员，加大对医学、卫生等专业人才的招录力度，建立疫情防控专业人才库40余人，保障一线专业队伍数量充足。

加强业务培训，提高队伍专业素质。持续在培养业务专精能力、提升专业化水平方面下功夫，开展业务专项培训、现场应急演练，通过"钉钉"学习平台、"洪关e课堂"组织开展疫情防控知识全员在线培训和业务能力培训，特别是口岸一线人员安全防护、现场处置、医学排查等实操技能，以专业训练、实践锻炼突破"能力关"，练就"铁肩膀"、挑起"硬担子"。

完善选拔机制，树立鲜明用人导向。完善疫情防控一线考察识别机制，突出重实绩、重实干、重担当的导向，对疫情防控一线关员干事状态、工作实绩、群众评价等建档立卡，将多次参与封闭管理、在防疫一线获得过嘉奖以上奖励作为选拔科级领导干部优先口径，3名在疫情防控工作中表现突出的优秀年轻干部从主任科员直接提任执法一线科长，2022年选拔的副科长一半有疫情防控工作经历。

加大关心关爱，保持防控队伍战斗力。加强工作上支持，落实轮班轮休制度，科学合理安排班次间隔，杜绝长期封闭、连轴封闭；开展疫情防控工作专项奖励。坚持生活上帮助，关心干部职工身体健康，为参与封闭管理人员增加专项体检；及时核发疫情临时性补助并购买人身意外伤害保险；推行"一对一"帮扶机制，为生活负担较重家庭解决后顾之忧。

（四）做好防疫设备物资保障

强化工作机制，保障防疫物资。坚持应采尽采，严格按照海关总署技术标准要求顶格配置防疫物资，积极向口岸一线调拨防疫物资。保障防疫设备，根据口岸一线人员集中封闭管理要求，采购各类防疫装备设备，顺利完成口岸出入境通道建设项目和核酸监测实验室改造。

统筹财力资源，确保防疫资金。全面梳理资金需求，测算关区防疫预算，多渠道争取防疫资金的支持。强化预算执行督导，掌握关区防疫资金的开支内容、列支渠道、审批程序等情况，全程督导防疫资金执行进度，预防预算资金闲置沉淀。

压实工作责任，持续开展监督管理。强化物资监管，常态化开展防疫物资采购、配备、

▲2022年5月10日,南昌海关开展个人防护装备穿脱实操演练

使用情况督查,坚持问题导向,狠抓防疫物资采购、质量标准、履约验收等工作,狠抓疫情防疫物资配备、使用和管理的规范情况,严控关区防疫物资管理风险。强化仓库监管,提升仓库软硬件设施建设水平,落实防潮防火安全措施,科学设定防疫物资储备警戒线,按照"先进先出、后进后出"的原则对库存防疫物资实施动态管理,杜绝物资临期超情况,确保关键时刻库存物资调得出、用得上,严控仓库管理风险。

南昌海关深化"三促一优"促进外贸保稳提质

南昌海关深入贯彻习近平总书记关于"作示范、勇争先"的重要指示精神，落实海关总署促进外贸保稳提质10项措施和进一步助企纾困7项措施，结合江西省情实际，坚持以"促平台、促产业、促整合、优环境"为抓手，部署开展促进跨境贸易便利化专项行动，助力江西外贸跨越式发展，连续突破5000亿、6000亿两大关口。2022年，江西省进出口总值6713亿元，同比增长34.9%，增速位列中部地区第一、全国第四。

一、促平台，构建互联互通开放格局

一是扩围增量，推动开放格局更"大"。支持对接"一带一路"、粤港澳大湾区建设，推动九江口岸扩大开放项目完成预验收；指导推进赣州综合保税区置换验收，支持上饶综合保税区申报设立；指导南昌新增"进境冰鲜水产品"等3个指定监管场地。全力保障赣欧班列常态化运行，支持新开"中老班列"，推动实施中欧班列与跨境电商融合发展。

二是南拓东进，推动开放通道更"畅"。一方面支持南拓，积极应对国际形势的变化，支持开通南部地区赣州铁路口岸"一线双区联动"（经乌克兰、波兰等国的北线）中欧班列常态化运行，助力开辟经匈牙利的"南线"贸易通道，与经波兰进入欧盟的"北线"通道形成对欧经贸的"南、北双通道"格局。一方面促进东进，引导上饶、鹰潭等赣东北区域企业发展运往荷兰的中欧班列，多向突破物流堵点，有效保障江西货物对欧贸易通道顺畅。密切与满洲里等出境地口岸海关联系配合，畅通"属地监管—转关运输—班列出境"全链条业务流程，保障企业通关顺畅。2022年，共开行中欧班列263列。在南昌、赣州2个中欧班列站点完成"铁路快通"模式改革，通关时间平均压缩1~2天。加强与上海海关协作，共同推动"离港确认"改革在江西落地，压缩口岸作业时间60.2%，提升口岸集疏运效能。

三是提质增效，推动开放平台更"优"。结合所在地市的主导产业优势，指导南昌、九江综合保税区开通"保税展示+线上交易"、进口退货中心仓、出口海外仓等跨境电商业务，支持保税维修、保税研发等新业态在综合保税区全面落地，2022年保税维修业务进出口超5亿元。支持区内企业开展"委内加工"业务，2022年，共8家区内企业开展"委内加工"业务金额135亿元。

二、促产业，助力产业链供应链稳定

一是"一心一意"帮助外贸企业纾困解难。先后出台优化口岸营商环境专项行动"十大重点项目"和22条措施，细化形成落实海关总署促进外贸保稳提质要求的33条举措。开展"关'助'发展"系列活动，塑造海关服务品牌，建立走访重点企业联系机制，组建一线服务队，坚持问题清零闭环模式，调研企业覆盖率达86%，每月至少1次研究部署推进。2022年，为江西江铃进出口有限责任公司等省内企业解决口岸通关长时间等待等实际困难。针对调研中企业反映的对海关惠企政策不明白、不会用等问题，"线上+线下"覆盖江西省，开展政策宣讲8期26个专题，让企业对海关优惠政策和便利措施应享尽享、早知早享。积极发挥技术性贸易措施职能作用，加大国外技术型贸易措施研究，面向关区494家出口企业开展遭受国外技贸措施影响调查，形成2篇调研报告上报海关总署，1篇特别贸易关注被海关总署国际合作司采纳作为中美双边磋商例会议题，在"12360服务"微信公众号"技贸破冰与筑篱"栏目发布微信文章2篇、海关技术规范解读2篇。

二是"一企一策"服务优质产业做大做强。加大对"专精特新"、"小巨人"、独角兽企业等数字经济企业和跨境电商平台等新兴业态的AEO（经认证的经营者）培育，新增AEO企业12家，并实施一对一指导。利用集团企业和同产业链企业管理相近、协同一致、资源共享、优势互补等特点，创新"组团培育"模式，运用已通过认证企业的经验成果，采取视频宣讲、网络培育、远程指导、云盘审核等方式精准培育。落实优先办理、信用监管等便利措施，发挥海关企业协调员作用，跟踪AEO企业通关、保税、稽核查及检验检疫等业务并定期评估，向企业提出完善组织架构、出口转内销等建议80余项。2022年，江西省AEO企业进出口总值1502.7亿元，同比增长24%，占江西省外贸总值的22.4%。

三是"一关一品"服务重点产业做好做优。聚焦江西省"2+6+N"产业发展规划，对江西电子信息、有色金属、新能源材料等十大产业开展分析研究，建立覆盖江西省的"一关一品"研究机制，发挥统计调查"直通车""信息源"作用与"数据+研究"优势，从外贸、产能、行业动态等多个维度对省内重点产业进行全方位立体化解构，帮扶特色优势产品走出去。建立分析研究人才库、外脑专家库、重点企业库、分析研究成果库、分析研究资料库和展示平台"五库一平台"，邀请地方政府部门、科研机构等专家开展跨部门、跨领域调查研究，例如加强与中国科学院赣江创新研究院等外部智库的合作，探索建立外贸企业调研对象库，并与关区百强外贸企业建立一对一联系机制，2022年，通过"一关一品"服务江西锂电、光伏、有机硅等重点产业进出口达3607.1亿元，同比增长43.1%，占江西省外贸比重为53.7%。多个产品出口规模位居全国前列，太阳能电池全国第四，同比增长77.5%；无线耳机全国第二，同比增长57.8%；氢氧化锂占全国出口份额63.7%，同比增长3.6倍。

三、促整合，创新举措释放政策红利

一是强化关际联合，密切区域通关协作。推动鄂、赣、湘三地海关签署协同工作协议，从14个方面推动三地海关在促改革、搭平台、优环境、防风险上协同联动，实现"三关如一关"。与长沙海关加强烟花爆竹监管合作，共同签订湘赣海关合作协议，2022年助力江西烟花爆竹出口24亿元，同比增长26.5%。2022年11月，南昌海关推出的"鉴证溯源"监管技术成为江西省唯——项入选服务第五届中国国际进口博览会（以下简称"进博会"）的科技应用项目，大幅提升海关对参展艺术品的监管能力。密切与满洲里等出境地口岸海关的联系配合，畅通"属地监管—转关运输—班列出境"全链条业务流程，保障货物通关顺畅。

二是优化政策组合，释放优惠举措红利。调研摸清关区出口目的地为RCEP成员方的企业数量、产品结构，帮助企业精准适配最优政策及评估生产销售布局，制订"RCEP进企"项目方案。推出"RCEP+减免税+保税"政策组合包，推广"数据共享+智能审核+自助打印+快递送达"模式，提升原产地证签发质效，2022年，关区共签发RCEP原产地证书3184份，签证金额17亿美元，帮助企业享受境外关税减免约6亿元。

三是深化功能整合，推动平台协同发展。依托中欧班列、航空及水运口岸等，助力综合保税区"保税+港口"联动协同发展，2022年，江西省综合保税区进出口699.5亿元，同比增长54.1%，在通报的全国综合保税区2021年度绩效评估中，江西省综合保税区排名大幅提升，其中南昌上升9位、排全国第31名，位列中西部地区A类，赣州上升51位、排全国第67名。建立跨区域监管协作模式，支持景德镇陶瓷文化传承试验区与南昌综合保税区开展跨区域陶瓷保税展示交易业务，2022年景德镇陶瓷出口5.2亿元，同比增长147.9%。支持跨境电商等新兴业态发展，促进中欧班列融合发展，支持江西省跨境电商出口海外仓业务、出口退货中心仓发展，2022年江西省跨境电商规模位居全国第五，中西部省份第一。

四、优环境，提升便企利企服务水平

一是坚持科技赋能，便利通关"零等待"。推进"洪关一点通、洪关e联通"等科技项目，企业通过移动终端即可办理动植物检疫审批备案、海关业务咨询、邮快件状态查询等21类业务。加快推进"提前申报+两步申报、远程不到场查验、无感通关"等措施，持续压缩进出口整体通关时长。2022年进、出口通关时间分别为16小时（扣除国内运输段）、0.28小时，通关效率连续三年保持中部地区第一、全国前列，"两步申报"应用率连续两年位居全国前列。

二是坚持高效服务，企业办事"零跑腿"。持续优化企业办事流程，常态化推行"不见面审批"，审批备案事项限时办结率100%。创新"网上稽核查"模式，线上完成远程文书送达、加工贸易料件数据测算等查核程序。依托"单一窗口"，搭建"洪关一点通""通关可视化"平台，实现海关业务"线上办、掌上办"。2022年，"洪关一点通"用户点击量超1.5万次，实现"数据多跑路，企业不跑腿"。

三是坚持流程优化，对企沟通"零距离"。推广问题"直报点"机制，搭建"关企e联通"平台，畅通12360海关热线，拓展问题来源渠道，解决企业合理诉求和实际困难，实现企业在线咨询与政策推介，不断提升政策红利惠及面和利用率。2022年，累计受理电话咨询8262次、网上业务问答95次，答复率100%，满意度100%。

▲2022年10月10日，南昌海关实施"抵港直装"新型监管模式

四是坚持创新维权，企业经营"零障碍"。践行"保护知识产权就是保护创新"理念，组织开展"龙腾""蓝网""净网"等专项活动，2022年，关区知识产权海关保护有效备案权利人达到172家，同比增长29.32%；查扣各类侵权货物696批、1.36万件，寄递渠道查获率同比增长8.64倍。其中，查获出口陶瓷杯商标侵权货物案入选"中国海关知识产权保护典型案例"。

南昌海关开展"口岸危险品综合治理"百日专项行动纪实

2022年,南昌海关根据海关总署"口岸危险品综合治理"百日专项行动工作部署,结合关区实际,扎实推进危险品综合治理常态化,防范化解安全风险。行动开展以来取得显著成效,口岸监管环节查发危险品13批,属地查检环节检出不合格危险品167批,稽查环节查发危险品瞒报情事2起;关区内无具备危险品存储资质的监管作业场所(场地),关区19个监管作业场所(场地)、4个综合保税区和保税监管场所区内未发现违规存放危险品情事。

一、提高政治站位,充分认识做好口岸危险品综合治理的重要意义

南昌海关深入学习贯彻习近平总书记关于安全生产工作的系列重要指示批示精神,落实党中央、国务院关于"疫情要防住、经济要稳住、发展要安全"的部署和要求,深刻领悟"口岸危险品综合治理"百日专项行动在海关工作中的重大意义,落实"以严治乱、以快防患、依规履职、综合治理"的工作原则,迅速制订《南昌海关"口岸危险品综合治理"百日专项行动工作方案》,以更高的站位、更强的自觉、更大的担当防范化解危险品口岸"滞"的风险隐患,严厉打击危险品"瞒"的违法行为,守护国门安全。

二、加强组织领导,切实强化"时时放心不下"的责任感

南昌海关成立由主要负责人任组长的"口岸危险品综合治理"百日专项行动工作组,监管处、商检处联合组成专项行动工作组办公室,统筹、指挥、督促、推进各项工作。在专项行动开展过程中,一把手靠前指挥,先后7次赴现场指挥专项行动工作,分管关领导统筹协调各自分管领域工作,各部门各单位针对本条线开展专项治理工作。先后召开2次党委会、6次专题会议听取专项工作汇报并研究部署工作,确保认识更到位、流程更优化、机制更顺畅、协同更有力、执行更坚决。

三、突出重点环节,深化落实百日专项行动"加强版"措施

(一)防范化解危险品"滞"的风险隐患

南昌海关各业务现场均设置危险品口岸通关绿色通道和专用窗口,建立危险品通关协调

机制；加强海关相关政策宣传引导，鼓励企业采取"提前申报"等方式办理进口危险品通关手续，缩短危险品在口岸停留时间；加大单证审核频次，除需验估外，缩短单证审核作业时间，提高危险品通关效率，防范化解危险品口岸滞留的风险隐患。

（二）严厉打击危险品"瞒"的违法行为

一是加强风险布控。强化内外部门的协同联合防控，建立信息互通、即时研判和联动作战等模式。紧贴关区形势和口岸特点，制定各业务现场的不同防控策略。应用大数据手段开展监控预警，梳理全国海关典型查发案例，提炼高风险影子商品特征，采取"预定+紧急"布控方式，实现对伪瞒报风险的全方位监控和精准处置。人工分析布控查获危险品13票；通过后续环节风险分析提交稽核查建议4起。二是加强口岸检查。加强对进口转关单的到货核销审核，组织编写口岸检查查获伪瞒报危险品典型案例分析2期，通过"口岸危险品综合治理"口岸检查典型案例教学视频会议，进行解剖麻雀式的案例教学，关区参与人数243人次；严厉打击危险品伪瞒报违法行为，有针对性地加大查验取样送检力度；积极开展"先期机检""机检辅助+人工检查"，严防危险品夹藏、伪瞒报，提高现场主动查发能力；建立危险品查发快速处理机制，制定通报模板，将现场查发情事及时通报地方安全主管部门和监管作业场所经营人。百日专项行动以来，关区口岸检查查发伪瞒报危险品情事13起，同比增长550%，是专项行动前的1.9倍。三是加强智能审图应用。深入推进关区智能审图应用，扩大先期机检范围，对于重点地区的敏感商品，提高机检过机比例。召开智能审图应用培训，提高关员自主查发的能力。四是加强场所管理。结合安全生产大检查"回头看"工作，定期对场所开展巡查，充分发挥"吹哨人"作用，一旦发现有违规存放经营危险品等情事及时向安全生产主管部门通报，并配合做好处置工作。五是加强稽核查。发挥稽查与风险同处一个处室优势，无缝衔接，密切跟踪口岸查发涉危情事，联合开展回溯分析，梳理货物属性申报不实、伪瞒报、夹藏等风险特征，及时转化为稽核查，下达稽查和贸易调查指令15起，稽查查发2起伪瞒报危险品情事，涉及货重5.7吨。六是加大惩处力度。综合运用刑事与行政两种执法手段进行集中整治。自百日专项行动开展以来，立案查处涉危行政处罚案件5起，罚款4.36万元。

▲2022年7月25日，南昌海关召开"口岸危险品综合治理"百日专项行动部署动员会

（三）坚持危险品检验监管"严"的主基调

一方面强化检验监管。严密防范"涉危不报""高危低报""超安全生产许可范围申报出口"等风险。建立健全关区危险品企业信息库，完善监管风险清单，做到底数清、情况明。常态化开展职能监控，通过跟班作业、数据监控、单证抽查等方式加强对工作程序、工

作内容的检查，守住安全底线。严格落实危险品检验监管岗位资质管理要求，充分发挥"传帮带"作用。组织开展危险品检验监管风险隐患排查7次，关区属地查检查发超安全生产许可范围、超药量生产出口等情事5起。另一方面强化宣传引导。开展政策宣贯，引导企业合理安排生产、存储、运输、出口，落实质量安全主体责任。提高监管效率，在不降低监管标准的基础上，助力企业减少危险品存量，降低安全风险。

（四）全面开展涉案危险品隐患排查和处置

一是加快案件办理。加强与地方公安的沟通协调，建立执法互助、联合办案、信息互通等工作机制，对于涉及危险品的情报线索加大研判力度。二是排查涉案仓库隐患。充分利用海关涉案财物智能仓储管理系统，及时准确掌握关区涉案危险品情况。依托关区二级监控指挥中心，对重点涉案仓库进行24小时不间断无死角视频监控，确保全时空、无盲区。建立涉案危险品隐患巡查制度，对照风险节点清单，开展定期巡查排查，强化涉案财物安全管理责任链。利用"四不两直"方式对关区涉案财物仓库进行安全巡查6次。三是加强执法协助。落实"谁执法谁普法"责任，组织开展"8·8"海关法治宣传日活动，推进安全生产宣传教育进企业、进现场，压实海关安全监管责任和企业安全生产主体责任。

（五）强化海关特殊监管区域和保税监管场所一体化防控

建立安全生产联防联控机制。要求各特殊区域（场所）严格验核危险品货物生产、运输、存储等企业的相关资质。凡生产、经营、使用和运输企业许可证件存在问题或场地不符合安全、消防等方面规定的，要立即责令其停止生产、经营、使用和运输保税危险化学品和易燃易爆品业务，并及时通报当地安监、消防等主管部门。定期开展检查。对特殊监管区域和保税监管场所"简化货物流转"模式下进出货物开展抽查和检查，对消防设施和监管仓库坚持带班巡查。

（六）深化关地协作形成管理闭环

切实强化"一盘棋"思想，提升跨部门沟通协作意识，强化海关特殊监管区域和保税监管场所危险品安全一体化防控，督促地方政府、经营企业落实安全生产责任；深化与属地应急、公安、交通运输、生态环境等部门建立覆盖各环节的监管协作机制，保障海关查发、通报的危险品货物能够快速移交处置。

南昌海关推动 RCEP 高质量实施

南昌海关贯彻落实党中央、国务院关于高质量实施 RCEP 的决策部署，落实海关总署各项要求，以"RCEP 进企"专项工作为抓手，在政策宣讲、政策适用、政策组合等方面协同发力，推动 RCEP 政策落地落实并取得积极成效。

一、推动 RCEP 高质量实施主要做法

（一）强化政策宣介，提升 RCEP 实施的广度

擦亮"关'助'发展"服务品牌，"线上+线下"强化 RCEP 政策宣贯。"线上"通过"南昌海关 12360"微信公众号和门户网站及时发布 RCEP 成员相关技术性贸易措施政策解读，通过"关企 e 联通"平台及时与企业线上交互，解决资质、签证等 RCEP 相关问题。"线下"开展进企业调研，解决企业在 RCEP 政策适用中的困惑。2022 年，共组织开展 RCEP 专题宣讲 291 次，参加人次 7767 人，赴 182 家企业实地宣讲 RCEP 政策。在地市级以上媒体刊登有关宣传稿件 183 篇，其中省级以上媒体 83 篇。在年度随机问卷调研中，82.7%的参与企业表示了解并熟悉 RCEP 相关规则。

（二）深化改革创新，提升 RCEP 实施的力度

强化科技赋能，推进"智慧海关"建设。推广"不见面审批"，支持国际贸易"单一窗口"服务由通关申报向原产地服务等全链条拓展，原产地企业备案、签证等事项实现"一站式办理"。高质量推进"提前申报+两步申报""两段准入"等改革，为企业提供多元化的通关模式选择。创新"数据共享+智能审核+自助打印+快递送达"智慧原产地审签模式，为企业及时享受原产地红利、进一步降低综合成本提供保障。2022 年，南昌海关签发各类出口 RCEP 成员的原产地证书 3 万份，签证金额 36 亿美元，位居全国第一方阵，帮助企业享受国外关税减让约 12 亿元。

（三）固化培育机制，提升 RCEP 实施的准度

积极推进与 RCEP 成员 AEO 互认合作，加大企业培育力度。2022 年新增 12 家企业获得 AEO 高级认证企业资格，江西省 AEO 高级认证企业达到 53 家，企业可享受绿色通道、优先办理、减少抽查、简化手续等激励措施，以及与中国海关 AEO 互认国家（地区）给予的通关便利。在此工作基础上，享惠便利再升

级，5家企业经培育获得RCEP经核准出口商资格，其货物在出口时无须再逐票向海关申领原产地证书，企业可随时自主出具原产地声明，用于出口享惠，效力等同于海关签发的原产地证书，大大提高了通关便利度。2022年，辖区经核准出口商共自主出具33票原产地声明，涉及货值3109.9万美元。

（四）优化政策组合，提升RCEP实施的效度

南昌海关充分发挥"数据+研究"优势，密切跟踪RCEP实施效果，推出"RCEP+经核准出口商""RCEP+减免税+保税""RCEP+跨境电商"等优惠政策"组合包"，通过政策叠加效应激发江西与RCEP其他成员合作活力。以关区某鞋业有限公司为例，该公司在协定实施前是一家完全依赖美国市场的生产型企业，原料进口和产品销路均为美国。在贸易摩擦和疫情等影响下，企业外贸规模大幅缩水。RCEP生效后，企业将生产原料进口地由美国调整为东盟国家后，采取"RCEP+保税加工"策略，2022年该企业外贸进出口值达1.4亿元，逆势增长63%。

二、推动RCEP高质量实施取得成效

（一）RCEP实施助推江西外贸规模迈上新台阶

南昌海关发挥"数据+研究"优势，密切跟踪RCEP实施效果，指导和支持地方、行业和广大企业抢抓机遇，扩大与RCEP成员的贸易投资合作。2022年，江西对RCEP其他成员进出口总值2385.7亿元，同比增长59.8%，增速列中部第一，高于全国平均增速52.3个百分点；拉动江西省外贸同比增长17.9个百分点，占江西外贸总值的35.5%，同比提升5.5个百分点。在RCEP的促进下，江西省外贸总值达6713亿元，一举跨过5000亿元、6000亿元两个台阶，较2021年增长34.9%。

（二）RCEP实施进一步稳固了协定区域市场

2022年南昌海关共签发RCEP原产地证书3184份，签证金额17亿美元，帮助企业享受国外关税减让约6亿元。从区域市场看，江西省与RCEP其他成员间贸易额全面增长。其中对东盟进出口1330.4亿元、同比增长66.8%，对韩国进出口440.2亿元、同比增长56.8%，对日本进出口314.1亿元、同比增长21.2%，协定区域内市场进一步稳固。

▲2022年1月1日，南昌海关签署关区首份RCEP原产地证书

（三）RCEP实施助力江西与区域内产业合作更紧密

南昌海关积极引导企业用好RCEP区域累积规则、背对背原产地证明等政策调整经营策略，进一步调整优化产业链供应链。2022年，江西对RCEP其他成员出口中间产品1192.9亿元，同比增长79.8%，占江西省对其他成员进出口总值的68.8%，较2021年提升6个百分

点。其中,电子元件、钢材、电工器材、汽车及零部件出口同比分别增长60.7%、4.2倍、47.9%和67.4%。自RCEP其他成员进口资源性产品291.7亿元,同比增长93.2%,占江西省资源性产品进口总值的41%,较2021年提升15.2个百分点。

南昌海关开展"海关重点项目和财物管理以权谋私"专项整治工作情况

按照海关总署党委、驻署纪检监察组统一部署，南昌海关扎实推进"海关重点项目和财物管理以权谋私"专项整治，以专项整治工作推动全面从严治党向纵深发展，坚定走好"两个维护"第一方阵。

一、坚持齐抓共管，强化组织领导

始终坚持关党委组织领导、党委纪检组牵头抓总、相关部门单位分工负责的责任落实机制，持续构建上下贯通、齐抓共管、协调联动工作格局。

（一）凝心聚力，全面动员部署

关党委召开2次党委（扩大）会专题学习王林组长讲话精神和海关总署工作方案，3月1日召开关区动员部署会进行集中动员和全面部署，各单位部门组织再传达、再学习，做到全员知悉、不漏一人。成立由关党委书记任组长、各党委委员任副组长、各相关单位主要负责人参与的工作领导小组，全面加强组织领导；明晰领导小组、小组成员单位、综合组、工作专班职责任务，14个隶属海关、4个事业单位建立相应组织领导机制。

（二）以上率下，党委高位推动

关党委书记、关长党英杰靠前指挥，迅速组织学习俞建华署长谈话要求、王林组长批示和吴戈副组长视频培训讲话要求，切实统一思想和认识，充分领会开展专项整治的政治考量，持续压实政治责任；召开工作领导小组会、工作推进会、打私反腐"一案双查"领导小组会议，对专项整治工作进行专题部署，听取工作汇报并作出具体要求24次；带队走访江西省纪委省监委，向省委常委、省纪委书记、省监察委员会主任马森述汇报专项整治工作情况。党委纪检组发挥协助职责和监督专责，经常性组织成员单位、综合组工作专班召开会商会议，明确责任分工和推进步骤，通过实地调研、座谈交流、电话视频等方式调研企业7家，与相关部门单位主要负责人开展"一对一"督导提醒18人次，开展"点对点"全覆盖监督指导59次。党委委员落实"一岗双责"，对分管领域专项整治工作进行检查指导64次。

（三）挂图作战，层层压实责任

结合实际制订印发关区专项整治工作实施方案，坚持挂图作战，制作工作推进表，细化

4个阶段29项工作任务，确保各项工作落实到位。创新思维导图督办方式，通过绘制"工作专班职责""问题及廉政风险排查""排查问题线索"等思维导图3张，梳理关键节点25个，一图索引全面自查阶段各项工作任务、职责分工、时限要求和阶段成效，形成绘图明责、按图履责、挂图督责的督办机制，提升工作质效。

（四）完善机制，强化工作统筹

完善"学、议、督、审"工作机制，对于驻署纪检监察组下发通知和工作提示，通过纪检组长牵头学习明确要求，综合组集中商议细化措施，纪检干部跟进监督推动落实，关党委、党委纪检组把关审核保证质量，把压实责任、细化要求贯穿于工作始终，确保工作逐事逐项落实落细。克服疫情影响，通过"双线模式"合理调配工作时间、地点、人员、方式，采取居家办公、视频会议、在线谈话、网上排查、云上问卷、AB岗轮班等方式灵活开展各项工作。固化"日记录、周报告、月总结"运行机制，编发《工作日志》162篇、《工作周报》30期，拧紧责任链条，确保疫情防控责任不松、专项整治标准不减。

二、坚持思想引领，深化学习教育

将学习教育作为一项重要基础性工作，与政治机关建设专项教育、"学查改"专项活动紧密结合，统筹推进政治教育、纪法教育和警示教育。

（一）强化以学促行，持续开展"三项教育"

因地制宜用好江西丰富红色资源，统筹抓好政治教育"总开关"，建好纪法教育"主阵地"，上好警示教育"廉政课"。坚持"第一议题"制度，专题学习习近平总书记重要论述，邀请江西省委党校教授辅导授课，组织前往井冈山、瑞金、于都等地开展沉浸式教学，用井冈山精神、苏区精神、长征精神铸魂育人；依托"知行讲习坛""逐梦"课堂等平台，针对专项整治纪法学习等资料开展专题研讨交流236次，发放学习材料750余册，开展网上教育培训1031人次；组织专题学习违纪违法典型案例通报、集中观看警示教育片612人次，组织15个部门单位"一把手"开展座谈，支部书记讲专项整治专题党课21次。

（二）强化以考促学，务实开展答题测试

将答题测试活动作为检验专项整治学习教育成效的重要形式，精心做好通知、学习、提醒全流程工作，确保应答尽答、不漏一人，通过青年理论学习小组、专题学习研讨等方式加强测试题库学习，巩固学习成果，深化思想认识，关区共312人完成答题测试，其中满分人员250人，占比80.13%。

（三）强化以宣促教，营造浓厚整治氛围

强化内外部宣传教育，持续营造全员参与、创先争优良好氛围。对内搭建交流学习、经验共享平台，在主页专项整治工作专栏及时发布海关总署、关区最新文件要求，动态更新重要信息、图片新闻，择优选登各部门单位信息简报；对外积极宣传专项整治工作成效，向驻署纪检监察组报送经验交流24篇、获刊工作信息5篇，在海关总署相关载体上刊登4篇，在《江西新闻联播》等地方主流媒体播发5篇。

三、坚持真抓实干，抓牢关键环节

发扬求真务实、真抓实干的工作作风，盯

紧抓牢关键环节和基础工作，把各项任务抓具体、抓深入。

（一）开展个人违规事项申报

按照"应纳尽纳"原则，全面梳理重点人员清单，聚焦年份和岗位"双维度"，细致区分主要负责人、分管领导、协管领导及每类重点项目具体经办人员等9类重点人群，动态调整个人违规事项申报人员范围，确保应报尽报、不漏一人；指定专人对违规事项申报表进行登记、拆封和审核，针对缺项漏项、内容错误、格式不规范等问题要求重新申报；结合起底2012年以来问题线索台账、重点项目清单填报和逐一谈话情况，进行靶向印证、细致分析比对，补充纳入申报范围14人，共完成个人违规事项申报306人。

（二）开展逐一谈话

制订工作方案，召开谈话培训会议，对谈话工作进行指导规范；对被谈话人员的工作经历、家庭情况、性格特点等基本情况进行全面梳理，形成谈话参考资料，统一谈话记录格式，做足谈话准备工作；抽调纪检、政工、巡察、督审部门骨干力量组成13个谈话组，运用"线上+线下"等多种方式多线推进逐一谈话，收到原始意见建议483条，归并为5个方面25条建议。

（三）组织开展个人剖析

采取教育先行、深入剖析、从严审核等方式，开展个人剖析材料撰写工作。区分一般干部和领导干部全面查找问题不足，按照"个人自查、科内互查、分管督查、主管审查"流程加强审核把关，对思想认识不到位、查找问题不够准、原因剖析不深入、整改措施不够实等问题限期"回炉再造"，切实以个人剖析促思想认识深化、促廉洁意识强化、促防控措施实化。共收到个人剖析材料196份，其中27人主动参与撰写。梳理个人剖析原始问题及风险252个、意见建议606条，归并为问题4个、风险6类15个、建议5条。

四、坚持深挖细查，全面排查风险

把严的主基调贯穿专项整治全过程，坚持严审项目、严查风险、严抓治理，全面查找风险隐患和薄弱环节，深化专项整治治理效能。

（一）"清单式"梳理重点项目

聚焦"重点项目无盲区无漏项"目标，针对涉及部门广、时间链条长、内容要素多等特点，通过横向比对、纵向分析、数据交叉挖掘，查阅纸质台账资料，比对系统电子数据，组织开展全面自查、工作专班指导核查、对照海关总署审核意见和分析指引复查等前后三轮次梳理重点项目清单。创新工作方法，通过查项目完整性、查内容规范性、查数据准确性、查表间逻辑性，把好内容质量关；通过填报单位对标审、职能部门复核审、派驻纪检组监督审、综合组专班集中审、分管关领导把关审，把好层级审核关，并全程做好记录，确保内容可验证、可追溯，调阅查询纸面和电子资料10224份，排查新增重点项目98个、删减未达标准项目2个，共梳理重点项目257个。

（二）"地毯式"摸排问题风险

学习贯彻驻署纪检监察组重点项目清单分析指引应用视频培训会议精神，对照重点项目清单分析指引、重点问题参考提纲细致开展重点项目清单分析研判，全面提升工作质效，共排查问题及廉政风险116个。全面自查，各部门单位落实主体责任，全领域、全覆盖深入排查重点项目问题及风险；专班核查，结合2012年以来巡视巡察、督察审计发现问题开展对比分析，核查工程项目、仪器装备等实际建设使用情况；验证抽查，运用财务核算、政府采购管理等系统，调阅预算批复文件、财务账册数据、项目台账资料，共抽查验证重点项目104个，抽查比例达40.47%，纠正填报不规范、填报数据异常等基础性问题167个；会商审查，组织成员单位7次会商解决业务结合部"真空带"和"空白点"，共同审定重点项目清单，共同研判分析形成重点项目问题及风险84个；实地检查，由工作专班和派驻纪检组组成11个评估小组，对21个部门单位开展"全覆盖"实地评估，采取企业座谈、个别谈话、资料核查等形式全方位评估主体责任落实情况，共发现问题71个，并督促立行立改。

五、坚持外联内引，拓展案源线索

始终把查办案件作为专项整治的重中之重，坚持开门搞整治，充分发挥内外部工作合力，不断深化自查的广度和深度，积极拓宽案源渠道，充分彰显反腐高压震慑。

（一）突出开门纳谏，群策群力拓宽信息渠道

党委纪检组主动走访地方纪委监委31人次，电话沟通联系8次，通报专项整治工作情况并征求意见建议；充分发挥离退休干部原则性强、情况熟悉、经验丰富等优势，党委纪检组组长带头开展离退休干部谈话调研，宣讲专项整治重点，同时结合家访慰问、微信群、邮递信等多种形式发送公开信和调查问卷，征求离退休干部意见建议7条；综合运用关企微信群、问卷调查、企业调研、跟班作业等多种形式，加大专项整治工作宣传力度，共发放调查问卷383份，开展跟班作业654人次，调研企业214家，召开座谈会75次，征集企业意见建议16条；畅通来信、来电、来访、网络等信访举报渠道，张贴海报41张，设置举报箱35个。

（二）突出全面起底，做到底数清、数字准、情况明

党委纪检组聚焦主责主业，坚持问题导向、效果导向、监督导向，通过交叉互审、逐件阅卷、逐案研判、集体研究等方式，全面起底2012年以来监督执纪所有档案材料，重点围绕"反映问题是否已处置、处置方式是否妥当、获取证据是否相互印证、处置结果是否得到落实、是否存疑需要重新处置"5个方面进行重新阅卷，共梳理排查涉及专项整治领域的信访举报和问题线索55件。

（三）突出同向发力，做到目标统筹、资源统筹、力量统筹"一盘棋"

全面梳理打私反腐"一案双查"移送线索情况，进行类案分析检查是否存在从业行为冲突、"贴着海关发财"、"靠海关吃海关"等违规情事；协调办公室调取12360海关热线、互联网站信箱等受理群众信访投诉情况，联合督审、巡察部门收集整理2012年以来接受巡视、巡察、督察审计中出现的重点项目和财物管理领域问题。

六、坚持动真碰硬，强化问题整改

（一）压实整改责任，明确整改要求

关党委对视频督导检查组反馈的8个方面意见全部认领，组织研究制订专项整治整改工作方案和问题整改清单，明确责任领导、责任部门、完成时限，深入剖析问题成因，细化整改措施137条。党委纪检组落实问题整改双周

报机制,并通过发送工作提示5个,对整改进展情况进行实时调度;加强问题线索分析研判,聚焦重点疑点问题,多角度集中研判、多渠道深挖拓线、多方位细致核查。

(二)严格监督检查,推动问题整改

将专项整治整改工作纳入"清单式"监督重点,作为相关职能部门、各隶属海关、事业单位年度绩效考核指标,制发专项整治整改评估工作推进表,明确整改评估各节点工作任务,持续跟踪关区整改措施落实情况,确保整改到位。建立监督推动机制,对重点问题随时调度、难点问题集中会诊、整改情况跟踪评估,成立11个检查小组,以钉钉子精神抓好整改落实。

(三)注重统筹结合,夯实整改成果

把专项整治问题整改与开展警示教育月结合起来,将学习教育贯穿整改全过程,继续深化政治教育、纪法教育、警示教育,关党委书记、关长党英杰讲授"以廉洁文化启智润心 不断推进清廉海关建设"专题廉政党课,纪检组组长蔡金水通报关区典型案例,组织全体干部职工观看警示教育片,组织推动召开"年轻干部谈廉洁"座谈会、"江西来讲身边的廉洁榜样"主题演讲,开展"清风国门"清廉文化创意作品征集、廉政家访等活动,切实筑牢廉洁思想防线。把专项整治问题整改与做实以案促改推进清廉海关建设结合起来,制发有关具体措施34条,结合关区近期查处通报的违纪案件,同步推动以案促省、以案促查、以案促治、以案促建。把专项整治问题整改与补足短板弱项结合起来,持续聚焦重点领域和关键环节,推动从制度机制上堵塞漏洞,废改立制度46个,制定操作指引7个,完善作业流程23个,整改短板弱项21个,做实做细专项整治整改"后半篇文章"。

▲2022年3月1日,南昌海关召开"海关重点项目和财物管理以权谋私"专项整治工作动员部署会

南昌海关履行全面从严治党政治责任提高一体推进"三不腐"能力和水平

南昌海关党委坚持把学习贯彻习近平新时代中国特色社会主义思想和党的二十大精神作为首要政治任务，落实海关总署党委"铸忠诚、担使命、守国门、促发展、齐奋斗"工作要求，扛起管党治党政治责任，一以贯之推进全面从严治党，各项工作取得新成效。

一、坚持学思践悟，深入学习贯彻党的二十大精神

贯彻落实习近平总书记"五个牢牢把握""三个全面"的重要要求，把学习宣传贯彻党的二十大精神作为首要政治任务，在深学深悟、宣传宣讲、落地落实上下功夫，全力推进党的二十大精神在关区落地生根、开花结果。

（一）多层级抓好大学习

关党委坚持先学一步，学深一层，第一时间组织收听收看党的二十大开幕会，第一时间召开党委会集中学习，第一时间研究制订学习宣传实施方案，第一时间组织党委理论学习中心组（扩大）专题学习会等方式开展集中学习研讨，党委委员带头学原文、悟原理，逐一谈认识、说体会、讲举措，示范带动全关上下形成良好学习氛围。关党委开展专题学习研讨10次，各隶属海关开展党委理论学习中心组学习研讨32次。关区各级党组织坚持集体学习和个人自学相结合，组织通过"三会一课"、联学共建、政治生日、主题党日活动等形式开展学习研讨228次。关区33个青年理论学习小组紧跟党组织步伐，通过"青年讲堂+主题发言+特色活动"等形式开展学习研讨35次，撰写心得体会525篇，推动党的二十大精神入脑入心。

（二）多形式抓好大宣传

关党委委员深入基层党建联系点和所在支部，上专题党课8次，开展专题宣讲19次，引导党员干部"学出画面感"。邀请江西省委宣讲团教授、党的二十大代表开展沉浸式宣讲3场，面对面加深理解与掌握。在"永远跟党走扬帆再出发"健步走活动中设置网上知识问答环节，259人参加答题测试。开展"我是党员我来讲"、"百名关员讲体会"、二十大报告"江西印象最深的一句话"等"微宣讲"活动35次，182名党员干部轮流上讲台分享学习体会，针对岗位人员相对分散、倒班作业、防疫封闭管理等实际开展线上讨论12次。开设宣

传专栏，推动学习宣传上报纸、上电视、上网站、上展板、上显示屏，有关经验做法各类媒体刊登30余次，营造浓厚氛围。

（三）多维度抓好大贯彻

坚持把抓好学习贯彻党的二十大精神与当前重点工作相结合，紧密围绕俞署长提出的"12个必"、38个"深入思考"，制订开展研究工作方案，党委班子成员分赴基层领题调研，召开科长座谈会，广泛征求意见建议300余条，谋划贯彻落实措施。开展调研47人次，上报调研报告8篇，获署领导批示15篇次。落实国家关于进一步优化疫情防控工作的二十条措施，迅速研究细化8个方面落实措施，制订《常态化疫情防控监督检查工作方案》，抓好贯彻落实。以促平台、促产业、促整合、优环境"三促一优"为抓手优化口岸营商环境，与上海海关签订《推动沪赣两地高水平开放高质量发展协作备忘录》，深入一线开展"'关'助发展"专题调研和宣讲会198场，助企纾困解决问题580个。

二、坚持不懈强化政治统领，坚定捍卫"两个确立"、做到"两个维护"

贯彻落实习近平总书记"坚持党中央集中统一领导是最高政治原则"的重要要求，坚持党对海关工作的全面领导，把铸忠诚作为强关之魂，以实际行动践行"两个维护"。

（一）学习党的创新理论"入脑入心"

坚持"第一议题"制度，建立学讲话、讲精神、传承红色基因"一学一讲一传承"学习机制，关党委会、党委理论学习中心组学习习近平总书记重要讲话精神12次33篇，开展学习研讨活动16次，采用"线下+线上"方式举办专题读书班5期，到井冈山、于都长征第一渡等地"沉浸式"学习4次，党委班子成员讲党课17人次，示范带动关区讲专题党课147人次、专题研讨480人次，切实把"两个确立"的实践要求转化为"两个维护"的自觉行动。细化40项措施推动党史学习教育常态化长效化，广泛开展"8个一""8个百"活动253次，传承跨越时空的井冈山精神、苏区精神和长征精神。

（二）推动落实决策部署"见行见效"

一是科学精准战疫情。全力以赴做好两批上海分流入境航班监管，获海关总署通报表扬2次，获评价"在抗击疫情的关键时刻展现新作为、彰显新担当"，并得到江西省委省政府高度认可。二是推介"三智"理念。代拟的《检验检疫和兽医卫生要求议定书》被纳入李克强总理会见巴布亚新几内亚总理合作成果清单。三是加强技术性贸易措施研究。参与撰写的2篇分析研究报告获习近平总书记重要批示，1篇特别贸易关注被纳入中美双边磋商例会议题。四是持之以恒防风险。制订《风险防控工作方案》，及时化解各种风险隐患。五是守好国门保安全。严厉打击"洋垃圾"等走私，退运固体废物157.6吨。组织推进"口岸危险品综合治理"百日专项行动，查获涉濒危等违规情事367起。

（三）推进政治机关教育"走深走实"

一是抓牢理论学习。将政治机关建设专项教育和"学查改"专项工作纳入党委会和党委理论学习中心组学习重点内容，开展纪法教育、政治教育、警示教育等275次，930余人次参与"政治机关建设大家谈"活动。二是抓细全域查摆。关党委和关区各级领导干部深入一线开展"解剖麻雀式"调研指导122次，转化研究课题29个，梳理150个岗位、1030条政治要求，把讲政治的要求落实到每个岗位、每项业务工作。三是抓实问题整改。建立整改问题清单、任务清单、时间清单、责任清单"四张清单"，制定整改措施156条，开展"四不两直"式督导检查17次。

三、坚持不懈扛起管党治党政治责任，以上率下发挥"头雁效应"

贯彻落实习近平总书记"要落实全面从严治党政治责任，用好问责利器"的重要要求，深入推进"四责协同"同题共答、同向发力、同频共振，以有效监督促进"一把手"和领导班子正确规范用权、履职尽责。

（一）扛稳抓牢主体责任

一是建立"四同双促双考一通报"（党风廉政建设与业务工作同谋划、同部署、同落实、同考核，以责任清单、制度清单、权力清单"三张清单"促知责和"四责协同"促履责，开展述责述廉述党建、年度落实全面从严治党主体责任考核，对各单位各部门落实全面从严治党主体责任情况在关区内进行通报）责任落实机制。关党委召开会议专题研究全面从严治党工作2次，开展专题调研4次，健全完善制度32项，分解年度具体任务63项，构建"责任共同体"。关党委书记带头履责，严格自律、严负其责、严管所辖。班子成员履行"一岗双责"，抓紧抓实分管领域全面从严治党工作。关党委纪检组深入贯彻《中国共产党纪律检查委员会工作条例》，切实履行监督专责，向关党委专题工作汇报55次。制定加强机关纪委建设32项措施，修订工作规则，规范机关纪委工作。

（二）管住用好"关键少数"

一是构建常态监督体系。优化党委议事清单、主体责任清单、监督清单等"三张清单"、政治生态分析研判、重点事项定期报告、政治谈话、政治家访等"四项机制"，通过"调研督导、述责述廉、谈心谈话、提示提醒、履责报告"等方式，督促履职尽责。二是做实政治生态分析研判。综合运用信访举报、案件查办、政治巡察等，常态化开展政治"体检"，为领导干部精准"画像"。三是牢牢守住重要关口。突出政治标准和实干实绩导向，开展政治素质考察，选任处（科）级领导干部54人，优化49个处（科）级领导班子，动态更新"一把手"电子廉政档案，对提拔任用、职级晋升出具政治表现和廉政意见639人次。印发干部组织处理工作程序，严格约束行为。

（三）落深落细政治监督

一是持续深化政治巡察。紧扣落实"两个维护"根本任务，对6个机关处室开展政治巡察，实现对关区36个基层党组织政治巡察全覆盖，健全长效制度机制126项。二是持续加强日常监督。通过监督抓重点"盯"、到现场"看"、把脉象"谈"、多渠道"听"、找问题"查"、问效果"督""六字工作法"开展监督59次。三是持续推动巡视、审计整改落实。开展巡视整改事项集中清查和海关总署巡视发现共性问题自查自改，巡视整改测评满意率达99.78%。建立清单式管理机制、"日调度、周汇总"督办机制、联合监督机制、结果公开4项机制，推动审计整改提质增效。

四、坚持不懈树立大抓基层导向，全力推进基层党建高质量发展

贯彻落实习近平总书记"把基层党组织建设成为有效实现党的领导的坚强战斗堡垒"的重要要求，实施政治能力提升行动、基层党建提能行动、准军建设提神行动、清廉海关提质行动，打造政治机关、模范机关"四提两打造"工程，全力推动基层党建提质增效。

（一）抓责任强落实

建立党委委员支部联席会议制度，关党委委员每季度召集分管联系单位党组织书记开展理论联学、问题联查、党建联考，召开联席会议18次，解决"红色资源挖掘不够深入""支部学习的形式不够创新"等常见问题。深入落实党委委员基层党支部联系点制度，坚持政治要求必谈、政治风险必核、政治责任必查、听取一线意见建议"三必一听"工作法，通过带头参加双重组织生活、与所在支部支委谈心谈话、参加所在支部主题党日活动等形式，指导支部建设56次。基层党组织书记履责闭环更加紧密。

（二）抓标杆强示范

分类制定"四强"党支部评分标准，评定关区"四强"党支部37个，占比达39%。以实施"书记项目"为牵引，总结提炼基层党建工作法和党建创新案例23个，推动品牌矩阵"串珠成链"。在关区113个基层党组织中创新实施"政治理论联学、优势资源联享、主题党日联办、中心工作联促"的"四联"工作机制，关区4个基层党组织被授予全国海关党建示范品牌、1个基层党组织被授予全国海关党建培育品牌。

（三）抓能力强引领

以基层党建"双提升"行动为抓手，聚焦"组织力凝聚力提升"和"党建工作能力提升"，通过深入学习研讨、测试竞赛、分类培训、岗位实践、交流展示等方式，开展岗位练兵和党务技能竞赛12次，参训人员121人，破解基层党建重点难点堵点问题，1名同志获评全国海关"党务之星"。组建党员"一线服务队"14个，深入开展党旗飘在一线、堡垒筑在一线、党员冲在一线"三个一线"行动，涌现出全国海关先进集体、全国消除疟疾工作先进个人、江西省五一巾帼标兵岗等先进典型5个，党建引领作用更加彰显。

五、坚持不懈推进"三不腐"战略目标，持续提升清廉海关综合治理效能

贯彻落实习近平总书记"两个永远在路上"的重要要求，坚持严的基调，坚持惩治震慑、制度约束、提高觉悟一体发力，提升反腐败综合治理效能。

（一）高悬不敢腐的"利剑"

坚持零容忍惩治腐败，深化打私反腐"一案双查"，抓早抓小、露头就打，真刀真枪解决问题。强化监督执纪"四种形态"运用，修订完善"第一种形态"操作指引，运用"第一种形态"开展谈话提醒86人次。建立政治谈话、任职谈话、日常谈话、廉政家访"三谈一访"机制，强化落实禁止公职人员饮酒规定的监督检查75次，加强"8小时"以外管理监督。

（二）织密不能腐的"笼子"

紧盯节日期间"四风"问题，开展监督检查78人次。深化"海关重点项目和财物管理

以权谋私"专项整治，推动废改立制度46个。细化防范化解系统腐败风险70项措施，深化廉政风险与业务风险同步防控。严格查核领导干部个人有关事项，开展因私出国（境）管理、违规兼职等问题专项治理。开展精简文件专项整治，制定《隶属海关周期性报送数据表格材料正面清单》，制发正式、非正式文件同比分别减少22.7%和15.7%。

（三）增强不想腐的"定力"

开展警示教育月活动，制定做实以案促改34项措施，用"身边事"教育"身边人"。出台加强新时代海关廉洁文化建设45项措施，充分发挥江西丰富的廉洁文化资源，开展传承清廉家风家教、廉洁文化进家庭、征集清廉文化创意作品等活动45次，不断提升廉洁文化的影响力、感染力。开展"年轻干部话廉洁"

▲2022年1月29日，南昌海关组织观看警示教育片

座谈会、"江西身边的廉洁榜样"等活动56次，引导年轻干部扣好"第一粒扣子"。

南昌海关政务公开工作

南昌海关根据《中华人民共和国政府信息公开条例》（国务院令第711号）、《国务院办公厅政府信息与政务公开办公室关于印发〈中华人民共和国政府信息公开工作年度报告格式〉的通知》（国办公开办函〔2021〕30号）等规定要求，梳理2022年度关区政府信息公开工作情况。

一、总体情况

南昌海关坚持以习近平新时代中国特色社会主义思想为指导，全面学习宣传贯彻党的二十大精神，深入落实《中华人民共和国政府信息公开条例》（国务院令第711号）要求，扎实做好政府信息公开工作，稳步推进基层政务公开规范化标准化建设，持续推动关区政务公开工作高质量发展。

（一）强化信息规范管理，提高公开效能

一是扎实做好主动公开，全年通过门户网站发布政府采购、财政预决算、公务员考录等各类信息1148条，微信平台发布信息257条，开展网站调查6次，按时发布关区各层级政府信息公开年度报告；二是强化考核督办，围绕海关政务公开工作要点，制定关区重点工作任务、责任单位和完成时限，科学制定考核指标，定期进行检查督办，推动各项工作稳步展开；三是持续加强学习培训，开展经验推广、工作交流4次，全面规范答复流程、提升业务水平，谨慎稳妥、合法合规做好答复工作。

（二）推进基层政务公开规范化标准化建设，夯实工作基础

印发《南昌海关推进落实〈海关领域基层政务公开标准指引〉实施方案》，细化工作要求，首批选取吉安、上饶及新余海关3个隶属海关试点。验收合格后，组织集中学习，推广试点经验，并在关区全面部署，所有隶属海关均对标完成工作任务。

（三）持续畅通公开渠道，保障信息需求

一是筑牢12360海关热线纽带作用，全年受理咨询电话8262个，接通率96.55%，答复率100%；二是优化门户网站建设，首批配合完成门户网站适老化试点改造，便利企业群众使用；三是压实一线责任，弘扬"求实、扎实、朴实"的新时代海关文化，坚持首问负责制，做到问题在基层"一站式"解决，提升企业群众"获得感"。

（四）创新信息公开方式，服务开放发展

一是擦亮"关'助'发展"品牌，开展覆盖江西省的"线上+线下"政策宣讲8期26个专题，通过在各地市的实地宣传贯彻，实现关企沟通"全覆盖""零距离"组织，江西省

▲2022年12月11日，南昌海关组织开展"海关课堂进校园"活动

3000余家外贸企业代表收看；二是高质量开展政策解读，围绕最新政策法规和企业群众关注热点，以图片、视频等形式，用更流行、生动、传播力更强的方式制作政策解读稿件195篇，通过"12360服务"微信公众号、本关门户网站和热线微信公众号平台进行发布，其中《图解江西外贸》《食品安全系列宣传》等多篇稿件被地方相关厅局及权威媒体转发，取得较大社会影响力；三是用科技赋能信息公开，依托"智慧海关"建设，上线"洪关一点通"，实现海关政策服务"线上问"、通关状态"线上查"、海关业务"线上办"。

二、主动公开政府信息情况

2022年南昌海关主动公开政府信息情况见表2-1。

表2-1　2022年南昌海关主动公开政府信息情况

第二十条第（一）项			
信息内容	本年制发件数	本年废止件数	现行有效件数
规章	0	0	0
行政规范性文件	0	0	4
第二十条第（五）项			
信息内容	本年处理决定数量		
行政许可	240		
第二十条第（六）项			
信息内容	本年处理决定数量		
行政处罚	114		
行政强制	16		
第二十条第（八）项			
信息内容	本年收费金额（单位：万元）		
行政事业性收费	0		

三、收到和处理政府信息公开申请情况

2022年南昌海关收到和处理政府信息公开申请情况见表2-2。

表 2-2 2022 年南昌海关收到和处理政府信息公开申请情况

(本列数据的勾稽关系为：第一项加第二项之和，等于第三项加第四项之和)			申请人情况						
			自然人	法人或其他组织					总计
				商业企业	科研机构	社会公益组织	法律服务机构	其他	
一、本年新收政府信息公开申请数量			0	0	0	0	0	0	0
二、上年结转政府信息公开申请数量			5	0	0	0	0	0	5
三、本年度办理结果	（一）予以公开		5	0	0	0	0	0	5
	（二）部分公开（区分处理的，只计这一情形，不计其他情形）		0	0	0	0	0	0	0
	（三）不予公开	1. 属于国家秘密	0	0	0	0	0	0	0
		2. 其他法律行政法规禁止公开	0	0	0	0	0	0	0
		3. 危及"三安全一稳定"	0	0	0	0	0	0	0
		4. 保护第三方合法权益	0	0	0	0	0	0	0
		5. 属于三类内部事务信息	0	0	0	0	0	0	0
		6. 属于四类过程性信息	0	0	0	0	0	0	0
		7. 属于行政执法案卷	0	0	0	0	0	0	0
		8. 属于行政查询事项	0	0	0	0	0	0	0
	（四）无法提供	1. 本机关不掌握相关政府信息	0	0	0	0	0	0	0
		2. 没有现成信息需要另行制作	0	0	0	0	0	0	0
		3. 补正后申请内容仍不明确	0	0	0	0	0	0	0
	（五）不予处理	1. 信访举报投诉类申请	0	0	0	0	0	0	0
		2. 重复申请	0	0	0	0	0	0	0
		3. 要求提供公开出版物	0	0	0	0	0	0	0
		4. 无正当理由大量反复申请	0	0	0	0	0	0	0
		5. 要求行政机关确认或重新出具已获取信息	0	0	0	0	0	0	0
	（六）其他处理	1. 申请人无正当理由逾期不补正、行政机关不再处理其政府信息公开申请	0	0	0	0	0	0	0
		2. 申请人逾期未按收费通知要求缴纳费用、行政机关不再处理其政府信息公开申请	0	0	0	0	0	0	0
		3. 咨询事项，指引咨询渠道	0	0	0	0	0	0	0
		4. 申请人撤销申请	0	0	0	0	0	0	0
	（七）总计		5	0	0	0	0	0	5
四、结转下年度继续办理			0	0	0	0	0	0	0

四、政府信息公开行政复议、行政诉讼情况

2022年南昌海关政府信息公开行政复议、行政诉讼情况见表2-3、表2-4。

表2-3　2022年南昌海关政府信息公开行政复议情况

行政复议				
结果维持	结果纠正	其他结果	尚未审结	总计
1	0	0	0	1

表2-4　2022年南昌海关政府信息公开行政诉讼情况

行政诉讼									
未经复议直接起诉					复议后起诉				
结果维持	结果纠正	其他结果	尚未审结	总计	结果维持	结果纠正	其他结果	尚未审结	总计
1	0	0	0	1	0	0	0	0	0

第三篇

大事记

2022 年南昌海关大事记

1月

1日 南昌海关所属赣江新区海关签发关区首份 RCEP 原产地证书，为出口至日本的货物享受关税减免 2 万元。

4日 来自海关总署办公厅等 5 个司局的 6 名新录用选调生赴江西省龙南市桃江乡洒口村、渡江镇新大村和新埠村报到并开展工作。

6日 南昌海关所属宜春海关受理通过《中华人民共和国海关报关单位备案管理规定》实施后关区首家进出口货物收发货人、新增报关企业双重身份备案。

10日 南昌海关召开关区党史学习教育总结会议。

南昌海关所属九江海关查获 1 起禁止进口固体废物情事，货物重 54.4 吨，货值 67.9 万元。

12日 海关总署经济责任审计见面会在南昌海关召开。海关总署审计组组长刘红介绍了审计的目的并提出要求，副组长赵伟根宣读了海关总署审计通知以及审计工作纪律。关长、党委书记张格萍报告了相关情况并作表态发言。

南昌海关缉私局与江西省人民检察院南昌铁路运输分院召开案件座谈会，双方一致同意建立常态化联系配合机制。

13日 南昌海关获评 2021 年江西省机关党建创新案例优秀组织奖，报送的《创新"六位一体"工作法开展党建述职评议考核 压紧压实党建主体责任》被评为 2021 年江西省机关党建创新案例一等奖，所属萍乡海关、九江海关报送的案例分别获三等奖、优秀奖。

14日 印发《南昌海关开展捍卫"两个确立"、做到"两个维护"、强化政治机关建设专项教育活动方案》。

17日 江西省人大代表张格萍在南昌参加江西省十三届人大六次会议开幕式。

18日 南昌海关党委召开党史学习教育专题民主生活会。

江西省直机关工委 2021 年度机关党委书记抓基层党建述职评议考核组来南昌海关开展考核。

19日 习近平总书记对南昌海关参与撰写的专题报告作出重要批示，海关总署统计分析司发文通报表扬。

江西省人大代表张格萍在南昌参加江西省十三届人大六次会议新余代表团审议。

南昌海关召开南昌海关领导班子和领导干

部年度考核暨南昌海关党委干部选拔任用工作"一报告两评议"会。

南昌海关所属抚州海关办理关区首起稽查自主查发的快速办理案件，对江西某公司出口商品税则号列申报不实违规案进行立案调查。

20日 江西省人大代表张格萍在南昌参加江西省十三届人大六次会议闭幕会。

南昌海关获评江西省2021年省级公共机构节水型单位。

24日 南昌海关以视频形式组织参加2022年全国海关工作会议、全国海关全面从严治党工作会议。

25日 南昌海关纪检组长以视频形式组织参加2022年全国海关纪检监察工作会议。

27日 2022年南昌海关工作会议和2022年南昌海关全面从严治党工作会议以视频形式在关召开。

28日 南昌海关组织参加全国海关安全生产电视电话会议。随后，组织召开南昌海关党委（扩大）会暨安全生产电视电话会议。

29日 关区首票应用检查异常处置功能模块报关单在所属昌北机场海关顺利完成查验后续处置。

2月

1日 海关总署署长倪岳峰通过值班视频点名系统视频连线慰问南昌海关，向南昌海关全体干部职工致以新春祝福。

4日 海关总署署长倪岳峰与巴布亚新几内亚渔业和海洋资源部部长利诺·汤姆在京交换签署由南昌海关代拟的《中华人民共和国海关总署与巴布亚新几内亚独立国渔业和海洋资源部关于巴布亚新几内亚输华野生水产品的检验检疫和兽医卫生要求议定书》（修订版），该议定书被纳入2月5日国务院总理李克强会见巴布亚新几内亚总理詹姆斯·马拉佩合作成果清单。

7日 南昌海关总单布控后大数据风险分析智能自动选查、优化隶属海关网络配置、业务网邮件系统试点3个案例入选《全国海关科技人员跟班作业经典案例汇编》。

8日 南昌海关以视频形式组织参加2022年全国海关缉私工作会议暨全国打私办主任会议，江西省政府副秘书长刘晓艺来南昌海关参加会议。

9日 江西省委常委、省纪委书记、监察委员会主任马森述听取南昌海关工作汇报。

10日 江西省委副书记、赣州市委书记吴忠琼听取南昌海关工作汇报。

南昌海关以视频形式组织参加2022年全国海关动植物检疫工作会议。

11日 江西省委书记易炼红听取南昌海关工作汇报。

12日 南昌海关所属龙南海关迅速反应积极应对龙南2.1级地震。

14日 南昌海关机关工会召开会员代表大会。

15日 南昌海关文化作品《筠门岭税关燎原星火》获江西省"传承红色基因 赓续红色血脉"省直机关红色文化建设交流展示活动二等奖。

16日 南昌海关召开"海关重点项目和财物管理以权谋私"专项整治工作动员部署视频会议。

17日 南昌海关杨春鹏同志获评2021年度全国海关"百名优秀执法一线科长"。

18 日 海关总署政治部主任许大纯出席南昌海关关长任职仪式，代表海关总署党委为党英杰同志颁发任命书。

南昌海关党委书记、关长党英杰在关主持召开关党委会。

19 日 南昌海关副关长邵飞在南昌向塘国际陆港出席 2022 年江西省首列中俄双向对开班列（南昌—莫斯科）开行仪式。

20 日 南昌海关关长党英杰看望慰问离退休老干部，政治部主任张潮陪同。

21 日 南昌海关关长党英杰拜会江西省委副书记、省长叶建春。

22 日 南昌海关关长党英杰在关主持召开月度形势分析及工作督查例会。

南昌海关关长党英杰在关会见太原海关副关长丁传民，政治部主任张潮陪同。

23 日 南昌海关关长党英杰分别拜会江西省委书记易炼红，江西省委常委、省委秘书长史文斌。

南昌海关组织参加全国海关政策研究和统计工作视频会议、全国海关商品检验工作视频会议。

南昌海关缉私局立案侦办的"1·14"涉嫌走私普通货物案在九江市中级人民法院正式开庭审理，涉案货物主要为高档洋酒、护肤品等，预估货值 2574.1 万元。

24 日 南昌海关组织召开 2022 年缉私工作会议。

25—26 日 南昌海关关长党英杰到吉安海关调研，在吉安会见吉安市委书记王少玄、市长罗文江。关党委班子在井冈山开展"捍卫'两个确立'、做到'两个维护'、强化政治机关建设"主题党日活动。

南昌海关以视频形式组织参加 2022 年全国海关政治部主任会议。组织召开统筹口岸疫情防控和促进外贸稳增长工作指挥部会议。

3月

1 日 南昌海关关长党英杰拜会江西省委常委、省纪委书记、省监察委员会主任马森述，纪检组长蔡金水陪同。

南昌海关组织召开"海关重点项目和财物管理以权谋私"专项整治工作动员部署会议。

新版跨境电商零售进口商品清单在关区综合保税区正式启用。

2 日 南昌海关组织以视频形式参加 2022 年全国海关进出口食品安全工作会议，组织召开政治机关建设专项教育活动领导小组办公室会议、《南昌海关年鉴》编辑部工作组会议。

江西国际旅行卫生保健中心（南昌海关口岸门诊部）卫生检疫实验室满分通过国家卫健委临床检验中心新型冠状病毒奥密克戎变异株核酸检测室质量评价。

3 日 南昌海关机关工会组织开展"匠心雕琢 共绘蓝图"2022 年国际劳动妇女节主题活动。

报关单位备案功能在江西省企业登记网络服务平台上线。

4 日 南昌海关关长党英杰到赣江新区海关调研。

7 日 南昌海关关长党英杰走访财政部驻江西监管局，副关长李宇陪同。

南昌海关关长党英杰在关会见上饶市委书记陈云、副市长郭峰一行，副关长邵飞陪同。

8 日 南昌海关关长党英杰到缉私局调研。

南昌海关副关长邵飞在关参加跨境电商海

关联动监管中部协作区首次联席会议。

关区首票"中欧班列+综合保税区"货物通过"一体化通关"模式在九江综合保税区顺利通关，目的地俄罗斯。

10日 南昌海关关长党英杰在赣州拜会江西省委副书记、赣州市委书记吴忠琼。

江西兄弟医药有限公司成为关区首家RCEP项下经核准出口商。

11日 南昌海关组织参加全国海关疫情防控工作专题视频会议。

南昌海关关长党英杰到所属龙南海关调研。

印发《南昌海关严防动植物疫情疫病传入和外来物种入侵"国门绿盾2022"行动方案》。

12日 南昌海关与海关总署挂职干部、基层锻炼干部在赣州于都联合开展"强化政治机关建设"主题党日活动。

昌北机场海关保障2022年首架"客改货"南昌—布鲁塞尔航班顺利首航。

13日 南昌海关组织召开统筹口岸疫情防控和促进外贸稳增长工作指挥部会议。

14日 南昌海关关长党英杰拜会江西省委常委、省委政法委书记张鸿星，缉私局局长赵月淦陪同。

15日 江西省省长叶建春到南昌海关调研，听取关长党英杰工作情况汇报。

南昌海关组织召开2022年新录用事业单位人员报到会。

16日 江西省委常委、南昌市委书记李红军到南昌海关所属昌北机场海关调研。

南昌海关组织召开关区统筹口岸疫情防控和促进外贸稳增长工作指挥部专题会议。

17日 南昌海关组织参加2022年全国海关卫生检疫工作视频会议。

19日 南昌海关关长党英杰在南昌参加全国新冠疫情防控工作电视电话会议。

21日 南昌海关副关长温劲松陪同江西省政府副秘书长樊雅强到所属昌北机场海关旅检现场调研入境分流客运航班检疫监管工作。

22日 江西省委书记易炼红到南昌海关所属昌北机场海关旅检现场调研，实地察看入境分流客运航班检疫监管现场，听取相关工作情况汇报并提出要求。关长党英杰陪同。

24日 南昌海关组织参加全国海关持续推进审计问题整改工作视频会议、全国海关企业管理和稽查工作视频会议。

25日 南昌海关组织召开2022年执法一线科长座谈会。

27日 南昌海关关长党英杰、副关长温劲松、邵飞在所属昌北机场海关出席入境航班监管突击队出征仪式。

28日 南昌海关关长党英杰、副关长温劲松在昌北国际机场陪同江西省省长叶建春督导入境分流国际客运航班检疫监管演练。

南昌海关组织召开2022年3月形势分析及工作督查例会、召开统筹口岸疫情防控和促进外贸稳增长工作指挥部会议、召开创建"让党中央放心、让人民群众满意的模范机关"动员部署会。

30日 南昌海关关长党英杰在南昌参加江西省省长叶建春主持召开的经济形势研判会。随后，到青山湖海关调研，南昌市委常委、高新区党工委书记王万征陪同。

南昌海关副关长温劲松在昌北国际机场陪同江西省政府副秘书长樊雅强督导入境分流国

际客运航班监管演练。

31日 南昌海关关长党英杰、副关长温劲松陪同江西省副省长孙菊生现场指挥入境分流国际客运航班监管工作，南昌市市长万广明一同参加。所属昌北机场海关顺利完成关区首架入境分流国际客运航班检疫监管任务。

南昌海关组织召开党委理论学习中心组（扩大）专题学习会。会议邀请江西省委党校经济学部主任、教授吴志远以"习近平新时代中国特色社会主义经济思想"为主题作专题授课。

4月

1日 南昌海关组织召开南昌进境食用水生动物指定监管场地验收工作视频推进会。

海关总署监控指挥中心专门致电对南昌海关首趟入境分流国际客运航班监管工作提出表扬。

关区首个海关查验综合服务信息平台在九江口岸正式上线运行。

关区正式开展寄递渠道知识产权保护专项执法"蓝网行动"，专项行动为期9个月，行动首日所属昌北机场海关在跨境电商出口渠道查获涉嫌侵权商品36批、47件。

2日 南昌海关以视频形式组织参加海关总署党委理论学习中心组（扩大）学习。

南昌海关连续四年获评江西省公共机构节能工作考核优秀。

3日 南昌海关关长党英杰、副关长邵飞、纪检组组长蔡金水在南昌海关二级监控指挥中心督导入境分流国际客运航班监管工作，副关长温劲松在昌北国际机场陪同江西省政府副秘书长樊雅强督导入境分流国际客运航班监管工作。

7日 南昌海关副关长温劲松在昌北国际机场陪同江西省政府副秘书长樊雅强督导入境分流国际客运航班监管工作，副关长邵飞在南昌海关二级监控指挥中心督导入境分流国际客运航班监管工作。

海关总署口岸监管司发文通报表扬南昌海关入境分流国际客运航班监管工作。

8日 南昌海关组织召开强化政治机关建设专项教育活动暨"学查改"专项工作推进会。

南昌海关组织参加南昌昌北国际机场进境食用水生动物指定监管场地远程视频验收会，海关总署验收组在广州、郑州会场远程视频参会。

9日 南昌海关关长党英杰、副关长邵飞、纪检组组长蔡金水在二级监控指挥中心督导入境分流国际客运航班监管工作，副关长温劲松在昌北国际机场陪同江西省政府副秘书长樊雅强督导入境分流国际客运航班监管工作。

11日 南昌海关关长党英杰在关会见江西省委政法委副书记翟少勇一行，缉私局局长赵月淦陪同。

南昌海关连续9年被评为江西省平安建设工作先进单位。

13日 南昌海关以视频形式组织参加全国海关风险防控专项行动推进会。

南昌、赣州、九江跨境电商综试区在商务部开展的跨境电商综试区首次建设进度评估中排名处于第二档"成效较好"。

九江海关指导辖区企业江西兄弟医药有限公司自主出具关区首份RCEP项下原产地声明。

14日 南昌海关副关长温劲松在昌北国际机场陪同江西省政府副秘书长樊雅强督导入境分流国际客运航班监管工作，副关长邵飞在二级监控指挥中心督导入境分流国际客运航班监管工作。

南昌海关以视频形式组织参加全国海关口岸监管工作会议。

15日 南昌海关以视频形式组织参加海关总署安全生产工作领导小组会议暨全国海关安全生产电视电话会议。随后，南昌海关组织召开关区安全生产工作领导小组会议暨关区安全生产电视电话会议。

南昌海关党委视频连线入境分流航班检疫监管封闭管理人员。

18日 南昌海关组织召开"优化口岸营商环境专项行动"新闻发布会，关长党英杰出席。

南昌海关关长党英杰在关会见江西出入境边防检查总站政委阿日布查一行，缉私局局长赵月淦、副关长温劲松陪同会见。

19日 南昌海关组织召开打私反腐"一案双查"工作推进会。

20日 南昌海关组织召开月度形势分析及工作督查例会。

21日 南昌海关副关长温劲松在昌北国际机场陪同江西省政府副秘书长樊雅强督导入境分流国际客运航班监管工作，副关长邵飞在二级监控指挥中心督导入境分流国际客运航班监管工作。

南昌海关查获的输往共建"一带一路"国家（地区）货物侵权案入选海关总署"2021年中国海关知识产权保护典型案例"。

24日 南昌海关关长党英杰、副关长邵飞、纪检组组长蔡金水在二级监控指挥中心督导入境分流国际客运航班检疫监管工作。

南昌海关组织以视频形式参加海关总署专项整治重点项目清单分析指引应用视频会议。

25日 南昌海关组织以视频形式参加海关总署学习党的十九届六中全会精神署管干部集中培训开班式，关党委委员、厅局级干部一同参加。

27日 南昌海关组织召开关区业务发展座谈会。

南昌海关组织召开入境分流航班专题调度会。

28日 南昌海关副关长温劲松在昌北国际机场陪同江西省政府副秘书长樊雅强督导入境分流国际客运航班监管工作，副关长邵飞在二级监控指挥中心督导入境分流国际客运航班监管工作。

5月

5日 南昌海关举行升国旗仪式。

南昌海关缉私局侦办的何某祖涉嫌走私淫秽物品进境案被海关总署缉私局列为一级挂牌管理案件，抚州市某科技有限公司走私显卡案被列为二级挂牌管理案件。

6日 《中国海关年鉴（2022）》南昌海关供稿被海关总署关史办通报表扬，其中概况部分被列为模板供全国海关系统各单位参考。

南昌海关企管处上报的全国风险情报信息，连续在南宁、西安、沈阳三个海关转化应用，经布控查获冰毒3起、11.91克。

7日 南昌海关组织召开党委（扩大）会暨统筹口岸疫情防控和促进外贸稳增长工作指挥部会议。

南昌海关关长党英杰走访省直机关工委书记彭世东，政治部主任张潮陪同。

10日 南昌海关关领导党英杰、赵月淦、符平、李宇、温劲松、张潮、蔡金水在关参加个人防护装备穿脱实操演练。

南昌海关处级干部学习贯彻党的十九届六中全会精神培训班进行开班式。

11日 海关总署署长俞建华与南昌海关关长党英杰视频谈话，听取工作情况汇报，对南昌海关工作给予肯定并提出要求。

12日 南昌海关关长党英杰在关通过视频形式出席推进长江中游地区高水平开放高质量发展鄂、赣、湘三地海关协同工作机制框架协议签署仪式。

南昌海关组织开展关区青年政治理论学习交流会暨"五四"表彰活动。

南昌海关关长党英杰走进口岸封管区，在昌北机场海关参加"14+7+7"封闭管理。

13日 南昌海关关长党英杰在所属昌北机场海关"14+7+7"封闭管理场所通过视频形式指挥南昌海关开展疫情防控实战应急演练。

14日 南昌海关关长党英杰在所属昌北机场海关督导入境货运航班监管工作。

16日 南昌海关所属昌北机场海关圆满完成上海分流入境客机航班监管工作，共监管入境分流客运航班8架次、排查转运入境人员1834人次。

18日 南昌海关副关长李宇在关会见江西省社科院党组书记、教授蒋金法一行。

昌北国际机场进境食用水生动物指定监管场地获海关总署正式批准。

19日 南昌海关关长党英杰在所属昌北机场海关"14+7+7"封闭管理场所与江西机场集团总经理姜春阳进行视频会谈，就口岸疫情防控、海关工作人员集中封闭管理保障、T3航站楼规划建设和进境食用水生动物指定监管场地正式运营等事项交流意见。

20日 南昌海关组织参加海关总署关税征管司综合治税电视电话会议、人事教育司2022年度考试录用公务员面试体检考察工作部署视频会议。

23日 南昌海关组织召开月度形势分析及工作督查例会、"关长走进口岸封管区"工作专题汇报视频会议。

24日 南昌海关作为全国唯一测试海关，圆满完成海关总署新版大型机检设备运行平台测试任务。

25日 南昌海关组织召开2022年度考试录用公务员面试动员部署会。

26日 南昌海关组织以视频形式参加全国海关科技工作会议。

27日 南昌海关缉私局立案侦办关区首起涉检刑事案件。

30日 南昌海关"洪关一点通"在掌上海关App平台正式上线。

31日 南昌海关组织召开关区综合治税工作会议。

南昌海关关长党英杰、副关长温劲松、副关长邵飞在关出席入境分流客运航班检疫监管突击队出征仪式。

6月

1日 南昌海关组织开展2022年度考试录用公务员面试，对21名考生面试录像进行评分。

南昌关区首票"离港确认"水运进口转关

申报单在上海海关所属外港海关成功放行，为海关总署扩大转关"离港确认"模式试点范围后，在上海关区以该模式放行的首票申报单。

南昌海关缉私局与江西省"扫黄打非"工作小组办公室开展打击淫秽物品走私联合行动，联合对一起走私淫秽物品案进行收网，抓获犯罪嫌疑人1名，现场查扣疑似淫秽书籍3000余册。

2日 南昌海关副关长温劲松在昌北国际机场陪同江西省政府副秘书长樊雅强督导入境分流客运航班监管工作，副关长邵飞在二级监控指挥中心督导入境分流客运航班监管工作。

所属昌北机场海关检出2022年首例入境登革热确诊病例。

3日 南昌海关关长党英杰在关视频慰问入境分流客运航班检疫"两集中"人员，副关长温劲松陪同。

7日 南昌海关组织召开统筹口岸疫情防控和促进外贸稳增长工作指挥部会议。

9日 南昌海关关长党英杰到所属鹰潭海关调研，鹰潭市副市长余红艳、毛建华陪同。其间，在鹰潭分别会见鹰潭市委书记许南吉、市长张子建，江西铜业集团有限公司党委书记、董事长郑高清。

南昌海关副关长温劲松在昌北国际机场陪同江西省政府副秘书长樊雅强督导入境分流国际客运航班监管工作。

10日 南昌海关关长党英杰到所属上饶海关调研，上饶市副市长郭峰陪同。其间，在上饶分别会见上饶市委书记陈云、市长邱向军。

12日 南昌海关关长党英杰到九江中海大酒店调研国企改革工作。

13日 南昌海关关长党英杰到所属九江海关、九江海关缉私分局调研。

南昌海关查获一起海南离岛免税"套代购"走私化妆品案，抓获犯罪嫌疑人1人，查获高档化妆品一批，涉及案值80万元、偷逃税款10万元。

15日 江西省委书记易炼红到南昌海关调研，听取南昌海关促进外贸保稳提质有关情况汇报，视频连线慰问吉安海关供港活猪检疫监管现场关员，在技术中心听取海关技术执法情况介绍，对南昌海关工作充分肯定。江西省委常委、省委秘书长史文斌一同调研，江西省委副秘书长利继忠、南昌海关关长党英杰、南昌海关副关长符平、省商务厅厅长谢一平陪同。

南昌海关查获一起低报价格走私相机及零件案，涉案案值约90万元。

15—17日 中央纪委国家监委驻海关总署纪检监察组组长、海关总署党委委员王林到南昌海关调研，听取南昌海关党委全面从严治党汇报和党委纪检组工作汇报，与党委班子成员"一对一"谈话，到执法一线科室和基层党支部联系点赣州海关综合业务一科参加主题党日活动，并前往赣州国际陆港和相关企业调研。其间，会见江西省纪委主要负责同志。

16日 江西省打私办在南昌海关召开2022年江西省打击走私综合治理电视电话会议。

南昌海关副关长温劲松在昌北国际机场陪同江西省政府副秘书长樊雅强督导入境分流国际客运航班监管工作，副关长邵飞在二级监控指挥中心督导入境分流国际客运航班监管工作。

18日 南昌海关关长党英杰在赣州会见海关总署对口支援龙南第五批挂职干部。

20日 土库曼斯坦驻华大使馆致函感谢南昌海关保障该国独立日庆典烟花顺利通关。

21日 海关总署专项整治工作第六督导检查组召开与南昌海关视频见面沟通会。

南昌海关关长党英杰在关会见新余市副市长舒永忠、新余钢铁集团有限公司董事长刘建荣，副关长符平陪同。

23日 南昌海关副关长温劲松在昌北国际机场陪同江西省政府副秘书长樊雅强督导入境分流国际客运航班监管工作，副关长邵飞在二级监控指挥中心督导入境分流国际客运航班监管工作。

23—24日 南昌海关关长党英杰到所属宜春海关调研，在宜春分别会见宜春市委书记于秀明、市长严允。

24日 江西省委书记易炼红到鹰潭国际陆港调研，听取海关支持鹰潭国际陆港建设工作情况汇报，对海关工作予以充分肯定。江西省委常委、省委秘书长史文斌一同调研，鹰潭市委书记许南吉陪同。

南昌海关关长党英杰到所属萍乡海关调研。萍乡市委常委、统战部部长罗璇陪同。

南昌海关组织召开南昌昌北国际机场进境冰鲜水产品指定监管场地远程视频验收会。海关总署验收组在南京、太仓会场以视频形式参会。

25日 南昌海关与长沙海关在萍乡签订湘赣边区域海关合作协议，双方围绕赣湘两地出口烟花爆竹协同监管进行座谈。

南昌海关关长党英杰在萍乡分别会见萍乡市委书记陈敏、市长刘烁。副关长温劲松，萍乡市委常委、统战部部长罗璇，副市长颜小龙参加。

28日 海关总署总检验师孙文康在赣州出席赣南等原中央苏区振兴发展战略实施十周年座谈会。

南昌海关缉私局局长赵月淦在南昌会见江西省政府办公厅正厅级督查专员刘晓艺。

南昌海关副关长邵飞在南昌出席南昌国际陆港铁路口岸（海关监管作业场所）开通运行仪式。

29日 南昌海关组织参加全国海关疫情防控工作专题视频会议。

南昌海关副关长邵飞在昌北机场海关参加"N+7+7"封闭管理。

30日 南昌海关组织召开庆"七一"暨"两优一先"表彰大会。

南昌海关副关长温劲松在昌北国际机场陪同江西省政府副秘书长樊雅强督导入境分流国际客运航班监管工作，副关长邵飞在所属昌北机场海关现场督导入境分流国际客运航班和入境货运航班监管工作。

江西省智能化程度最高、吞吐能力最强的集装箱专用码头九江红光国际港首票外贸集装箱业务正式运行。

7月

1—2日 南昌海关关长党英杰在关以视频形式参加2022年全国海关年中工作会议，关党委委员赵月淦、符平、李宇、温劲松、张潮、蔡金水参加。

2日 南昌海关副关长温劲松在昌北国际机场陪同江西省政府副秘书长樊雅强督导入境分流国际客运航班监管工作。

4日 国家疫情防控专项指导组到九江城西港现场调研督导口岸疫情防控工作，听取所属九江海关口岸疫情防控情况汇报并给予充分肯定。

南昌海关组织召开统筹口岸疫情防控和促进外贸稳增长工作指挥部会议。

南昌海关关长党英杰、副关长温劲松、副关长邵飞在关以视频形式出席第三批入境分流客运航班检疫监管突击队出征仪式。

6日 纪检组长蔡金水在关以视频形式与重庆海关召开专项整治督导检查见面沟通会。

7日 南昌海关关长党英杰到定点帮扶村遂川县泉江镇大屋村调研，政治部主任张潮陪同。其间，会见了吉安市副市长陈寿庆。

南昌海关副关长李宇在厦门参加全国海关政策研究工作专题会议并作经验交流发言。

南昌海关副关长温劲松在昌北国际机场督导入境分流国际客运航班监管工作。

7—9日 南昌海关在中国井冈山干部学院举办党委理论学习中心组（扩大）专题学习。

8日 赣江新区海关党总支"英雄"党建品牌、昌北机场海关旅检一科党支部"蓝天前哨"党建品牌、赣州海关党总支"苏区红关"党建品牌复核认定为全国海关党建示范品牌。吉安海关综合业务科党支部"井冈红—旌旗"党建品牌新评定为全国海关党建示范品牌。九江海关查检一科党支部"英雄+红旗"党建品牌新评定为全国海关党建培育品牌。

8—9日 南昌海关年中工作会议在中国井冈山干部学院召开。关长、党委书记党英杰作会议主题报告，关领导赵月淦、符平、李宇、温劲松、张潮、蔡金水作交流发言。

13日 南昌海关关长党英杰在关会见阿里巴巴集团eWTP（世界电子贸易平台）秘书长宋君涛一行。

南昌海关关长党英杰在关会见中国海关传媒中心主任谷旭一行，副关长李宇陪同。

13—14日 南昌海关副关长李宇在关与中国海关传媒中心主任谷旭座谈交流。

14日 南昌海关关长、党委书记、巡察工作领导小组组长党英杰在关主持召开关党委巡察工作领导小组会议。

南昌海关关长党英杰在关会见抚州市市长高世文一行，副关长符平、抚州市副市长汪华辉参加。

南昌海关纪检组组长蔡金水在关以视频形式组织海关总署专项整治第十三督导检查组与被督导检查单位开展2场督导检查质询会。

15日 南昌海关组织召开7月份外贸形势分析会。

17日 南昌海关副关长温劲松在昌北国际机场陪同江西省政府副秘书长樊雅强督导入境分流国际客运航班监管工作。

20日 江西省省长叶建春听取南昌海关工作情况汇报。

南昌海关组织以视频形式参加海关总署"口岸危险品综合治理"百日专项行动工作会议。

南昌海关组织召开"2022年上半年江西外贸进出口情况"新闻发布会。

21日 南昌海关关长党英杰在关会见景德镇市市长胡雪梅，副关长李宇、景德镇市副市长高晓云参加。

"关企e联通"平台在江西国际贸易"单一窗口"正式上线运行。

22日 南昌海关组织参加全国海关疫情防控工作专题视频会议。

南昌海关组织召开上半年内控工作视频

会议。

25日 南昌海关组织召开关区"口岸危险品综合治理"百日专项行动部署动员会。

26日 南昌海关组织以视频形式参加全国海关缉私部门年中工作会议暨全国打私办主任会议、全国海关离退休干部工作会议。

27日 南昌海关组织召开统筹口岸疫情防控和促进外贸稳增长工作指挥部会议。

28日 南昌海关关长党英杰走访江西省财政厅厅长朱斌，副关长李宇陪同。

南昌海关纪检组组长蔡金水在所属昌北机场海关参加"N+7"封闭管理。

30日 南昌海关副关长温劲松在昌北国际机场陪同江西省政府副秘书长樊雅强督导入境分流国际客运航班监管工作，纪检组组长蔡金水在昌北机场海关现场督导入境分流国际客运航班和入境货运航班监管工作。

8月

2日 江西省直机关工委副书记熊育杰到赣江新区海关调研并慰问在高温下作业的一线关员。

3日 南昌海关关长党英杰拜会江西省委常委、南昌市委书记李红军，介绍支持南昌市统筹疫情防控和促进外贸稳增长情况，副关长邵飞陪同。南昌市市长万广明、副市长肖云参加。

4日 南昌海关关长党英杰到九江调研，九江市政府党组成员、副市长鲍成庚陪同调研。

7日 南昌海关副关长温劲松在昌北国际机场陪同江西省政府副秘书长樊雅强督导入境分流国际客运航班监管工作。

8日 南昌海关关长党英杰到景德镇海关调研。其间，会见了景德镇市市长胡雪梅。副关长李宇、景德镇副市长高晓云陪同。

9日 南昌海关与景德镇市人民政府在景德镇签署《南昌海关 景德镇市人民政府合作备忘录》，关长党英杰、景德镇市市长胡雪梅出席签署仪式并分别致辞，副关长李宇与景德镇市副市长高晓云分别代表双方签署合作备忘录，景德镇市委书记刘锋、景德镇国家陶瓷文化传承创新试验区管委会专职副主任高翔等现场见证。

关长党英杰在景德镇市调研，景德镇市市长胡雪梅、副市长高晓云等分别陪同。并在景德镇出席南昌海关"关'助'发展"系列活动启动会暨首期政策宣讲会。

11日 南昌海关关长党英杰赴北京走访海关总署自贸区和特殊区域发展司司长陈振冲，就支持江西开放型经济发展、推动综合保税区等平台建设事宜进行交流，副司长杜朝新、副关长邵飞陪同。

12日 海关总署副署长王令浚在署专题听取南昌海关关长党英杰关于南昌海关有关工作情况汇报，并给予充分肯定。

15日 海关总署署长俞建华在署专题听取南昌海关关长党英杰关于南昌海关工作情况汇报，并给予充分肯定。同日，关长党英杰还分别向署领导许大纯、黄冠胜专题汇报工作。

16日 江西省委常委、南昌市委书记李红军到赣江新区龙头岗码头调研。

18日 南昌海关组织"喜迎二十大 奋进新征程"主题演讲比赛。

19日 南昌海关组织召开新提任正科级领导干部集体任前谈话会议。

22 日　南昌海关以视频形式组织参加全国海关加强新时代廉洁文化建设暨警示教育大会。

南昌海关关长党英杰在关会见萍乡市委常委、统战部部长罗璇。

23 日　九江港口岸扩大开放瑞昌港区和彭泽港区通过江西省预验收组验收。

24 日　南昌海关组织召开优化口岸营商环境中期推进会暨统筹口岸疫情防控和促进外贸稳增长工作指挥部会议。

南昌海关缉私局长赵月淦在关会见江西省公安厅科信总队总队长叶琛。

26 日　南昌海关关长党英杰在关以视频形式参加海关总署督察内审司组织的党支部联学联建活动。

南昌海关组织召开 2022 年度新录用公务员报到会，8 名新录用公务员参加。

27 日　南昌海关副关长温劲松在昌北国际机场陪同江西省政府副秘书长樊雅强督导入境分流国际客运航班监管工作。

28 日　南昌海关副关长温劲松在昌北国际机场陪同江西省政府副秘书长樊雅强督导入境分流国际客运航班监管工作，政治部主任张潮在昌北机场海关现场督导入境分流国际客运航班监管工作。

南昌海关政治部主任张潮在所属昌北机场海关参加"N+7"封闭管理。

29—30 日　南昌海关关长党英杰到所属新余海关调研。其间，分别会见新余市委书记蒋斌、市长徐鸿，新余市副市长舒永忠陪同。

31 日　南昌海关组织以视频形式参加海关总署"人民满意的公务员"宣讲报告会。

9 月

1 日　南昌海关党委书记、关长党英杰在关出席党委理论学习中心组（扩大）学习并讲授廉政党课。

6—8 日　南昌海关关长党英杰在九江参加 2022 庐山全球商界领袖大会。

8 日　江西省委常委、宣传部长庄兆林到南昌海关所属昌北机场海关监管现场调研，对南昌海关坚决守护国门安全、服务地方经济发展、强化"扫黄打非"工作取得的成绩给予充分肯定。

9 日　南昌海关组织以视频形式参加全国海关疫情防控工作专题会议。

13 日　南昌海关查获一起海南离岛免税"套代购"走私案，抓获犯罪嫌疑人 1 人，查获免税商品 1 批，初步案值 325 万元，涉嫌偷逃税款 60 万元。

14 日　南昌海关组织召开统筹口岸疫情防控和促进外贸稳增长工作指挥部会议。

南昌昌北国际机场进境冰鲜水产品指定监管场地获海关总署正式批准。

15 日　南昌海关组织召开外贸形势分析会。

16 日　海关总署自贸区和特殊区域发展司在南昌海关召开综合保税区综合改革及课题研究视频交流座谈会，海关总署自贸区和特殊区域发展司司长陈振冲到南昌综合保税区调研。

20 日　南昌海关关长党英杰在关会见上海特派办巡视中长期整改督导检查组一行。

萍乡海关保障关区首列中老回程班列顺利开行。

22日 南昌海关关长党英杰在关会见萍乡市委常委、统战部部长罗璇。

南昌海关承办中国海关首次与共建"一带一路"国家（地区）开展的AEO视频认证观摩，以视频会议形式向格鲁吉亚海关展示进出口业务、内部审计等7个项目认证过程，促进中格海关AEO互认尽早实现。

23日 南昌海关组织参加海关系统"防风险、保稳定、迎二十大"专题电视电话会议。随后，召开关区"防风险、保稳定、迎二十大"专题电视电话会议。

南昌海关以视频形式组织参加海关总署《中国海关年鉴（2022）》编纂总结暨年鉴（2023）编纂启动部署会议。会议还对《中国海关年鉴（2022）》南昌海关供稿质量给予通报肯定。

25日 海关总署公布的2021年度全国137个综合保税区发展绩效评估结果显示，南昌综合保税区排名从2020年第40位上升至第31位，赣州综合保税区从第118位上升至第67位，井冈山综合保税区从第110位上升至第93位。

27日 南昌海关关长党英杰在关会见海关总署疫情防控派驻实地督查组一行。

南昌海关以视频形式组织参加海关总署2022年新录用公务员初任培训结业式。

27—28日 南昌海关关长党英杰到南昌海关所属抚州海关调研。

28日 商务部会同海关总署等六部委批复同意在景德镇陶瓷交易市场开展市场采购贸易方式试点，该市场系江西首家、全国唯一陶瓷类获批的交易市场。

28—29日 海关总署疫情防控派驻实地督查组到南昌海关所属九江海关开展现场监督检查。

29日 南昌海关组织参加全国海关稽核查工作推进视频会议、全国海关网络安全保障电视电话会议。

10月

1日 南昌海关关长党英杰现场慰问假日期间值班人员并到二级监控指挥中心连线检查隶属海关值班值守情况。

8日 南昌海关举行国庆升国旗仪式。

10日 南昌海关与江西省农业农村厅在关签署《服务乡村振兴 推动农业农村高质量发展合作备忘录》。关长党英杰、省农业农村厅厅长江枝英出席并分别致辞，副关长符平与省农业技术推广中心党委书记郑敏代表双方签署合作备忘录。

11—12日 海关总署疫情防控派驻实地督查组到南昌海关所属昌北机场海关开展现场监督检查。

13日 南昌海关组织参加海关系统全力以赴做好党的二十大召开期间安全生产相关工作电视电话会议。随后，召开关区安全生产电视电话会议。

16日 南昌海关组织全体党员干部职工收听收看党的二十大开幕会盛况。

18日 南昌海关关长党英杰到所属昌北机场海关调研。

24日 南昌海关组织参加全国海关学习宣传贯彻党的二十大精神视频会议。

26日 南昌海关组织召开外贸形势分析会。

31日 南昌海关关党委书记、关长党英杰在关以视频形式参加海关总署党委理论学习中心组（扩大）学习暨司局级主要负责同志学习贯彻党的二十大精神培训班。

11月

1日 南昌海关关党委书记、关长党英杰在关以视频形式参加海关总署党委理论学习中心组（扩大）学习暨司局级主要负责同志学习贯彻党的二十大精神培训班分组研讨。

南昌海关关长党英杰在关会见海关总署对口支援龙南青年干部，出席"永远跟党走 扬帆再出发"职工健步走活动。

2日 南昌海关关党委书记、关长党英杰在关以视频形式参加海关总署党委理论学习中心组（扩大）学习暨司局级主要负责同志学习贯彻党的二十大精神培训班。

3日 江西省省长叶建春到鹰潭国际陆港调研。

南昌海关组织参加全国海关"口岸危险品综合治理"百日专项行动总结暨常态化工作部署电视电话会议。

南昌海关、上海海关以视频形式签署推动赣沪两地高水平开放高质量发展协作备忘录。

南昌海关"鉴证溯源"技术在上海进博会成功应用。

4日 南昌海关关党委书记、关长党英杰在关以视频形式参加海关总署学习贯彻党的二十大精神宣讲报告会。

5日 南昌海关关区首列采用"铁路快通"模式报关的中欧班列在南昌向塘铁路监管作业场所成功发运。

7日 南昌海关副关长温劲松在昌北国际机场陪同江西省政府副秘书长王海涛参加定期国际客运航班常态化疫情防控工作现场演练。

8日 南昌海关关长党英杰在关会见江西省机场集团有限公司党委书记、董事长万林。

南昌海关副关长温劲松在昌北国际机场陪同江西省政府副秘书长王海涛督导定期国际客运航班监管工作，副关长邵飞在二级监控指挥中心督导定期国际客运航班监管工作。

内销选择性征收关税政策在九江综合保税区落地。

9日 南昌海关关长党英杰在南昌参加学习贯彻党的二十大精神中央宣讲团报告会。

10日 南昌海关组织召开党委理论学习中心组（扩大）学习暨正处级领导干部学习宣传贯彻党的二十大精神培训班。

南昌海关所属青山湖海关稽查查发检验检疫行政处罚职能调整以来关区首起涉危一般案件，稽查发现辖区某企业存在出口危险化学品未按规定向海关申请报检的行为，涉及货值88.67万元。

11日 南昌海关举办党委理论学习中心组（扩大）学习暨正处级领导干部学习贯彻党的二十大精神培训班结班式。

12日 南昌海关组织参加全国海关疫情防控工作专题视频会议。随后，召开疫情防控专题会议。

15日 南昌海关组织召开统筹口岸疫情防控和促进外贸稳增长工作指挥部会议。

南昌海关副关长李宇在昌北机场海关参加"N+7"封闭管理。

南昌海关副关长温劲松在昌北国际机场陪同江西省政府副秘书长王海涛督导定期国际客运航班监管工作，副关长邵飞在二级监控指挥中心督导定期国际客运航班监管工作。

16日 南昌海关组织召开外贸形势分析会。

17日 南昌海关组织召开关区"口岸危险品综合治理"百日专项行动总结暨常态化工作部署电视电话会议。

21日 南昌海关所属昌北机场海关、九江海关初筛鉴定室顺利通过海关总署专家组远程能力核定。

23日 国家知识产权保护检查考核工作组到南昌海关所属九江海关实地检查知识产权海关保护工作。

25日 南昌海关关长党英杰在关会见中央广播电视总台江西站站长宋大珩。

12月

2日 南昌海关关长党英杰在关会见中国银行江西省分行党委书记、行长姚家斌一行。

4日 南昌海关副关长符平在南昌海关所属昌北机场海关参加封闭管理。

9日 南昌海关党委书记、关长党英杰应邀赴江西省委党校参加江西省"十四五"高质量跨越式发展论坛，并作专题授课。

12日 南昌海关组织召开统筹口岸疫情防控和促进外贸稳增长工作指挥部会议。

南昌海关助力烟花产业发展案例"让五彩斑斓烟花漫天飞舞世界"被海关总署列为全国海关促进外贸保稳提质典型案例。

13日 南昌海关组织召开外贸形势分析会。

15日 南昌海关召开2022年平安建设（综治工作）现场考评述职会暨和谐平安满意度测评会。

16日 南昌海关召开学习宣传贯彻党的二十大精神科长座谈会。

21日 南昌海关所属抚州海关顺利完成关区首票进口危化品检验模式改革试点目的地查检业务，对一批自美国进口的280吨危险化学品对苯二酚完成目的地查检。

23日 南昌海关承担的署级科研项目"艺术品保税展示交易中'区块链+鉴证溯源'技术的应用研究"顺利通过海关总署验收。

24日 南昌海关关长党英杰全票当选江西省第十四届人民代表大会代表。

25日 南昌海关关长党英杰在南昌参加全国新冠病毒感染防护工作电视电话会议。

南昌海关所属昌北机场海关在进境邮递渠道查获1起涉嫌"异宠"进境情事，查获活体甲虫两只。

28日 南昌海关关长党英杰在关参加全国海关新冠病毒感染疫情防控工作专题视频会议。

29日 南昌海关组织召开年度内控工作扩大会议。

南昌海关组织召开南昌昌北国际机场进境水果指定监管场地远程视频验收会，海关总署验收组采取远程视频方式进行评估和验核。

南昌海关上报关于防火板用装饰纸进口税率调整建议被国家税委会采纳，进口暂定税率由5%调整为0。

第四篇

党的建设

党建工作

【概况】2022年，南昌海关开展迎接党的二十大召开和学习宣传贯彻党的二十大精神系列活动，统筹落实政治机关建设专项教育活动、"学查改"专项工作、基层党建"双提升"行动等海关总署工作部署，聚焦党建高质量实施"政治能力提升行动、基层党建提能行动、准军建设提神行动、清廉海关提质行动，打造政治机关、模范机关"，推动党建高质量发展。

【思想文化宣传】2022年，南昌海关推进道德风尚建设。坚持重大节日升国旗、新关员入关宣誓等制度，深化中国特色社会主义和中国梦宣传教育。组织"五一""十一"升国旗仪式，开展社会主义核心价值观、道德讲堂、好家风传承等教育活动120余次。

深化海关志愿服务。进一步完善志愿服务机制，实施"心灵驿站"海关志愿服务项目，为抗疫一线人员提供心理咨询、压力疏导等志愿服务。开展"喜迎二十大 热血铸忠诚"无偿献血、"海关课堂进校园"等志愿服务活动60余次。

学习宣传先进典型。关区新获评全国海关党建示范和培育品牌2个、总数5个，党建做法被评为江西省机关党建创新案例一等奖，1名同志获评全国海关"党务之星"，3个集体、6人获省部级以上党建表彰。

开展机关文化建设。抓线上宣传。摄制《领航》MV在"海关发布"上发表，点击量破万。修订党建宣传考核计分规则，多篇稿件被"赣鄱关情"微信公众号、海关总署等相关载体刊用。树立线下典型。组织开展关区"喜迎二十大 奋进新征程"主题演讲比赛，获江西省直机关"喜迎二十大 奋进新征程"演讲比赛三等奖、优秀组织奖。参加海关文化建设工作协作区华中片区活动，活动成果在海关总署相关载体刊登4次。抓好作风建设。打造准军事化纪律部队，用"双随机"方式开展视频检查、内务督察76次。

加强网络文明建设。清理QQ群、微信群，营造清朗网络空间，培育积极健康、向上向善的网络文化。规范海关新媒体平台管理，积极运用"南昌海关12360""赣鄱关情"等新媒体平台，传播文明理念，弘扬新风正气。

【基层组织建设】2022年，南昌海关强化党建基层基础。以基层党建"双提升"行动为抓手，聚焦"组织力凝聚力提升"和"党建工作能力提升"。通过深入学习研讨、专项测试竞赛、分层分类培训、开展岗位实践、加强交流展示等多种方式，组织岗位练兵和党务技能竞赛12次，参训人员121人。围绕急难险重任务，发挥党员先锋模范作用，组建党员"一线服务队"14个。破解一批基层党建难点堵点问题，基层党建"双提升"行动做法在相关载体上刊载4次。"七一"表彰20个先进基层党组织，110名党员获评优秀共产党员或优秀党务工作者。2022年，1名同志获评全国海关"党务之星"，3个集体、6名党员获省部级以上表彰。其中，赣州海关获评全国海关先进集体。

深化党建品牌建设。按照不同类型、不同特点分类制定"四强"党支部评分标准，"以点带面"强化支部建设，评定关区"四强"党支部37个，占比达39%。发挥"井冈红""苏区红关"等特色品牌示范带动作用，以实施"书记项目"为牵引，推动品牌矩阵"串珠成链"，总结提炼党建工作法和党建创新案例23个。在关区113个基层党组织中，创新实施政治理论联学、优势资源联享、主题党日联办、中心工作联促"四联"工作机制，基层党支部由"基本建好"向"全面建强"转变。关区4个基层党组织被授予全国海关党建示范品牌，1个基层党组织被授予全国海关党建培育品牌。

加强党建责任落实。探索建立党委委员支部联席会议制度，党委委员每季度召集分管联系单位党组织书记开展理论联学、问题联查、党建联考，召开联席会议18次，解决了如"红色资源挖掘不够深入""支部学习的形式不够创新"等常见问题。落实党委委员基层党支部联系点制度，坚持"政治要求必谈、政治风险必核、政治责任必查"，通过与支委谈心谈话、参加主题党日活动等指导支部建设56次。基层党组织书记履责"闭环"更加紧密。

【群团工作】2022年，南昌海关加强机关工会建设。组织召开机关工会第七次会员代表大会，完成机关工会换届。夯实服务举措，充分保障职工权益，组织优秀职工疗休养。开展"匠心雕琢 共绘蓝图""永远跟党走 扬帆再出发"健步走等主题活动，机关文体生活更加丰富多彩。

加强共青团组织建设。依托"智慧团建"系统，不断提高共青团数据采集的信息化水平，落实好"三会两制一课"等团的组织生活制度，增强基层团组织的活力和凝聚力。加强团干部队伍建设，邀请专家为团支部书记开展培训，提升团干部履职能力。2022年，5名个人获评2021年度江西省优秀共青团员、省直机关优秀团员青年、优秀团青干部或江西省青年岗位能手，1个集体获评江西省直机关先进团青组织。赣州海关综合业务一科、景德镇海关报关大厅、九江海关报关大厅等9个集体获评"全国一星级青年文明号"。丰富项目化志愿活动，结合海关职能特色，与文明城市创建、平安建设等活动对接融合，走进企业开展政策宣讲，在一线解决企业难题；走进社区、街道开展垃圾清理、秩序维护、城市美化等活动；走进贫困村开展"送教上门"志愿服务，联系爱心企业为留守儿童筹措书包、文具等物资约10万元，建设2个"童心港湾",为童伴之家、幼儿园捐赠物资2万余元;走进养老院、社会福利院开展帮扶慰问及提供心理咨询志愿服务;在封闭的进境旅客检验检疫现场设立爱心驿站,对特殊旅客进行专人帮扶、为相关旅客提供心理疏导、对有症状旅客开展紧急救治等,为社会和谐发展贡献海关力量。

做好关区青年工作。坚持用习近平新时代中国特色社会主义思想武装头脑,引导团员树牢"四个意识",坚定"四个自信",做到"两个维护"。召开"青年跟党走、建功新时代"青年干部座谈会,参加"喜迎二十大、永远跟党走"江西省直机关青年党团知识竞赛并获三等奖,组织开展关区"喜迎二十大 奋进新征程"主题演讲比赛,获江西省直机关"喜迎二十大 奋进新征程"演讲比赛三等奖、优秀组织奖,通过竞赛、研讨、座谈等形式,进一步激发广大团员的参与热

▲2022年5月5日,南昌海关举行升国旗仪式

情,营造浓厚学习氛围。打造"青廉说"品牌,讲好廉洁故事,推进新时代海关廉洁文化建设。在"五四"青年节到来时,组织收听收看庆祝中国共产主义青年团成立100周年大会,开展"五四"表彰大会,表彰2个集体和17名个人。借助"金钥匙""赣鄱关情"等新媒体平台,发布《2022两会青年说》《赣鄱剧场丨海关青年话清廉》等优秀作品,传播青年好声音,传递青春正能量。

【巡视整改与政治巡察】2022年,南昌海关深入开展巡视整改事项集中清查,制定10项工作措施,对整改情况逐项对账评估,用强化成果综合运用,巡视整改测评满意率达99.78%。注重上下联动,牢牢把握政治巡察定位,加强对"一把手"和领导班子监督,对6个部门开展实地巡察,实现对南昌关区36个基层党组织的巡察全覆盖。

撰稿人

李 阳

纪检监察

【概况】2022年,南昌海关党委纪检组坚持以习近平新时代中国特色社会主义思想为指导,深入学习贯彻全国海关工作会议、全面从严治党工作会议和纪检监察工作会议精神,领会落实中央纪委国家监委驻海关总署纪检组组长王林来南昌海关调研讲话要求,按照南昌海关党委"忠诚作示范、创新促发展、实干防风险、严管勇争先"工作思路,以"时时放心不下"的责任感,严监督、实保障、促执行,推动南昌关区全面从严治党向纵深发展。

【监督检查】2022年,南昌海关聚焦最高政治原则强化监督。督促两级党委以学习宣传贯彻党的二十大精神为主线,开展"大学习、大研讨、大贯彻"活动,推动在深学精讲笃行中深刻领会"两个确立"的决定性意义。紧盯安全生产、打击走私等重点任务做好常态监督,确保党中央决策部署落地落实。全程监督政治机关建设专项教育和"学查改"专项活动,推动走好"两个维护"第一方阵。

聚焦统筹疫情防控和促进外贸稳增长强化监督。因时因势调整监督重点,建立疫情防控文件落实情况监督台账和问题清单,跟进监督重点文件落实196份,开展实地检查、电话督导、视频监督2900余次,报送周报47期。严明疫情防控纪律,监督保障促进外贸保稳提质措施执行,护航江西省外贸增长。

聚焦"关键少数"强化监督。纪检组长与关党委班子成员廉政工作谈话7人次,上门听取10个单位部门全面从严治党情况汇报,督促"五个强化"要求全面落实。紧盯选人用人监督,关区纪检机构开展任前廉政谈话234人次,出具廉政审核意见629人次。

聚焦常态长效,做实做细日常监督。以调查研究精准"破题"。聚焦一体推进"三不腐"、加强"一把手"和领导班子监督、深化"一案双查"、编外人员管理等重点难点开展调查研究,找准摸清现状和问题,为精准监督提供辅助参考。以创新方式高效"解题"。持续推进监督理念、思路、方法创新,探索"清单式"重点监督和"机动式"专项监督的双重监督模式,同步拓展监督广度和深度,年内细化监督重点116项,围绕学习贯彻党的二十大精神、海关总署巡视问题中长期整改等开展专项监督3次。以协同监督合力"答题"。落实王林组长调研要求,主动走访江西省纪委监委3次，就进一步深化"组地关"协作、增进工作联系等方面达成一致意见。深化与巡察、督审、人事监督等联系配合，定期召开工作联席会，实现督审条线问题线索移送"零突破"。优化派驻纪检组绩效考核，通过"月审核、专项评、年终考"，督促更好发挥"探头"作用。

深化治理效能，扎实推进"海关重点项目和财物管理以权谋私"专项整治。统筹推进摸清风险底数。构建南昌海关党委、党委纪检组、主责单位部门上下贯通、齐抓共管、协调联动工作格局，健全"学、议、督、审"工作链条，完善思维导图督办、"三项教育"联动、"五查合一"排查工作机制，梳理重点项目258个，排查问题及廉政风险116个，确定高风险项目5个。真抓实干加强纪律作风建设。开展个人违规事项申报，按照"应纳尽纳"原则，动态调整个人违规事项申报人员范围；扎实开展逐一谈话，抽调纪检、政工、巡察、督审部门骨干力量组成13个谈话组，运用"线上+线下"等多种方式多线推进逐一谈话，做到常督促、常提醒。加强整改促进深度治理。牢固树立"检查不是结束，整改才是关键"理念，建立"方案+清单+周报"整改模式，成立11个检查小组，对问题整改情况进行全覆盖督导检查，推动废改立制度46个，制定操作指引、完善作业流程、整改短板弱项51个。

【执纪问责】2022年，南昌海关坚持开门搞整治，充分发挥内外部工作合力，不断深化自查的广度和深度，结合专项整治工作，积极拓宽案源渠道，充分彰显反腐高压震慑。南昌海关党委纪检组主动走访地方纪委监委，党委纪检组组长带头开展离退休干部谈话调研，征求离退休干部意见建议；综合运用关企微信群、问卷调查、企业调研、跟班作业等多种形式，加大专项整治工作宣传力度，发放调查问卷，开展跟班作业654人次，召开座谈会75次，征集企业意见建议16条；畅通来信、来电、来访、网络等信访举报渠道，张贴海报41张，设置举报箱35个。党委纪检组聚焦主责主业，坚持问题导向、效果导向、监督导向，通过交叉互审、逐件阅卷、逐案研判、集体研究等方式，重点围绕"反映问题是否已处置、处置方式是否妥当、获取证据是否相互印证、处置结果是否得到落实、是否存疑需要重新处置"5个方面进行重新阅卷，梳理排查涉及专项整治领域的信访举报和问题线索。协调办公室调取12360海关热线、互联网站信箱等受理群众信访情况，联合督审、巡察部门收集整理2012年以来接受巡视、巡察、督察审计中出现的重点项目和财物管理领域问题。

严格执行领导首谈、安全首课，以"三学、三抓、三查"深入开展办案安全大检查，守牢执纪办案安全底线。释放"不停步"信号。牢记"三个务必"，不断增强作风建设永远在路上的政治自觉。深刻把握内陆基层海关作风"微腐败"风险，研究制定靶向治理措施。抓住纠治"四风"关键节点，通过节前教育、节中监督、节后复查，开展不打招呼监督检查78人次；紧盯酒驾醉驾问题，制发工作提示，开展电话抽查84人次。树牢"全周期管理"意识。制发《纪律检查建议书》5份，完善提出、督办、反馈和回访监督机制，开展受处理处分人员执纪回访，推动办案、整改、治理一体贯通。督促全员观看警示教育片、学习案件警示录，组织"年轻干部谈廉洁"座谈会，做到警钟长鸣。细化制定以案促改34项和廉洁文化建设45项具体措施，依托江西红色沃土推进廉洁文化建设。

【作风建设】2022年，南昌海关加强清廉海关建设，通过"调研督导、述职述廉、谈心谈话、提示提醒、履责报告"等方式，推动监督抓在平常、严在经常、融入日常。持之以恒加固中央八项规定堤坝，防反弹回潮、防隐形变异、防疲劳厌战。推进"海关重点项目和财物管理以权谋私"专项整治，"地毯式"摸排问题及廉政风险，废改立制度46个，制定操作指引、完善作业流程、整改短板弱项51个。推广海关政务服务"好差评"系统，五星好评率99.8%。

▲2022年2月21日，南昌海关组织推进"海关重点项目和财物管理以权谋私"专项整治工作

常态化开展警示教育、家风教育，严禁酒驾醉驾，一体推进"三不腐"，巩固风清气正的良好政治生态。

撰稿人

吴子骏

干部队伍建设

【概况】2022年，南昌海关坚持以习近平新时代中国特色社会主义思想为指导，学习贯彻党的二十大精神，践行新时代党的建设总要求和新时代党的组织路线，落实海关总署党委工作部署，贯彻全面从严治党要求，落实"两个责任"，推动干部人事工作高质量发展，较好完成年度工作任务。南昌海关党委领导班子连续4年获评直属海关领导班子年度考核优秀等次，连续5年在江西省综合考核中获评第一等次并记三等功。

【人力资源管理】2022年，南昌海关落实关党委决策部署，选优配强领导班子，树立"重政治、重品行、重基层、重担当、重实绩"的选人用人导向，把政治标准放在首位，建立月度分析研判机制。年内，开展干部选任5批次66人次，

▲2022年12月16日，南昌海关召开学习宣传贯彻党的二十大精神科长座谈会

新提任的处级领导干部中40岁左右干部占比57.9%，科级领导干部中35岁左右干部占比74.5%。20个处级领导班子、54个科级领导班子专业结构得到优化。关区处级领导班子平均年龄47.6岁、科级领导班子平均年龄37.9岁，南昌海关和隶属海关配有40岁左右干部的处级领导班子占比65.6%，事业单位40岁左右的管理五、六级职员占比75%，基本形成老中青相结合的梯次配备。年内，共开展职级晋升4批次、168人次，覆盖面达25.6%。选任执法一线科长25名、副科长22名，执法一线科长配备率95.9%，其中35岁左右的34名、占比47.9%。

【年轻干部培养使用】2022年，南昌海关抓好"后继有

人"这个根本大计,着眼关区未来5年干部梯队建设,开展队伍调研分析并形成报告,制定《南昌海关关于进一步加强优秀年轻干部培养使用的工作措施》,分级分类完善4个优秀年轻干部库,将经受磨砺多、专业素养好、基层历练实、踏实肯担当的年轻干部补充到人才库中,及时调整不符合条件人员,实行能上能下、优进绌退、动态管理,做到好中选优、优中选强。将26名80后副处长、49名85后正科长、32名90后副科长实行重点跟踪培养锻炼,强化人岗适配度、专业度,不断提高优秀年轻干部综合素质和实践能力。对在急难险重等重要专项任务中表现突出的干部,打破论资排辈、隐形台阶,及时提拔使用。关区40岁左右的处级领导28名、占比23.1%,最年轻的处长41岁,最年轻的副处长34岁;35岁左右的科级领导113名、占比52.8%,最年轻的科长30岁,最年轻的副科长28岁。

【干部教育培训】2022年,南昌海关突出政治引领,深入学习贯彻党的二十大精神,将学懂弄通做实习近平新时代中国特色社会主义思想作为首要政治任务,将党的二十大精神集中调训列入年度培训计划,其他专题培训中政治类课程占比不少于70%,根据海关总署统一部署开展集中轮训,确保应训尽训。分级分类施训,突出重点抓关键岗位,利用钉钉会议、视频会议系统及网上培训班,"线下+线上"举办处级干部专题培训班2期、专业化能力提升专题培训班1期,处以上干部调训率100%。提升专业能力,分级分类举办晋衔培训、兼职教师培训、各类业务网上培训班及"洪关e课堂"81期,参训4300余人次;开展各类专业资质培训并组织岗位资质考核考试4项,参训152人次。

【干部监督管理】2022年,南昌海关严格落实领导干部个人有关事项报告制度,压实及时报告责任,持续加大查核力度,2022年随机抽查、重点核查5批次,对3个单位进行现场督导,精准掌握政策、精心指导填报、精细录入审核,各级领导干部如实报告的政治自觉持续加强。开展违规投资企业及在企业兼(任)职问题自查,全覆盖排查在职及离退休干部,处理违规风险情形。加强辞去公职人员从业行为管理,着手制定从业行为限制清单,切实防范政商"旋转门"风险。对"码头文化""小圈子""带病提拔"等突出问题保持高压态势,信访举报数量保持零记录。2022年,南昌海关从严管理监督干部好评率保持100%。

撰稿人

高天放

第五篇

业务建设

法治建设

【概况】2022年，南昌海关坚持以习近平新时代中国特色社会主义思想为指导，深入学习宣传贯彻落实党的二十大精神，深入学习宣传贯彻习近平法治思想，在海关总署党委的坚强领导下，按照全国海关工作会议、全国海关全面从严治党工作会议和"十四五"海关法治建设规划部署，按照南昌海关党委"忠诚作示范、创新促发展、实干防风险、严管勇争先"的工作思路，紧扣统筹推进疫情防控和促进外贸保稳提质两条主线，着力加强法治服务和保障，提升关区法治建设工作水平。

【参与立法与制度建设】2022年，南昌海关立足国内国际形势和海关新定位、新职能，加强调研和评估，提升业务部门和隶属海关在立法工作中的参与深度及高度，切实提高关区业务制度供给质量，优化关区业务制度体系布局。2022年，组织对《中华人民共和国海关法（修订草案）》研提意见12条，对《中华人民共和国海关过境货物监管办法》等22部规章修订及43部规章立法后评估工作积极报送立法建议56条。按照海关法治协作区分工，主办《中华人民共和国海关行政赔偿办法》规章立法后评估报告，协助协作区海关完成7项规章立法后评估报告。针对性开展关区业务制度"立改废"26件，对13项制度提出审核意见22条。

【复议应诉与规范执法】2022年，南昌海关发挥行政复议化解矛盾争议主渠道功能，推广运用新时代"枫桥经验"，努力实现案件办理的政治效果、法律效果与社会效果有机统一。在加强行政应诉工作中，按照"谁涉诉、谁应诉、谁负责"的原则，落实涉诉海关行政机关负责人出庭应诉制度，接受司法监督。2022年，南昌海关办理行政复议案件1件，作出维持决定后当事人未起诉。办理行政诉讼案件1件，获法院支持裁定驳回原告起诉。在推行海关公职律师参与重大复议诉讼案件、以干代训等工作制度方面，关区新增公职律师3人。在落实行政执法"三项制度"工作中，按要求公示行政执法统计年报，推动落实《海关重大执法决定法制审核事项清单（2022版）》《海关出示执法证件事项清单（2022版）》。

【法制协调和法治宣传】2022年，南昌海关围绕中心、服务大局,坚持执法与普法并重,坚持多种形式相结合,线上线下齐发力,深化落实涉企事项"证照分离"改革,全面推行"不见面"审批、"全程网办"。2022年,加强《中华人民共和国海关法》、《中华人民共和国行政处罚法》、《中华人民共和国海关综合保税区管理办法》、RCEP等法规解读和政策宣讲,深入开展"'关'助发展"系列宣讲8期。落实海关行政许可事项清单管理制度,梳理南昌海关行政许可清单事项9项,清单以外零许可。制定年度普法责任清单,细化普法任务270项。集中开展"美好生活·民法典相伴"、"8·8"海关法治宣传日、"12·4"国家宪法日等专题普法活动400余场次。

▲2022年8月8日,南昌海关举办"8·8"海关法治宣传日学习

撰稿人

李　驰

业务改革与发展

【概况】2022年，南昌海关坚持创新促发展，始终在勇担使命中践行海关为民，持续深化业务改革，加快推进离港确认、铁路快通等改革举措落地，继续扩大"船边直提""抵港直装"等试点范围，巩固压缩整体通关时间成效。着力打造"关'助'发展"服务品牌，以"三促一优"为抓手，开展促进跨境贸易便利化专项行动，通关效率持续保持中部地区第一、全国前列。

【深化海关业务改革】2022年，南昌海关贯彻落实党中央国务院关于全面深化改革的重大决策部署，按照海关总署统一部署，持续巩固"海关改革2020"成效，推广"两步申报""提前申报""两段准入"等通关模式，扎实推进关区业务改革走深走实。围绕"进一步深化改革融合"开展课题研究，针对关检融合以来海关业务改革现状进行深入分析，提出有效建议。在探索全业务领域一体化改革中，推动建立赣鄂湘、湘赣边、赣沪等地海关协同机制，助力形成长江中下游海关形成"信息互通、监管协同、技术协作、资源共享"的联动发展格局，"两步申报""提前申报"应用率始终保持全国前列，获评江西省2022年全面深化改革先进单位。在通关便利化改革方面，全面开通"铁路快通"业务，实现班列舱单归并、申报验放等手续在江西省"一站办理"，缩短中欧班列运输时间2天左右；推动"离港确认"改革全国扩大试点首票顺利落地，将海关作业与港口作业由"串联"改"并联"，压缩口岸作业时间60%，该项改革在江西省"一号改革工程"推进会上作为先进典型案例视频展播，并获评2022年江西省改革优秀案例。

【优化口岸营商环境】2022年，南昌海关聚焦跨境贸易便利化专项行动，制定22项具体措施，推出"十大重点项目"建设。在拓展口岸平台功能方面，重点推进"口岸平台发展"和"跨境电商新兴业态发展"项目，推动跨境电商综合试验区建设，拓展综合保税区等海关特殊监管区域"保税+"业务种类，发挥进口指定监管场地平台优势，促进各类口岸功能叠加、政策叠加、效益叠加。在提升海关监管效能方面，重点推进"长江流域通关便利协作"和"组合港推广"项目，拓展赣鄂湘三省海关全方位通关协作和赣沪海关协作。在推动特色产业发展方面，重点推进"RCEP进企""AEO培育""一关一品"等项目。2022年，推动RCEP落地首年即见成效，江西省有AEO高级认证企业53家，年内新增12家；江西对RCEP贸易伙伴进出口同比增长59.8%。江西省生猪供港澳数量位居全国第二，太阳能电池出口值位居全国第四。在提升综合服务水平方面，重点推进"关企e联通""通关可视化"等项目，加快"单一窗口"地方特色功能开发应用，实现海关业务"线上办"、通关物流状态"线上查"、政策服务"线上问"，营造稳定公平透明、可预期的营商环境。3项举措入选江西省优化营商环境典型做法，江西内陆开放型经济试验区建设"十佳典型案例"中有4个涉及海关工作。

【通关运行管理】2022年，南昌海关制定印发《南昌海关压缩整体通关时间工作机制》，运用报关单运行监控、HLS2017、云擎系统，建立"两步申报""通关效率"等监控模型，持续加强重点货物、重点环节通关时间预警。2022年，逐票跟踪，疏通堵点，核查报关单11万余份，下发监控通报21期，防止货物在口岸长时间滞留。并通过"南昌海关12360"微信公众号定期发布节假日预约通关提示，加强节假日期间通关保障，提供全天候预约通关服务。全年受理预约通关报关单891票，验放货物9.3亿元。在新冠疫情防控期间，推动"防疫物资专用窗口""减少随附单证和证明"以及"口岸快速提离"等超常规措施常态化，保障疫情期间通关"零延时"。全年进、出口整体通关时间（不含国内运输段）分别为16.00小时、0.28小时，通关效率连续3年保持中部地区第一、全国前列。

【贸易管制与技术规范】2022年，南昌海关进一步应对研究国外技术性贸易措施，组织撰写技术性贸易措施影响调查报告2篇。向海关总署报送的《对美国烟花使用危险分级变更的关注》被采纳作为第81次WTO/TBT（《世界贸易组织贸易技术壁垒协议》）例会双磋议题。在海关总署相关载体"技贸破冰与筑篱"栏目发布微信文章2篇、海关技术规范解读2篇。建立"一企一策"帮扶机制，指导企业有效应对国外技术性贸易措施，助推特色农产品产销企业突破国外技术壁垒，依托"关企e联通"线上平台、"南昌海关12360"微信公众号等载体及时发布技术性贸易措施预警信息、出口指南等15篇，向出口企业有针对性地推送意向国技术性贸易措施2000余家次，及时回应解决企业具体诉求52个，助力关区农产品、茶叶等出口同比分别增长29.7%和10.7%。在发挥宜春烟花爆竹评议基地作用方面，加强烟火制品国外技术性贸易措施研究，更新评议基地平台相关咨询26篇，开展技术性贸易措施宣贯培训3次。在技术规范制（修）订方面，按海关总署要求完成《进出口纺织品反光性能测试方法》（2021B239）、《进出口纺织品百菌清的测定气相色谱质谱法》（2021B245）两个标准的送审稿，参与海关总署进口药材药品目录核对、应附监管证件报关单初筛、年底通关系统参数库目录核对集中工作3次。

【知识产权海关保护】2022年，南昌海关贯彻落实习近平总书记关于加强知识产权保护工作的重要指示精神，组织开展知识产权海关保护专项行动，严厉打击侵权违法行为，营造良好进出口营商环境。依托大数据分析模型，运用"智能审图+X光机""商标智能识别"等科技手段，紧盯邮快件、跨境电商等重点渠道，加大对服装、鞋帽、玩具等高风险商品的检查力度。依托赣鄂湘、赣沪等海关协作机制，密切关际合作，提升跨关区案件办理能力。加强关地协作，与江西省市场监管局、商务厅等部门签订合作协议，与江西省公安厅建立协作机制，形成覆盖江西省的大保护网络，全年联合地方市场监管等部门开展政策宣讲50余次，举办联合销毁活动2次，向公安机关通报知识产权涉嫌犯罪案件线索2起，其中1起正式立案。加强"面对面"的政策指导，提升企业保护意识，畅通维权渠道。支持江西"专精特新""小巨人"企业创新发展。全年查扣侵权货物696批、1.36万件，其中寄递渠道侵权物品查扣率同比增长8.64倍。江西省知识产权海关保护有效备案企业172家，同比增长28.03%。

▲2022年5月7日，南昌海关开展首票"船边直提"业务

撰稿人

陶　林

开放平台建设与新业态发展

【概况】2022年,南昌海关坚持以习近平新时代中国特色社会主义思想为指导,积极落实海关总署与江西省人民政府签署的《署省合作备忘录》,推动形成口岸高水平开放(南昌昌北机场航空口岸、九江水运口岸、赣州国际陆港)、平台多功能运行(南昌昌北机场进境食用水生动物、冰鲜水产品、水果指定监管场地,九江进境肉类、粮食指定监管场地,赣州进境肉类指定监管场地)的内陆发展新格局。2022年,南昌空港国际货邮吞吐量达到7914吨,实现跨境电商1210、9610、9710、9810全业务覆盖、全模式运行、全链条打通,市场采购贸易方式试点在关区落地。

【开放平台建设】2022年,南昌海关成功开辟中欧班列新线路。保障江西至老挝万象中欧班列于2022年1月12日顺利开行。中欧班列成为江西对接东盟的黄金通道。全年赣欧班列开行263列。

"水陆空"全方位推动监管作业场所建设。指导南昌向塘铁路监管作业场所、九江瑞昌水运监管作业场所建成。推进南昌昌北机场空运9610监管作业场所建设,促进江西对外开放平台全面扩容。2022年5月17日、9月14日,江西省首个进境食用水生动物、首个冰鲜水产品指定监管场地分别正式获批。12月29日,南昌昌北国际机场进境水果指定监管场地完成视频验收,助推江西空港货运经营品类全面升级。

助力鹰潭国际综合港经济区发展,指导完成鹰潭综合港开展可行性研究。

【海关特殊监管区域管理】2022年,南昌海关持续强化

▲2022年5月15日,南昌海关关员现场解答跨境电商企业疑难问题

特殊监管区域管理，落实卡口管理登记制度。持续强化业务值班、安全管理，做好日常巡查、视频检查和视频"回放"抽查。全年开展危险化学品、易燃易爆品的安全检查9次，视频抽检安全工作30余次。

【推动特殊监管区域高水平开放高质量发展】2022年，南昌海关综合保税区进出口值699.5亿元，同比增长54.1%；单位面积进出口值185.1亿/平方千米，同比增长36.6%，在全国绩效评估排名显著提升。其中，南昌综合保税区上升9位、赣州综合保税区上升51位、井冈山综合保税区上升17位。落实促进综合保税区高质量发展21条措施，增值税一般纳税人资格试点企业增至16家，委内加工业务135亿元，保税维修、保税研发等业务进出口超5亿元。

【新业态发展】2022年，南昌海关推动市场采购贸易方式试点。制订推进工作方案，成立推进工作组，制定海关监管实施细则，指导海关监管作业场所建设，培育外贸新动能。12月29日，完成景德镇陶瓷交易市场首票市场采购贸易实货测试。

推进跨境电商高质量发展。建立关区长效工作机制，积极参与协作区联动机制建设，推动出台加快发展提质增效工作措施。召开关企面对面座谈会和电商政策宣讲会，及时解决企业问题。针对"6·18""双11"等跨境电商促销节点，开展跨境电商新业态专题调查研究，提供全天候预约服务。2022年，跨境电商清单数破千万。

撰稿人

张　璐

风险管理

【概况】2022年,南昌海关通过"一会两机制",进一步完善关区风险防控体系,做好关区风险态势分析,全面提升对重大、系统性风险的防范化解能力,梳理关区风险整体态势、摸清业务风险底数、找出当前业务风险防控可能存在短板弱项。成立工作专班对习近平总书记重要指示批示精神,党中央重大决策部署、国家重大政策调整情况收集汇总。开展全员分析,组建11个专题小组,按照项目负责制对重大敏感业务风险进行分析、研判和处置,加强业务部门风险协同防控合作,开展联合研判20余次,开展业务现场即决式布控试点。关区风险管理可量化主要考核指标居全国海关前列,货物渠道、邮递渠道、跨境电商保税网购人工分析布控查获率分别位列全国海关第七、第四、第四。

【风险信息】2022年,南昌海关获海关总署采编涉及各业务领域风险管控要情、呈报、调研报告、风险工作专报等共计12篇,获署领导批示共18次。风险情报信息在南宁、沈阳、西安、石家庄、杭州等7个海关查获涉毒刑事案件7起,累计布控查获冰毒26.91克,相关经验做法获海关总署副署长孙玉宁批示肯定。报送并被采纳风险信息共15篇,提出全国风险预警建议并被采纳3个。

【风险分析】2022年,南昌海关风险自主分析移交缉私刑事立案12起,占海关业务部门的92%;风险分析布控查获并移交缉私侦破关区首起涉检刑事案件;风险分析移交缉私首次侦破关区海南离岛免税"套代购"走私案件2起。与江西省国家安全厅等部门签署合作备忘录。

【风险布控】2022年,在固体废物、濒危、毒品、危险化学品、"异宠"等重点领域实

▲2022年8月1日,南昌海关关员查发进口固体废物

现查发；货运渠道布控查获固体废物再生铝210.4吨、危险化学品和危险货物650吨、逃避商检化肥50吨；邮递渠道布控查获象牙等濒危动植物制品41.4千克，涉枪爆物品5批次，侵权物品430件，异宠2批次。

【大数据应用】2022年6月7日，参与署级信息化项目"海关大数据池数据使用审批管理平台（一期）"验收评审。10月24日，参与海关总署大数据海关应用两批13个模型的验收工作。

撰稿人

欧阳亚萍

税收征管

【概况】2022年,南昌海关深入学习宣传贯彻党的二十大精神,贯彻落实习近平总书记重要指示批示精神和党中央决策部署,按照"疫情要防住、经济要稳住、发展要安全"重要指示要求,"三促一优"持续优化口岸营商环境,推动关区税收征管各项工作高质量发展。关区全年税收入库114.6亿元,汇总征税率达62%,行邮征税率居全国海关第五,跨境电商零售进口清单数、货值、征收税款均创历史新高;上报税政建议8条,全部通过海关总署税收征管局初审,电动吸奶器等建议被《2023年关税调整方案》采纳。

【税则税政】2022年,南昌海关聚焦支持产业发展、服务国家战略开展税政调研,编发"12360服务"微信公众号宣传稿,邀请企业线上参与填写问卷,扩大覆盖面,共上报调整进口暂定税率、提高出口退税率等税政建议3条,联合长沙海关上报税政建议5条。

【估价管理】2022年,南昌海关加强风险参数建议报送和验估处置,向海关总署税收征管局报送税收风险参数建议31条;执行税收征管局参数指令和放行后验估指令1076条,涉及1659票报关单;关区涉税化验送检85份,同比增长6.72倍;强化大宗散货价格监控、查发和处置能力,提升磋商作业水平,及时处置后续价格风险。落实全员打私要求。

【税收征管】2022年,南昌海关统筹通关便利,坚持依法、科学征管。深化综合治税,做好税收测算和进度监控,开展税收摸底调研6次,编发税收进度26篇;结合海关总署年度税收指导性目标科学制定各隶属海关的指导性税收目标,并动态调整;推进规范申报,加强监控核查,关区应税商品规范申报正确率达99.6%。关区税收入库114.6亿元,同比增长12.2%。优化税收担保方式,扩大关税保证保险应用范围,全年17家企业办理关税保证保险业务(生效期内),涉及担保金额2.42亿元;稳步推进汇总征税,关区汇总征税报关单21701票,征收税款56.9亿元,汇总征税率达62%;提高关区新一代税费电子支付比例,关区电子支付税单41763份,电子支付比率达99.2%;落实滞纳金减免,共为15家"主动披露"企业办理滞纳金减免手续,减免滞纳金193.75万元,同比增长13%。强化属地纳税人管理,针对关区29家重点属地纳税企业和30家报关企业建立纳税企业底账和"双特"价格台账,并对企业税收征管情况持续动态跟进,开展纳税遵从度评估、提供差别化合规管理服务。加强非贸税收征管,每月进行税收风险态势研判,动态调整征税参数;完善重点商品价格资料库,依托"云擎"等系统,定期开展监控处置;指导督促业务现场,引导纳税人选择线上缴税新模式,确保及时、准确、足额征税。关区行邮物品征税率47.6%,排名全国海关第五。关区跨境电商零售进口清单数破千万份,征收税款1.16亿元。提高税收征管质量,开展制度化常态化监控复核,下发核查、处置单32份,发现问题19个,均已整改到位;定期开展涉税单证自查复核,制定《南昌海关税收征管业务自查项目清单》,并动态完善,采取"现场自查+职能监控+集中复核+限时整改"的形式。规范饲料出区内销申报时的商品申报要素和"双特"合规申报,与稽查部门协同开展常态化实货抽查（化验）工作,布控查验52票饲料出区内销报关单,2票报关单出区申报的禽畜配合饲料商品归类存在问题,指导相关现场做好处置;加强进口农产品关税配额管理风险排查,发现食糖内销时企业未提供一般贸易配额证,未按配额外税率征收关税,造成少缴税款,已完成补税。

【原产地管理】2022年,南昌海关优化原产地签证作业,推广"数据共享+智能审核+自助打印+快递送达"模式,签发各类原产地证书5.1万份,签证金额54.5亿美元,帮助江西省企业享受国外关税减免达19.2亿元。其中自助打印原产地证3.1万份,签证金额28.2亿美元。推动RCEP落地见效,牵头开展"RCEP进企"专项行动,组织培训277次,7662人次参加。在各类媒体刊登宣传稿件179篇,其中省级以上媒体82篇。举办"关'助'发展"系列活动,对RCEP原产地规则和经核准出口商认定政策进行宣讲。签发RCEP原产地证书3184份,签证金额17亿美元,帮助企业享受关税减让约6亿元;培育5家企业成为协定项下经核准出口商,自主出具33票原产地声明,涉及货值3109.9万美元。

【减免税管理】2022年,南昌海关全面落实海关减免税政策,指导江西省企事业单位应知尽知、应享应享、应免尽免,进一步激发市场主体活力,促进外贸高质量发展。

▲2022年8月25日,南昌海关举办第二期南昌海关"关'助'发展"宣讲活动

梳理免税商品清单变化内容、细化申报要点形成办事指南，通过"南昌海关12360"微信公众号第一时间向社会发布，电子宣传册覆盖江西省1万余家进出口企业。通过"关'助'发展"系列宣讲、主动上门调研、召开重点企事业单位座谈会等多种形式，开展"线上+线下"减免税政策宣讲。建立关企联络员机制，主动对接《江西省"十四五"期间科技创新发展规划》，为国家硅基LED技术研究中心、中医药健康产业园以及南昌大学、中国科学院赣江创新研究院等重点科研单位设置"一企一策一档"，科学精准为江西省120余家科研单位提供"套餐式""点对点"服务。2022年，南昌海关为关区进出口企业减征增值税25.66亿元；审核减免税货值2.8亿美元，同比增长44.1%；减免税款1.8亿元，同比增长81%。

撰稿人

卢　泉

卫生检疫

【概况】2022年，南昌海关贯彻落实习近平总书记关于疫情防控的重要讲话和重要指示批示精神，统筹疫情防控和促进外贸保稳提质，筑牢口岸检疫防线，按照职责开展出入境人员及交通工具检疫监管，完成上海分流航班及定期国际客运航班等口岸疫情防控工作，海关系统内首次在入境旅客通关作业现场检出阳性环境样本。南昌海关关长、党委书记党英杰带领关党委委员先后走进口岸一线封管区，与一线关员同吃、同住、同工作，带领关员严格做好入出境航班检疫监管。江西省委书记易炼红对上海分流航班入境检疫监管准备工作给予充分肯定。海关总署署长俞建华在听取视频汇报时对南昌海关口岸疫情防控工作给予肯定，海关总署2次通报表扬南昌海关，评价关领导亲临一线指挥，第一时间指导现场规范作业，在实战中锻炼了队伍，强化了监控指挥效能，在抗击疫情的关键时刻展现新作为、彰显新担当；一名同志获全国消除疟疾先进个人称号。

【口岸新冠疫情防控】2022年，南昌海关坚决贯彻落实习近平总书记重要指示批示精神，聚焦"疫情要防住、经济要稳住、发展要安全"的重要指示，统筹疫情防控和促进外贸保稳提质，全面落实关党委工作部署及要求，做到"精准高效开展常态化疫情防控"和"口岸疫情防控海关必坚守"，做到"人、物、环境"同防、水空同防、多病同防，牢牢守住外防输入关口。

南昌海关坚持统筹规划抓落实，坚守口岸疫情防控从严从紧。研究制发关区疫情防控相关文件25个，细化防控落实措施751条；持续动态指导更新完善"一口岸一方案"31次；从登临检疫到转运交接全流程设置现场工作组18个；形成SOP标准化作业程序18个并动态更新。坚持协同联动抓落实，对接联防联控机制聚心聚力。不断巩固与江西省卫健委、省外办、省商务厅等单位的沟通交流机制，与地方政府等联防联控机制成员单位共享信息，全天候保持与江西省疫情防控指挥部综合组、省卫健委应急办及外事办等部门沟通联系，及时通报阳性检出人员信息，在联防联控机制下高效完成人员就医送诊等闭环管理；推进落实定期国际客运航班防控事宜，地方联防联控出台分流、定期航班防控方案及机制5个，以防风险为前提研提相关工作方案意见建议133条，内外联动把好国门关口。坚持夯实基础抓落实，协调新建2个防护装备穿戴区、10个单风向防护装备脱卸间和24个高标准负压采样方舱，负压采样方舱数量高居全国航空口岸前列；多途径向地方提出确保和提升口岸疫情防控能力9方面21项建议，争取地方支援20多名医护人员进驻口岸现场参与采样和急救工作，全力拧紧防控链条；配合组建关区疫情防控三个梯队，坚持"每周一训"常态化培训演练考核，解读疫情防控新政策、新标准、新要求，开展理论培训94次（3841人次）、个人防护考核29次（424人次）、实战及应急处置演练17次（729人次），巩固和提升防控专业能力。坚持问题导向抓落实，实施各项督查检查压细压实。制发《南昌海关常态化疫情防控监督检查工作方案》，更新5版自查督查工作表，细化471项检查内容，完善常态化视频检查、每月自查督查、每季度专项检查和"四不两直"抽查工作机制，立行立改，做到问题清零。配合海关总署安全防护督查、"百名科长百日督查"、"国庆前后派驻实地督查"工作，建立专项督查工作调度与协调机制，及时回应海关总署督查组提问，及时督办联系事项，确保件件有着落、事事有回应，以督促行、以查促改。参加海关总署"国庆前后派驻实地督查"活动，派员赴兄弟海关开展实地督查，高效完成督查任务。

【多病同防】2022年，南昌海关加强航班来源国风险分析研判，不断细化完善卫生检疫工作方案，强化流行病学调查和医学排查，在做好新冠疫情防控的同时毫不放松其他传染病防控，密切关注境外猴痘、儿童急重肝、黄热病等传染病流行态势，制发《关于进一步加强"多病共防"有关工作的通知》《关于做好口岸猴痘疫情防控工作的通知》等文件通知20多个，督促落实海关总署11个公告和警示通报，扩大培训、宣传效果，有针对性地开展排查检测，口岸检出登革热阳性病例，严防传染病疫情叠加输入。

【检疫管理】2022年，南昌海关构筑口岸生物安全体系。梳理口岸生物安全风险防控工作要点，总结经验做法，作为5个单位之一在江西省生物安全会议上作交流发言并获得2次点名表扬；在邮

▲2022年6月30日，南昌海关所属昌北机场海关组织入境分流客运航班监管岗前工作会

件渠道截获未经审批的特殊物品5批;研究制订《南昌海关生物安全体系建设方案》,细化42条建设措施;成立南昌海关生物安全工作领导小组,明确22个部门、单位职责分工和领导小组成员构成;对标《中华人民共和国生物安全法》,向海关总署提出完善建议。制订《2022年度口岸公共卫生核心能力自查考核工作方案》,组织对照航空口岸考核标准218条、水运口岸考核标准221条逐项开展自查;"线上+线下"多方式对昌北机场海关、九江海关、保健中心口岸公共卫生核心能力进行督查,督促发现问题逐项整改到位;针对南昌昌北机场、赣州黄金机场和九江水运口岸改扩建,推进发挥"政府主导、企业主责、海关主管、相关部门联动"机制作用,推动落实22条口岸建设建议,不断提升口岸硬件设施水平,持续巩固关区口岸公共卫生核心能力。

【卫生监督】2022年,南昌海关落实海关总署各项要求,结合关区实际制发口岸卫生监督实施方案、口岸食品安全监督抽检工作实施方案和口岸卫生检疫"双随机、一公开"抽查工作实施方案,依法依规为南昌昌北机场口岸食品生产经营单位、饮用水供应单位和公共场所经营单位办理口岸卫生许可,规范开展餐饮服务、口岸公共场所、饮用水供应等日常卫生监督,强化食品安全监督抽检检测,实施口岸区域鼠、蚊、游离蜱本地调查监测工作,保障口岸食品卫生安全。

撰稿人

董旖婧

动植物检疫

【概况】2022年，南昌海关牢记"国门生物安全海关必把牢"的要求，维护国门生物安全，促进外贸保稳提质。全年共检疫查验进出境动植物及其产品2.51万批、货值7.99亿美元。其中，出境动物及其产品4836批、0.84亿元，进境动物及其产品1342批、0.57亿元；出境植物及其产品18944批次、6.1亿元，进境植物及其产品119批次、0.48亿美元。

【外来入侵物种防控】2022年，南昌海关开展"国门绿盾2022"行动，打击非法引进外来物种和种子苗木行为，印发《外来入侵物种防控和普查工作方案》，开展口岸外来入侵物种普查工作，建立外来物种数据库；开展"跨境电商寄递'异宠'综合治理"专项行动，向关区跨境电商、邮快件等20余家企业开展宣讲3次，挖掘互联网涉"异宠"线索15条，提交布控。在口岸普查中发现加拿大一枝黄花等外来入侵物种80种次；在非贸渠道截获外来物种19批次、49种次，截获"异宠"3批次，在江西省首次截获野蛮收获蚁和奄美锯锹。

【疫病监测】2022年，南昌海关完成《进境动物重大疫情应急处置预案》和《进境植物重大疫情应急处置预案》的修订，持续加强非洲猪瘟、高致病性禽流感、红火蚁、松材线虫等重大动植物疫情防控，严格口岸检疫查验。开展动物疫病监测9503项次，检出一类疫病3项次；设置有害昆虫监测点424个，监测实蝇8728头、林木害虫62种、红火蚁18批次；开展安全风险监控135项次，获得监测结果4385个；从进境粮食、木材等产品中截获有害生物550批次、3748种次，同比分别增长11.56%、4.78%，其中检疫性有害生物266批次、341种次，同比分别增长18.22%、1.79%，并在江西省首次截获检疫性有害生物节节麦。

【保障优质农产品进口】2022年，南昌海关落实促进外贸保稳提质的措施要求，推进发展和改革双"一号工程"，确保各项措施在关区落地见效。利用远程视频和现场相结合的方式开展进境农产品生产加工企业注册考核，新增注册企业28家，办结时间同比缩短25%；设立进口鲜活农产品查检绿色通道，实施全天候预约查验工作机制，做到随报随检，快速通关；

畅通进境粮食检疫审批、后续监管，保障粮食安全。全年监管进口粮食266万吨，同比增长141.8%；完成4批3.8万羽进境种鸡、6批960余万尾进境鳗苗隔离检疫，为蛋鸡养殖和水产养殖提供优质种质资源。

【帮扶特色农产品出口】2022年，南昌海关做好产业提质增效，指导出口水果种植加工企业规范生产管理，按照进口国要求做好有害生物防控和药物使用，推荐符合条件的企业对外注册。指导供港澳猪场强化硬件设施建设，建立良好农业操作规范（GAP）体系，全链条做好非洲猪瘟等重大疫情防控；帮扶企业做好预案，应对新冠疫情、洪水灾害等影响，确保业务连续不断，供港澳生猪数量逆势上扬；6月15日，江西省委书记易炼红在南昌海关调研时视频连线供港澳活猪检疫监管现场关员，对其工作给予肯定。关区有各类农产品出口种植（养殖）基地40家，新增对外注册10余家；江西生猪安全供应港澳16.8万头，同比增长112.2%，占香港市场的20%，位居全国第二位。

【国门生物安全治理基础建设】2022年，南昌海关强化国门生物安全治理基础建设，建立了动植检风险评估和预警体系。常态化开展境内外动植物疫情信息收集，跟踪研判南昌关区进出境动植物及其产品贸易情况，对检疫准入、口岸截获、疫情监测和突发动植物疫情疫病开展风险分析和评估，科学发布预警提示并采取相应的处置措施。全年收集疫情信息986篇，被海关总署采编545篇，开展动植检风险研判10次。

强化动植检专业队伍建设。组建成立动植检"风险评估、检疫监管、应急处置"三支专业队伍，组织开展风险研判、政策研讨和应急处置20多次；加强海关动植物检疫岗位资质管理，180人次参加动植检业务培训，通过资格审查、培训考核、海关总署审定，关区共9人次获海关总署高级签证资质，80余人次获普通签证资质及动植物检疫查验资质；5人次参与海关总署组织的隔离检疫场地评审、动植检制度研究修订等工作，获海关总署动植物检疫司认可。

提升国门生物安全治理基础能力。落实"智慧动植检""生态安全"系统的对接工作，保障检疫审批、进境动物、疫情上报、进境粮食

▲2022年6月8日，南昌海关关员开展检疫性实蝇监测工作

等业务无缝对接,实现"智慧动植检"在关区落地实施;推进2022年度口岸动植检能力提升工程项目实施,申请动植检相关口岸消毒、查验、鉴定等设施31套;推动九江、昌北机场海关的初筛鉴定室建设,通过海关总署专家核定,发挥初筛成效、提升通关效率;建立定期业务监督工作机制,通过相关系统,实时了解关区的业务动态,及时掌握业务风险。

撰稿人

王 琦

进出口食品安全监管

【概况】2022年，南昌海关坚持以习近平新时代中国特色社会主义思想为指导，深入学习贯彻落实党的二十大精神，围绕习近平总书记关于食品安全"四个最严"要求，按照海关总署进出口食品安全工作部署，着力提升进出口食品安全水平。全年检验监管进出口食品化妆品1.12万批、52.3亿元，同比分别增长6.8%、17.6%。其中，监管进口食品414批、货值5.5亿元，同比分别下降13.4%、增长25.4%；出口食品1.1万批、货值46.8亿元，同比分别增长7.8%、16.7%。进出口食品化妆品质量安全总体情况良好，未发生系统性、区域性进出口食品安全事件。1名同志获"江西省食品安全先进个人"荣誉称号，5人次获海关总署进出口食品安全局专项工作通报表扬。关区30余人次入选海关总署食品专家库，6名同志入选海关总署专项产品协作组。

2022年2月4日，海关总署署长与巴布亚新几内亚部长在京顺利签署南昌海关代拟的《关于巴布亚新几内亚输华野生水产品的检验检疫和兽医卫生要求议定书》，该协议被纳入2月5日国务院总理李克强会见巴布亚新几内亚总理合作成果清单。对海关总署《关于进口巴布亚新几内亚野生水产品检验检疫要求的公告》进行政策解读，被海关总署门户网站采用刊登。

开展对巴布亚新几内亚的食品安全监管体系研究，完成两国进出口食品安全体系比较研究报告。撰写的《欧盟不再继续批准农药活性物质茚虫威对茶叶出口的影响》被"12360服务"微信公众号"技贸破冰与筑篱"栏目采用并发布。针对输美食品因违反《外国供应商验证计划》被拒绝入境发布政策提示。发挥海关职能、技术与信息优势，助力江西米粉、茶叶、烤鳗等国际市场竞争力持续提升，江西米粉出口居全国第二位。9月，南昌昌北国际机场进境冰鲜水产品指定监管场地正式获批。

【进口冷链食品监管】2022年，南昌海关坚持"外防输入、内防反弹"总策略和"动态清零"总方针，及时调整完善防控措施，持续做好进口商品风险监测"日报告"。全年组织常态化培训12场次，参训人员1000多人次。参与海关总署境外食品生产企业视频检查、材料审核343家。组织进口冷链食品监管现场突发事件应急演练、进口非冷链物品采样演练。对指令命中的非冷链物品进行新冠病毒采样，检测样品155个。

【进口食品"国门守护"行动】2022年，南昌海关深入开展进口食品"国门守护"行动，加强进口食品检验监管。通过对76家食品进口商及近年进口销售食品情况进行排查，从源头杜绝进口销售含金银箔粉食品违法行为，引导企业规范经营。规范进口食品相关资质管理，规范进口申报审核，强化准入监管，严防贸易新业态风险。截获食品类邮快件不合格41票；检出不合格进口食品1批，实施无害化销毁处理；口岸环节截获2批进口食品，经整改合格后放行。参与海关总署《海关对含肉加工食品的进口监管要求和规则》《海关系统进口燕窝检验检疫监管作业指导书》修订。

【食品安全宣传周活动】2022年，南昌海关组织"食品安全宣传周"活动，通过"线上+线下"、关地联合、关企互动、座谈交流等举办各类活动60余场次，发放宣传材料3600余份；通过"食安江西""南昌海关12360"等公众号推送政策解读、进出口食品安全监管相关文章9篇。举办"关'助'发展"进出口食品安全监管专场、宣传贯彻欧盟（EU）2019/1871法规对输欧动物源性食品新要求，联合吉安海关举办"春播行动"出口食品专场等培训。

【食品监管队伍建设】2022年，南昌海关组织开展加工食品签证官培训、考核、认定和监督管理，关区具有相关资质人员58名。抓实常态化培训，举办相关培训18场次、1520人次参加。组建关区食品安全监督管理、风险研判、应急处置三个专家组，专家组成员17人，专家梯队人员21人，青年岗位能手6人。

【出口食品检验检疫】2022年，南昌海关聚焦"3·15"，排查企业13家，督促加强生产加工特别是腌制过程质量管控。排查关区备案原料种植、养殖场110余家，及时排除隐患。检出不合格出口食品2批，输非茶叶专项风险监测检出不合格2批。组织境外通报调查8家次，督促企业在原料管理、过程监管、自检自控等方面整改规范，压实企业主体责任。

助力江西特色农产品出口。全年对10家出口食品原料种植场备案申请免于提供种植场土壤、灌溉用水检测报告。针对市场需求，引导地方政府和企业将生态优势转化为品牌发展优势，支持

▲2022年10月15日，南昌海关服务蜜橘企业扩大出口

"乐安竹笋""生米荠头"等一批出口势头好、带动能力强的地域特色品牌扩大出口。全年监管果蔬罐头出口3.7万吨、6.2亿元，同比分别增长53.1%、55.9%。引导茶叶企业研发抹茶粉、茶饮料、茶叶提取物等深加工茶产品，分析研判新产品工艺风险点，指导企业防范重金属、农药残留等风险，帮助企业提前对新产品申请归类预裁定。全年监管出口深加工茶产品568.4吨、8181.2万元，同比分别增长31.5%、15.3%。

撰稿人

刘　娜

商品检验

【概况】2022年,南昌海关落实总体国家安全观,聚焦"安全、卫生、健康、环保",强化监管优化服务,组织开展3期海关总署危险品检验监管岗位培训考核,通过率96%,名列全国前茅,有效充实一线监管力量。搭建完善进出口危险品防控专栏,发布政策法规、技术标准、典型案例等资料160多份,为监管一线提供有力的技术支撑。打好安全生产专项整治三年行动收官战,组织开展口岸危险品综合治理、进出口危险品监管安全风险集中整治等专项行动,时刻保持警醒,筑牢进出口危险品监管安全防线。承担海关总署出口烟花爆竹等商品的监管政策研究,为构建科学系统的海关法律体系提供基层经验。

【进口商品检验】2022年,南昌海关严把进口商品检验关,完成进口商品检验497批,检出各类不合格15批,查发伪报再生金属进口"洋垃圾"4批。加强质量安全风险监测和一线的技术指导,做好高风险非冷链集装箱货物口岸环节新冠病毒检测和预防性消毒有关工作,充分运用现场监督、远程视讯连线等多种方式做好进口放行后疫情防控监督。

【出口商品检验】2022年,南昌海关完成出口商品和出口危险货物包装检验45276批,检出各类不合格800批,查发出口超安全生产许可范围等案件11起,向海关总署报送典型案例并被采纳7起。聚焦关区出口烟花爆竹监管特点,深入剖析业务风险特征,向海关总署呈报综合信息1篇,完成强化出口危险品监管等专题调研报告2篇。优化烟花爆竹企业代码登记,下放初审受理,全年完成63家企业考核工作,登记时间"零延迟"。发挥烟花爆竹检验监管专班作用,统一调配关区烟花爆竹岗位资质人员,协调应对烟花爆竹旺季出口的检验、装箱监督人力资源困难,解决企业诉求。

【检疫监管模式改革】2022年,南昌海关大力推进优化营商环境,复制海南自贸港创新制度,对出口成品油实施"风险评估+周期抽样+合格保证"的合格评定模式,各流程"并联"作业,提高通关效率,监管出口成品油货值6.7亿元,同比增长73%。运用"关'助'发展"系列宣讲活动平台,重点对出口危险化学品、烟花爆竹、旧机电、再生金属原料等重点商品的海关监管政策进行解读。对需实施法定检验的进口先进技术设备、关键零部件、紧缺资源予以优先检验,对进口成套设备、旧机电设备企业实施"一企一策",加强业务对接,指导企业合规进口。

【法定检验商品以外进出口商品抽查检验及质量安全风险监测】2022年,南昌海关组织关区隶属海关开展法定检验商品以外进出口商品抽查检验,抽查检验商品包括进口学生文具、婴童用品、家用洗碗机、电子坐便器、口腔器具、仿真饰品等以及出口儿童玩具、儿童自行车、儿童滑板车、电热水袋等,检出不合格1批次。发挥进出口烟花爆竹一级质量安全风险监测点作用,按照《国务院关于完善进出口商品质量安全风险预警和快速反应监管体系切实保护消费者权益的意见》要求,对93家出口烟花爆竹企业实施抽样检测384批次,监测项目主要包括产品及烟火药剂的安全性能、运输危险性定级等,检出各类不合格36批次,为采取风险预警和快速反应措施提供技术支撑。

【危险货物及危险化学品检验监管典型案例】2022年8月,南昌海关所属萍乡海关对1批申报为"C级同类组合烟

▲2022年12月28日,南昌海关关员对出口烟花爆竹进行检验

花"的产品进行现场检验,并抽样送检,根据实验室检测结果,该产品应归类为"B级组合烟花",其申报类别与实际不符,且该企业《安全生产许可证》无"B级组合烟花类"许可范围。萍乡海关判定该批产品不合格,出具《出境货物不合格通知单》,不准出口,并按将上述情事移交地方应急管理部门。2022年8月,南昌海关所属新余海关在对1批出口波兰的锂离子电池实施使用鉴定时,发现该批货物未按要求在锂电池外壳上标明瓦特/小时容量,且使用的包装没有使用衬垫有效填充,可能导致锂电池在容器中相对移动,不符合《国际海运危险货物规则》相关规定要求。根据上述情况,新余海关判定该批危险货物包装使用鉴定不合格,要求企业进行技术整改,经重新检验合格后予以放行。

撰稿人

罗文龙

口岸监管

【概况】2022年，南昌海关坚定不移加强政治建设，落实总体国家安全观，统筹发展与安全，强监管、优服务、夯基础、守底线。强化口岸监管，加强对进境矿产品、再生原料、冻品、农产品等重点商品的口岸监管，健全完善智能审图应用工作机制。服务经济社会发展大局，优化完善口岸监管模式，强化跨境电商等新业态监管，落实安全生产监管责任，提升口岸监管治理能力。

【安全生产】2022年，南昌海关贯彻落实习近平总书记关于安全生产的重要论述，专题传达学习习近平总书记重要指示精神，做好安全生产各项工作，全年未发生重大事故。通过党委理论中心组学习、专题党课等形式集中观看《生命重于泰山——习近平总书记关于安全生产重要论述》电视专题片，在关区范围内营造安全生产警钟长鸣、常抓不懈的氛围，实现学习教育全覆盖；落实国务院安委会部署的"十五条"硬措施，专题组织学习海关总署署长俞建华关于安全生产批示要求，防范化解重大安全风险。

关区安全生产专项整治三年行动收官。每月紧盯关区重点安全生产领域风险，连续36个月动态更新关区风险隐患和安全制度"两个清单"，有效构建起关区稳定的安全生产屏障。

"口岸危险品综合治理"百日专项行动取得实效。成立关区百日专项行动工作组，制定《南昌海关"口岸危险品综合治理"百日专项行动工作方案》，以"快"防范化解危险品口岸"滞"的风险隐患，以"准"严厉打击危险品"瞒"的违法行为，以"严"完善解决危险品属地检验监管不到位的薄弱环节，构建口岸危险品监管机制。

内外并举，宣传氛围再提升。制定关区安全生产风险隐患信息"吹哨人"预警机制，广泛开展"江西是安全吹哨人""查找身边的隐患"等活动。通过集中宣讲、送法入企、微信专题宣传等形式，对辖区内各行政相对人广泛开展《中华人民共和国安全生产法》主题宣传活动，加大以案释法和以案普法的宣传力度。

2022年，关区各级党委专题学习习近平总书记关于安全生产重要论述40次，组织观看专题片30余场，开展安全生产"大讲堂""大家谈""公开课""微课堂"23次。并深入239家企业进行"送法入企"活动，召开关企座谈会14次,推动形成人人关心安全、人人关注安全的氛围。

【物流监管】2022年,南昌海关加强物流监管,按照风险布控指令对高风险国家(地区)的进出境运输工具实施指定地点登临检疫。全年监管进出境航空器216架次,其中进境121架次、出境95架次。

"离港确认"改革在长江中游城市群首个试点。协调上海海关,建立联系配合机制,开展"离港确认"新模式,将国际物流水运转关的"串联作业"优化为"并联作业",提升物流作业效率,使得长江黄金水道国际物流运输更加便捷。全年江西省水运港口采用"离港确认"模式申报1551票,货值74.3亿元。

"铁路快通"改革在赣全面落地。争取海关总署支持,协调乌鲁木齐、满洲里、呼和浩特等口岸海关配置业务参数。助推江西省南昌、赣州2个中欧班列发运站点于2022年11月25日前全面开通"铁路快通"业务,缩短江西省中欧班列整体运行时间2天左右,推动提升江西省铁路外贸物流通关效率。2022年,江西省应用铁路口岸"快速通关"模式开展业务2票。

【货物监管】2022年,南昌海关严禁"洋垃圾"进境,严厉打击象牙等濒危野生动植物及其制品走私。规范货物查验,开展复查复验。强化现场作业监督检查,现场口岸检查作业规范性有效提升。货物口岸检查查获夹藏、伪瞒报危险品800多吨,固体废物158吨等。现场海关通过扩大查验要求、开展即决式布控等方式主动查发,主动查发且有实质查获的占实质查获总量的40%。

【新业态监管】2022年,南昌海关推进跨境电商高质量发展。建立关区长效工作机制,参与协作区联动机制建设,推动出台加快发展提质增效工作措施。召开关企面对面座谈会和电商政策宣讲会,及时解决企业问题困难。针对"6·18""双11"等跨境电商促销节点,提供全天候预约服务,支持电商业务健康规范发展。开展跨境电商新业态专题调查研究,报送《完善跨境电商新业态监管工作的几点建议》调研报告。全年跨境电商渠道查扣侵权商品37批、47件。

推动市场采购贸易方式试点。制订推进工作方案,成立推进工作组,制定海关

▲2022年7月28日,南昌海关邮递渠道首次查获涉嫌濒危物种黑黄檀木制品和象牙制品邮件

监管实施细则，指导海关监管作业场所建设。12月29日，完成江西景德镇陶瓷交易市场首票市场采购贸易实货测试。

【快件邮件监管】2022年，南昌海关制订深入推进智能审图应用工作方案，对寄递渠道进境物品100%"智能审图+人工判图"，严格"逢疑必查""逢警必处"。根据海关总署通报及现场查发情事编发案例合集，对现场重点查发情事的机检图像、查发过程100%复盘，组织查验作业视频回看研判18次。年内，监管进出境邮件17.3万件，邮件监管现场主动查发占查获总量的43.9%，同比增长60%。首次在关区邮递渠道查获血液标本。

【行李物品监管】2022年，南昌海关承担上海入境分流客运航班监管工作，完成21架次入境分流客运航班的监控保障工作，获海关总署书面通报表扬2次。全年共监管出入境人员6681人次，入境人员健康申报电子化率100%，向海关总署报送追溯情事43例。

【场所场地监管与装备管理】2022年，南昌海关规范监管作业场所（场地）的验收管理，执行场所（场地）设置规范，持续开展监管作业场所达标整改。严格执行监控摄像头设置规范，做到全覆盖无死角。南昌海关关区共有12个监管作业场所，2个集中作业场地，5个指定监管场地，摄像头联网率保持在99%以上。

【智能审图】2022年，南昌海关推进智能审图应用，在关区已配备监管查验设备的监管现场全面推广应用智能审图系统，实现货物、旅检、寄递渠道全覆盖。推广应用智能审图应用管理平台，组织开展集中和即决式制图1500多张，查发固体废物53吨，CT智能审图查发1700多件次。

【海关口岸监管环节反恐】2022年，南昌海关加强口岸监管现场核生化有害因子监测箱、个人辐射计量仪等设备配备力度，有效防范涉恐及放射性污染输入风险。南昌关区实现大型监管设备首次跨关区调拨。针对监管作业现场突发事件和口岸监管环节恐怖袭击事件共8类应急事项，制订应急预案，开展应急演练，关区所有海关做到了三年滚动全覆盖，提升关区的应急处突水平。

撰稿人

张　璐

政策研究与统计

【概况】2022年,南昌海关落实习近平总书记重要指示批示精神和党中央决策部署,坚持系统观念,强化政策研究,加强业务数据管理,巩固统计基础、提升统计分析水平,推动政策研究和统计工作高质量发展,更好地服务中央决策、服务开放大局、服务海关事业发展。关区参与海关总署相关专项分析成果获习近平总书记重要批示2篇次,统计数据质量控制、数据分析、新闻发布、统计调查、数据分类分级等工作获海关总署发文表扬14人次。

【政策研究】2022年,南昌海关聚焦海关改革发展面临的重点、难点问题,强化基础性、实用性研究,建立起"关领导挂帅、职能部门牵头、隶属海关关长参加"的调研领导机制。参与署级课题研究5个,其中参与的关键矿产资源课题研究获2位国务院领导批示,开展关级课题研究13个。上报政研文稿篇数和获海关总署领导批示数均位居全国直属海关前列。坚持开门搞研究,与江西省社会科学院加强政策研究交流合作,作为全国9个直属海关之一,在全国海关政策研究工作专题会议上作经验交流发言。

【贸易统计】2022年,南昌海关联合江西省商务、外汇、税务部门等管控虚假贸易,强化统计监督,完善虚假贸易联合管控机制,健全关区统计数据"专项审核、集中审核、日常审核"质量控制机制,建立报关单异常数据监控机制。参与海关总署数据发布中心专项工作。建立关区风险企业库、风险商品库,收集风险企业66家,风

▲2022年9月21日,南昌海关开展贸易统计数据质量专项调研

险商品35项。

【业务统计】 2022年，南昌海关完善关区业务统计作业流程、方法制度，建立关区业务统计数据审核问题资料库。审核关区业务统计数据记录4.3万条，发现差错并修改1511条，全年上报海关总署数据准确性、及时性均为100%。结合实际建立业务数据指标体系，形成《关区主要业务情况表》18项指标。聚焦领导关切、重要改革、业务数据异动等内容，定期监测通报关区主要业务指标及业务运行情况，开展综合保税区、中欧班列、跨境电子商务、食品检验检疫、茶叶检验检疫等业务专项分析20次。

【统计调查】 2022年，南昌海关完成海关总署跨境电商统计调查、外贸出口订单、统计线上服务、先导指数、贸易景气等常规调查和专项调查22次，填报率和及时率均为100%，召开外贸出口先导指数样本企业轮换宣讲会，坚持需求导向自主开展专项调查8项，上报海关总署并被采用统计调查报告20篇。

【统计分析】 2022年，南昌海关加入海关总署外贸形势研判机制，参与海关总署每月外贸形势分析会材料准备工作。制发《南昌海关外贸形势分析会议制度》，组织开展关区外贸形势分析会。向海关总署报送锂电池、光伏、集成电路等专题宏观分析8篇。征集关区促进外贸保稳提质政策建议28条，向海关总署上报5条。向海关总署报送进出口监测专题信息155篇。实施"一关一品"产业服务计划，开展中医药产业、"专精特新"企业、出口订单形势等调研15次，涉及企业1600余家，相关产业进出口3607.1亿元，同比增长43.1%，占同期江西省外贸比重为53.7%。向江西省委省政府报送外贸分析专报12篇，获省领导批示32篇次。

【统计服务】 2022年，南昌海关优化统计数据服务，引导社会公众使用平台查询海关统计数据，并通过新闻发布会、南昌海关网页、微信公众号等载体，定期公布海关统计数据，做好进出口数据解读，为外贸稳增长和高质量发展提供有力社会预期引导。举办江西省外贸新闻发布会2期，支持隶属海关举办地市级新闻发布会40场，向地方政府部门提供统计服务220次。

撰稿人

陈小青

企业管理与稽查

【概况】2022年，南昌海关坚持以习近平新时代中国特色社会主义思想为指导，深入学习贯彻党的二十大精神，增强"四个意识"、坚定"四个自信"、做到"两个维护"，落实海关总署关于企业管理与稽查的工作部署，统筹推进"多查合一"，加大涉检、涉税领域稽查力度，推行核查分类管理、选查处分离，提升稽核查查发能力，推动各项工作稳中有进、稳中向好。

【企业管理】2022年，南昌海关加大AEO企业培育力度，促进信用管理高质量发展。新增AEO企业12家，净增10家，AEO企业共53家。AEO企业进出口总值1502.7亿元，同比增长24%，贡献江西省进出口额的22.4%。

优化报关单位备案手续，企业备案注销进一步简化。全年关区新增备案企业3071家，同比增长32.8%，备案数突破2万家；落实注销便利化改革，注销企业1244家。

首次参与国际事务，开展与格鲁吉亚线上AEO认证观摩，为中国海关首次与共建"一带一路"国家（地区）开展AEO视频认证观摩，获海关总署企业管理和稽查司肯定。

【稽查业务】2022年，南昌海关落实海关总署专项稽查行动，查发固体废物情事1起，涉及货重约26吨，货值约170万元，成为全国2起稽查环节实质性查发固体废物案件之一；对7家海关总署名单企业启动稽查并办结，查发问题作业3起；查发"金钥2022"专项行动名单企业涉税违规情事并移交立案。

发挥稽查、核查与属地查检"三查"联动作用，重

▲2022年7月21日，南昌海关关员对关区企业开展属地查检工作

点对再生金属、特许权等5个行业开展选查分析。全年稽查查发率90.72%，位列全国第七，其中涉检查发20起，累计查发大要案9起。

建立涉检案件业务后台专业指导支持、重大敏感普通程序案件协调处置、普通程序案件审核资质人员统筹调配三项机制，涉检行政处罚职能平稳过渡。2022年8月1日以来，关区办理涉检案件30起，有关经验做法在涉检案件推进视频会上作交流发言。

【核查业务】2022年，南昌海关调整指令生成运行机制及作业模式，分类规范核查指令，施行核查事项加载相应标准化作业表单，实现核查作业结果反馈通过系统实时自动向核查部门、指令需求提出部门、风控部门同时流转的"并联式"反馈。接收核查指令811条，办结核查作业783起。年初一次性会商确定管理类指令576条。推进与地方市场监管部门联合抽查工作，围绕5个核查事项开展联合抽查作业12起。

【保税监管】2022年，南昌海关落实促进综合保税区高质量发展21条措施，"一区一策"推动综合保税区快速发展。增值税一般纳税人资格试点企业增至16家，实现委内加工业务额135亿元，保税维修、保税研发等业务进出口超5亿元。综合保税区进出口值699.5亿元，同比增长54.1%。单位面积进出口值185.1亿/平方千米，同比增长36.6%。落实卡口管理登记制度，持续强化特殊监管区域管理。加强业务值班、安全管理工作安排，做好日常巡查、视频检查和视频"回放"抽查。

【属地查检】2022年，南昌海关开展各类进出口属地查检业务62933批次，查发923批次，属地查检业务随机选取执法人员100%，属地查检作业按时完成率100%；全年完成烟花爆竹检测6016项次，完成烟花爆竹包装使用鉴定环节专项抽查102批，检出危险品不合格189批，形成专项监测报告5份。根据海关总署统一部署，对15家在异地受处罚危险化学品企业开展实地排查，自主分析并下达专项稽查作业指令7起，查发7起，涉及危险化学品约10吨，涉及货值约220.2万元；危化品涉检案件立案10起，办结9起，涉及案值约152万元；全关区设立预约电话27个，55家农食产品企业享受绿色通道3353批次，涉及货值14.2亿元。

建立联席沟通机制，推进属地查检与稽核查执法联动。开展联合研判，查发信息相互转化；完善证据材料清单、处置意见和法律适用等。全年通过执法联动下达涉检指令26条，查发20起，移交立案20起。

撰稿人

涂　径

查缉走私

【概况】2022年,南昌海关贯彻落实习近平总书记关于打击走私、疫情防控系列重要指示批示精神,扎实开展"国门利剑""蓝天""国门勇士""护卫"等打击走私专项行动。立案侦办刑事案件34起,案值1.44亿元;行政案件立案84起,案值13.05亿元。1起走私淫秽物品进境案被海关总署缉私局列为一级挂牌管理案件,2起走私普通货物案被列为二级挂牌管理案件。

【打击涉税走私】2022年,南昌海关侦办涉税走私刑事案件14起。严打"水客"走私,办理行政案件1起;严打海南离岛免税"套代购"走私,侦办刑事案件2起,案值210.76万元;"赣鄱2201"打击快件、跨境电商走私专项行动打出声威,侦办3起走私普通货物案,案值2.94亿元;侦办首起走私罪与洗钱罪交织案件,成功移送起诉并判决生效。

【打击非涉税走私】2022年,南昌海关侦办非涉税走私刑事案件20起,同比增长4倍。持续开展"蓝天2022"专项行动,退运固体废物585.4吨,拒"洋垃圾"于国门之外;配合林业、农业、公安等部门开展"清风""昆仑"行动,严打濒危物种及其制品走私,查扣象牙制品1.94千克、犀牛角制品1.75千克。

【智慧缉私】2022年,南昌海关开展深度经营,由个案研判拓展至行业分析,从属地研判推进至跨关区联合研判。

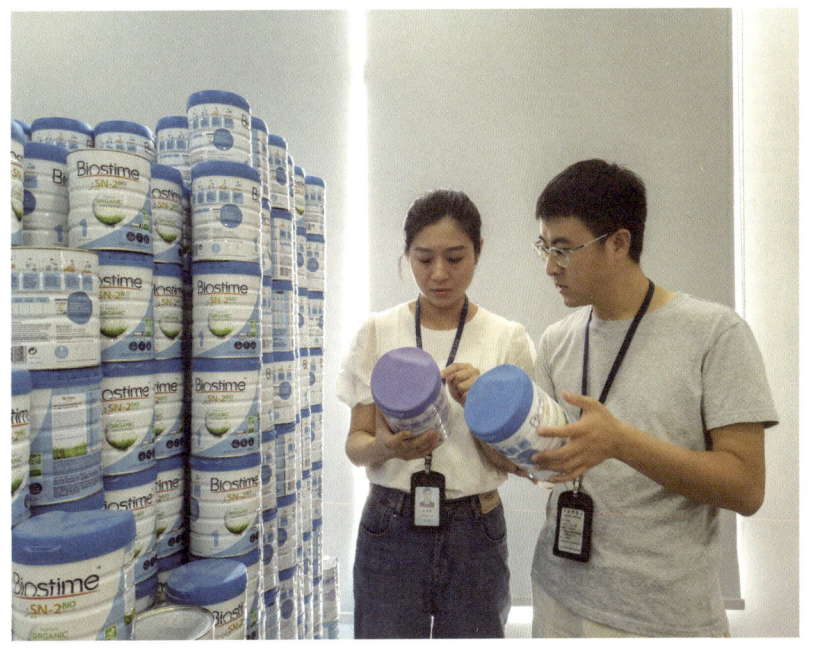

▲2022年8月23日,南昌海关缉私局侦破一起跨境电商走私案

探索建模打击，利用前沿科技，建立数据模型，实现了"类案打击"战法在实战中的高效应用。自侦刑事立案21起，占比62%，成功侦办了何某祖走私淫秽物品案、成都某公司走私保健品等具有影响力的大要案。注重深挖扩线，运用各类侦查方法推进案件侦办，向33个直属海关移交走私淫秽物品案件线索，刑事成案7起，行政成案8起；发起打击快件、跨境电商集群战役，向12个直属海关移交线索。

【缉私法制建设】2022年，南昌海关深化刑事法制"两统一"，密切与检、法、公安等单位的沟通，大力协调公安监所管理工作。邀请检察机关开展提前介入12次，全年刑事案件批捕率85.7%，法院作出判决案件20件，追缴违法所得220.4万元。修订《案件审理委员会工作规则》，扎实开展行政执法，推进涉检行政案件职能调整，开展行政执法业务培训，强化案件检查评估。全年行政立案84起，案值13.1亿元。

【综合治理】2022年，南昌海关压紧压实地方政府打私主体责任，综合治理取得新进展。6月16日，组织召开江西省打击走私综合治理工作电视电话会议。与江西省人民检察院南昌铁路运输分院联合成立侦查监督与协作配合办公室，签订《江西省人民检察院南昌铁路运输分院南昌海关缉私局监督与协作配合办公室工作办法》，深化打私合作；与江西省"扫黄打非"工作办公室深化流通领域整治，联合打击国内非法销售行为，移交涉嫌非法销售淫秽书籍线索多条；与税务部门联合查发走私黄金案件线索。牢固树立"宣传也是打私"理念，开展以案释法、普法宣传，在《经济日报》等主流媒体刊播相关稿件3篇，被"中国反走私"微信公众号采用稿件7篇；侦办的跨境电商走私洋酒案被省级新闻媒体专题报道，网络新闻媒体同步报道；开展反走私"五进"宣传活动，进校园、进社区、进市场、进村屯、进企业开展宣传活动60余次，为数百家企业开展"送法上门"，发放宣传手册百余份，宣传覆盖数千人。

撰稿人

赖淑华

第六篇

综合保障

政务管理

【概况】2022年，南昌海关规范公文办理，优化值班应急管理，加强会议管理、档案管理，提升信息宣传、机要保密、政务公开、信访接待、12360海关热线接听、网站管理等工作水平，做好建议提案办理，加强政务管理各项工作。

【新冠疫情内部防控】2022年，南昌海关组建疫情内部防控工作专班，实行处级领导带班、科长值班、专班人员24小时在岗机制，涉疫风险信息多渠道监测预警。坚持"日报告、零报告"，做好疫情内部防控台账管理，收集管控信息600余条，强化出差出行管理。针对二十条、新十条等细化防疫措施，制发相关文件、应对预案及工作指引26份，更新疫情防控工作手册5版，开展紧急排查114次。推进新冠病毒疫苗接种和加强免疫接种。

【应急值守】2022年，南昌海关落实值班工作要求，及时准确编报值班信息，确保信息渠道畅通，做到重要情况立即上报、迅速跟进。加大对隶属海关值班带班在岗情况的检查力度，对夜间值班工作采取电话检查，对日间值班加大抽查频次，重点抽查检查各值班员掌握国务院值班电话、海关总署值班室电话、突发事件处置和报告流程等值班应急应知应会内容，建立值班抽查检查台账，年内未出现脱岗顶岗、值班电话接听不及时等违规情事。12360海关热线服务维持高水平，全年办理工单99件，向12345热线提供知识库6次，12360热线接通率98.54%，2位同志获海关总署办公厅通报表扬。

【会议管理】2022年，南昌海关持续压缩会议数量和规模，提高会议质量。会前做好会场布置安排，对会议材料严格把关，推动年度重点工作、上次会议交办事项等落实情况反馈"零遗漏"。会中做好会议记录，提醒人员控制发言时间，保障会议召开"高效率"。会后及时制发会议纪要，下发督查单，明确责任部门、办理要求和办理时限，定期开展"评估+问效"，确保议定事项高质高效完成。召开计划内会议1次，服务保障关区重点会议63次，圆满完成2次海关总署领导调研保障。

【信息工作】2022年，南昌海关政务信息分别被海关总署相关刊物采用18篇，其中1篇信息作为优秀信息点评交流。向江西省委省政府报送《南昌海关关于深度融入"一带一路"支持"一线双区联动"项目建设的建议》等工作专报27篇次。在国际合作等方面，做好荷兰、希腊、丹麦、捷克、冰岛、埃及6国新冠疫情信息收集整理及埃及国别调研等工作，收集信息2万余条，获得海关总署国际合作司通报表扬。

【公文处理】2022年，南昌海关执行发文必要性审核机制和发文配额制度，清理发文管理系统公文。清理公文244件；制发文件100件，同比减少28.5%；制发非正式文件511件，同比减少13.9%。印发《隶属海关周期性报送数据表格材料正面清单》，对要求各隶属海关周期性报送的数据表格材料进行统筹清理和精减合并，进一步降低报送频率，优化报送方式。

【督查督办】2022年，南昌海关把落实习近平总书记重要指示批示精神作为首要政治任务，落实"第一议题"制度，每月召开形势分析及工作督查例会，对各隶属海关落实例会及"第一议题"制度开展全面检查，提升例会的实效性和针对性，推动贯彻落实习近平总书记重要讲话和重要指示批示精神走深走实。制发《南昌海关督促检查工作管理细则》等制度文件，推动督查条线工作科学化、规范化、精准化。强化督促检查，实行台账管理，确保政令畅通、见行见效。

【保密管理】2022年，南昌海关坚持强化涉密人员管理，准确界定涉密人员和涉密岗位的等级，执行涉密人员先审查后上岗、先培训后上岗，签订保密承诺书，明确保密责任，提高保密意识，自觉遵守各项保密工作制度。坚持常态化机要值班机制，对涉密文件的运转、存档、销毁实行全程监管，确保24小时文电收发、流转。机要保密严格有序，召开关保密委会议，开展保密自查自评，未发现失泄密情事。

【档案管理】2022年，南昌海关档案功能不断增强，上报《探访红色关税员——刘永坤老人》《采访老关长——魏斌》两份口述史资料，完成档案室全门类数字化扫描，包括档案扫描5087件（卷）、整理实物168件、光盘144张、书刊114本等。

【政务公开】2022年，南昌海关明确政务公开工作职责，规范信息公开审查规程。网站和新媒体建设把牢高站位，积极参与海关总署第一批网站适老化改造，严格落实信息发布审批机制，在微信公众号刊发百余篇政策解读稿

▲2022年10月27日，南昌海关组织到江西省宜春市靖安县开展平安建设挂点帮扶

件，打造政务服务"线上"品牌。

【信访工作】2022年，南昌海关按海关总署和地方转办事项办理时限办理，修通门户网站、关长信箱等多渠道接受信访事项。制订实施平安帮扶、平安志愿者等活动计划，落实每周关长接待日制度，推广12360海关热线、政务"好差评"系统，多渠道畅通信访接待渠道。连续9年获评"江西省平安建设工作先进单位"，政务服务好评率100%。

【新闻宣传】2022年，南昌海关新闻宣传稿件在《人民日报》、中央电视台、《经济日报》等中央重点媒体刊发24篇次，同比增长1倍，其中，《人民日报》图文报道南昌海关工作，中央电视台《新闻联播》4次采用南昌海关画面，《中国国门时报》专栏首发南昌海关关长党英杰走进封管区经历体会，《中国海关》杂志刊发南昌海关关长党英杰专访稿件。开展"大宣传"，南昌海关党委委员带头赴基层一线、企业一线开展宣传宣讲19次，在《中国国门时报》、《江西日报》、江西卫视等省部级以上媒体刊（播）发稿件90篇，摄制《领航》MV于党的二十大召开当日在"海关发布"微信公众号上发表。

撰稿人

万 雷

【建议提案办理】2022年，南昌海关按照"统一受理、归类办理、限时反馈、跟踪回访"原则，明确主协办部门、办理期限，指定专人跟踪催办，做好人大代表建议和政协委员提案分办、协调、汇总和报送等工作。对接江西省委省政府办公厅，完成江西省领导批示督办台账反馈工作，全年反馈省领导批示落实情况18次。办理人大建议、政协提案7件，办复率、满意率均为100%。1名同志获评2022年度江西省政协"先进提案工作者"称号。

财务管理

【概况】2022年，南昌海关以习近平新时代中国特色社会主义思想为指导，把加强党的全面领导贯穿财务工作全过程、各领域，全面贯彻中央经济工作会议精神，牢固树立"以政领财、以财辅政"的意识，持之以恒贯彻落实党政机关"过紧日子"要求，找准工作定位，紧盯助力重大产业、重点民生、基础设施、生态环保等经济社会发展大计，全力保障口岸疫情防控、落实重大改革任务、维护国门安全、优化口岸营商环境、打击走私违规、助力乡村振兴等重点工作任务。

【预算管理】2022年，南昌海关坚持零基预算理念，推动预算收支平衡，实施财力资源跨业务条线、跨预算级次、跨部门（单位）统筹调配。组织上线运行中央预算管理一体化系统，在预算理念、机制制度和管理措施等方面进行对接，推进预算规划、预算信息公开等一系列重大改革举措落地实施。深化预算绩效管理，建立健全绩效指标库，修订《南昌海关项目支出核心绩效指标体系（2022年版）》，落实海关总署预算绩效审核要求，科学设定绩效目标，对关区申报行政运行定项三年支出规划自评审减10个项目。落实主体责任，克服疫情影响，紧盯预算执行考核指标，完善机制，突出重点，采取每周通报、重点约谈和集中工作等方式不断加强执行力度。

【决算管理】2022年，南昌海关全面梳理汇总关区财务状况，组织完成关区部门决算、企业决算、国有资产年度决算和住房改革支出决算的审

▲2022年6月16日，南昌海关开展2022年节能宣传周"绿宝碳汇"积分兑换对口支援地区农副产品活动

核上报工作，做好年度政府财务报告及内部控制报告的编报审核，排查风险隐患，确保整改实效。

【企事业财务管理】2022年，南昌海关持续推进国企三年改革，锁定重点，靶向发力，压缩管理层级，逐步完善所属企业治理结构，与海关行政权力相关业务脱钩。严格落实《海关事业单位集中转让脱钩企业产权工作方案》要求，组织开展所属事业单位所持中检集团二级地方公司产权转让，推动履行产权转让内部决策程序，完成审计和资产评估等系列工作。有序推进所属培训疗养机构改革，组织开展清产核资、产权界定和资产评估，与接收单位光大集团商洽交接事宜。

【税费管理】2022年，南昌海关执行相关税费财务管理制度，及时清理各项保证金往来款项，无超期保证金情况发生。严格防范处置违规涉企收费风险。贯彻落实党中央、国务院重大决策部署，落实助企纾困降成本措施，常态化开展涉企收费管理监督指导，切实落实收费动态管理要求。及时发现、处置苗头性问题和风险隐患，守住不发生违规或不合理收费的底线红线，进一步完善与业务部门的沟通协调机制，推动降低进出口环节制度性成本。

【基建管理】2022年，南昌海关关区有基建项目2项，重点修缮项目8项。组织完成对南昌昌北机场海关业务技术楼维修改造基建项目竣工财务决算的审批程序，委托完成南昌海关业务综合楼及附属设施维修改造基建项目的财务决算工作。

【资产、装备管理】2022年，南昌海关落实中央八项规定精神及党政机关厉行节约反对浪费条例要求，大力倡导修旧利废、循环利用，深挖闲置房产、存量资产潜力，制订节约水电、规范公车运维等7项节支措施，组织开展"节能宣传周""低碳日""绿宝碳汇"等节能活动，推进关区14个隶属海关完成节约型机关创建工作，推动关本级荣获节水型单位，连续获评节能减排优秀单位。规范资产出租出借以及办公用房和公有住房使用管理，落实闲置房地产处置利用三年规划，推进闲置房地产整合优化利用工作。切实加强资产使用、处置环节的风险防控，开展资产核算管理。严格落实公务用车管理制度要求。

【政府采购和涉案财物管理】2022年，南昌海关开展海关系统政府采购意向公开，按要求进行招投标公示、公告。落实习近平总书记"四个最严"的重要要求，牢牢把控涉案食品饮品处置风险。配合做好严禁"洋垃圾"入境，妥善保管扣押的固体废物。积极沟通地方单位，顺利开展涉案象牙等濒危物种及其制品移交。严格落实安全生产职责，持续开展私货仓库安全隐患排查。处置退运固体废物375吨。

撰稿人

宗　华

科技发展

【概况】2022年，南昌海关按照关党委"忠诚作示范、创新促发展、实干防风险、严管勇争先"的工作思路，被海关总署列为"鉴证溯源"技术试点应用单位，并首次将该技术应用于上海进博会艺术品监管，相关调研报告获海关总署署领导批示3次；圆满完成党的二十大等敏感时期及攻防演习期间网络安全保障工作；建设"洪关一点通"，用户点击量超1.1万次；在全国海关科普决赛中，南昌海关队集体排名第10，选手代表个人排名第13，获江西省科普讲解大赛优秀组织奖、优秀奖；实验室安全管理工作经验做法被海关总署通报推广。

【信息化建设】2022年，南昌海关开展"区块链+鉴证溯源"试点及技术推广，在服务上海进博会后到长沙海关开展更多应用场景验证。开发"洪关一点通"科技项目，顺利实现线上办向掌上办拓展；推进南昌昌北机场海关旅检现场健康申报核验类智能化设备联网使用、赣州综合保税区置换项目信息化建设；在九江综合保税区应用特殊监管区域辅助管理系统大宗散货模块；作为全国首批试点海关，做好HB2020系统部署推广的各项准备工作；完成H4A管理系统授权统计子系统上线及功能变更部署；统筹推进智能审图信息化平台、集中审像分析应用、互联网邮件系统、域控、HB2012消息模块、紫光桌面云等升级工作；盘点署关两级信息化资产，收敛互联网暴露面，梳理网络安全工作14个方面、42项；完成南昌海关机房UPS设备、气体消防设备等更新；发放隶属单

▲2022年7月15日，南昌海关开展科技跟班作业活动

位云桌面账号；开展网络安全应急演练2次，圆满完成北京冬奥会、冬残奥会和党的二十大等重要节点敏感时期网络安保工作。开展在线运行应用系统授权账号集中清理，完成2个关级项目的业务数据安全分类分级。

【实验室管理】2022年，南昌海关落实实验室三级安全责任体系，修订完善新冠检测、进口样品新冠防护等作业指导书；组织开展生物安全、危化品实验室安全培训，轮训工作人员180多人次；开展实验室应急演练4次，以满分成绩3次通过新冠检测室间质评；落实实验室每日巡查制度，组织专班坚持开展三级监督；通过海关总署专家组对实验室的3次检查。

【科研管理】2022年，南昌海关调整科技委和专业委人员，完善科技创新发展机制，印发《南昌海关科研项目管理办法（试行）》，推荐申报科研项目立项和地方奖励，争取经费支持关级科研项目研究，应用科研项目管理子系统；参与"十四五"海关科技发展规划任务实施评估等专项工作。

撰稿人

全德昌

督察内审

【概况】2022年,南昌海关坚持以习近平新时代中国特色社会主义思想为指导,深入学习贯彻落实党的二十大精神,在全力推动上级决策部署上狠抓落实,在强化督审监督上下足功夫,在创新内控机制建设上力求突破,在深化执法评估作用上持续发力,在防范化解重大、系统性风险上开拓创新,督察内审各项工作取得了新成效。

【督察监督】2022年,南昌海关聚焦党中央重大决策部署落实情况,确定年度督察重点工作任务清单,完成"口岸检查作业""支持外贸促稳提质"等署级专项督察项目2个,完成"进出口食品安全'四个最严'要求落实情况"等关级督察项目4个,以问题为导向,开展"口岸危险品综合治理"百日专项行动落实情况实地督察等,推动上级决策部署落到实处、见到实效。

【审计监督】2022年,南昌海关成立南昌海关配合国家审计工作领导小组,印发督察审计自查工作方案、全面做好配合2022年国家审计工作的通知,有力有序推进配合国家审计相关工作。印发南昌海关配合海关总署经济责任审计工作实施方案,全力配合海关总署审计组圆满完成领导干部经济责任现场审计工作,推动审计整改提质增效,做好海关总署经济责任审计整改"后半篇文章",相关经验做法在海关总署相关刊物刊登。深化研究型审计,完成"大金额差错报关单"等6个署级专项审计(调研)项目。落实《南昌海关2022年审计工作计划》,对所属赣江新区海关、鹰潭海关、龙南海关开展领导干部经济责任审计。完成关区修缮工程结算审计中介机构甄选工作,承接并完成修缮工程结算审计项目。建立"1+N"督审监督模式,对隶属海关开展督察审计项目的同时,统筹开展督察审计自查等发现问题整改"回头看",组成联合检查组开展实地检查,确保问题改到底、纠到位,防止问题屡查屡犯。

【内控建设】2022年,南昌海关深化内控机制建设,有效防范化解海关重大、系统性风险。印发2022年风险防控工作方案,推动风险防控工作常态化长效化,相关经验做法在海关总署相关刊物刊登。聚焦"内控示范科室"创设,重点培育科室8个,择优确定创设科室3个,向海关总署推荐典型经验做法2个,其中九江海关综合保障科获评署级"内控示范科室"。健全内控风险会议提示机制、内控风险案例提示机制、内控风险实时提示机制和内控风险日常提示组织保障机制等4项内控风险日常提示机制。建立内控季度例会机制和内控工作季度通报机制。强化内控宣传，在洪关主页开设"内控工作专栏"，搭建工作主阵地，被海关总署采编宣传信息30篇，"金钥匙杂志"微信公众号刊登宣传稿件2篇。加强HLS2017内控平台监控应用，将HLS2017系统监控运用到关区巡察、纪检监察等工作中，根据系统监控结果制发核查联系单389个，补件1011件，取得专项成果405项。

【执法评估】2022年，南昌海关按照"数据+指标+分析+调研"评估模式，参与撰写的署级课题《〈区域全面经济伙伴关系协定〉（RCEP）及海关推动RCEP相关措施落地成效专题评估》获4位海关总署领导批示。统筹开展《南昌海关锂电产业监管情况专题评估》等3个关级课题执法评估，召开执法评估专题会议5次、组织调研9次，搭建云擎模型4个，形成执法评估报告3篇，5项执法评估分析结论被转化为有效监管措施。

撰稿人

邓婉羚

离退休干部管理

【概况】2022年,南昌海关以习近平新时代中国特色社会主义思想为指导,学习贯彻党的二十大精神,以让"关党委放心、老干部满意"作为工作出发点和落脚点,以落实海关总署各项考评指标为抓手,做好离退休干部服务保障,离退休干部队伍思想稳定,各项工作取得了较好成效,离退休干部统计工作被江西省委离退休干部局评为"全优报表单位",受到通报表扬。

【离退休干部党建工作】2022年,南昌海关把学习宣传贯彻党的二十大精神作为最重要的政治任务,列为离退休干部党组织第一议题。组织离退休干部通过电视、网络等形式收听收看党的二十大开幕会盛况,撰写学习心得体会。先后5次通过"三会一课"、"智慧银海"、微信群等方式,开展线上线下集中学习,坚定理想信念,筑牢思想根基。

贯彻落实《海关总署党委关于加强新时代海关离退休干部党的建设工作的实施意见》,结合关区离退休干部党建工作实际,研究制定《南昌海关党委关于加强新时代离退休干部党的建设具体措施》,从加强离退休干部政治建设、组织建设、监督管理、激励关怀、组织保障等方面提出具体落实措施,进一步加强关区离退休干部党建工作。

推进捍卫"两个确立"、做到"两个维护"、强化政治机关建设专项教育活动。利用"三会一课"等形式,用好"学习强国""钉钉""智慧党建"等平台,组织离退

▲2022年2月20日,南昌海关组织走访慰问离退休老干部

休干部学习研讨。

参与关区"七一""两优一先"评选，3名退休同志获评关区"优秀党务工作者"，4名退休同志获评关区"优秀党员"。向50周年党龄的离退休同志发放"光荣在党50年"纪念章。

【离退休干部管理工作】2022年，南昌海关做好社保待遇改办落实工作。对涉及的40名离退休干部逐一告知新待遇标准和落实情况，对有疑惑的老同志做好耐心细致的解释工作。做好"海关重点项目和财物管理以权谋私"专项整治工作。协助配合监察室，对曾经在重点项目和重点岗位工作的退休人员进行筛选，对相关退休人员进行了家访谈话和电话谈话。

【离退休干部服务保障】2022年，南昌海关做好离退休干部慰问工作，坚持"四必访"制度。做好离休人员津贴增发和补发工作。对2021年离退休干部增发一次性津贴执行情况进行检查，执行中央2022年新下发的关于增发离休人员补贴的相关文件。

开展丰富多彩的文体活动。组织开展喜迎党的二十大书画摄影作品征集活动，开展"三八"妇女节踏青、重阳节健步走活动，不断丰富离退休干部文化生活。

关注离退休干部身体健康。组织在南昌离退休干部进行体检，对年迈、失能的离退休干部，请医务人员免费上门测量血糖血压。及时向离退休干部发放体检报告，提出保健建议。

【离退休干部疫情防控】2022年，南昌海关传达落实海关总署党委的部署，落实南昌海关党委疫情防控的要求，积极做好疫情防控工作，密切掌握离退休干部出行动态，提醒离退休干部不要前往疫情中高风险地区，做好个人防护；提醒离退休干部做到喝酒不开车、开车不喝酒，杜绝酒驾醉驾现象发生。抓好离退休干部疫苗接种工作落实。加强和驻地社区联络，要求身体条件符合的离退休干部前往所在社区注射疫苗，达到应接尽接要求。

撰稿人

张思静

第七篇

隶属海关单位

昌北机场海关

【概况】中华人民共和国南昌昌北机场海关（简称昌北机场海关）是南昌海关直接领导的口岸型正处级隶属海关。主要负责本单位党的基层组织建设和干部队伍建设；办理南昌昌北国际机场的进出境货物、物品的监管、出入境人员卫生检疫、口岸卫生监督和进出境航空运输工具监管等具体海关业务，反馈执法作业结果；负责辖区打击走私和反走私综合治理工作，对调查终结的行政处罚案件的调查结果进行审查，依法作出决定；完成南昌海关交办的其他工作。内设10个科室，分别是：办公室、综合业务与法制科、口岸卫生监督科、物流监控科、监管一科、监管二科、监管三科、旅检一科、旅检二科、旅检三科。

2022年，昌北机场海关坚持以习近平新时代中国特色社会主义思想为指导，深入学习宣传贯彻党的二十大精神，落实海关总署党委工作部署，按照南昌海关党委工作思路，高效统筹口岸疫情防控和促进外贸稳增长，强化监管优化服务，各项工作取得新进展、新成效。先后获评"一星级全国青年文明号""省直机关先进团青组织"；2名关员分别获得"江西省三八红旗手""省直机关优秀团青干部"省部级荣誉，20余人次获个人嘉奖。

【党的建设】2022年，昌北机场海关坚持党委会"第一议题"制度，完善抓落实闭环工作机制，确保不折不扣落实。聚焦"疫情要防住"，坚持"外防输入、内防反弹"总策略和"动态清零"总方针，将上海分流入境客运航班的检疫监管作为重要政治任务，圆满完成四批次分流航班检疫监管工作，获海关总署通报表扬和江西省委省政府肯定。聚焦"经济要稳住"，推动促进外贸保稳提质33项举措落地见效，精准发力释放海关政策红利。聚焦"发展要安全"，完善安全生产工作领导小组机制，坚持"吹哨人"预警机制，开展应急演练14次，运用视频监控、日常巡查、专项检查等手段，全面排查风险隐患。

以上率下学，学习宣传贯彻党的二十大精神。第一时间组织集中收听收看党的二十大开幕会，采取党委会、党委理论学习中心组会议等形式传达学习党的二十大精神11次。宣讲辅导学，关党委委员先后到所在党支部和分管科室宣讲10次，创新"点将台"宣讲新模式，引导党员干部人人上讲台、个个当教员。组织培训学，举办科级领导干部读书班，分专题深入学习研讨，运用钉钉平台组织全员学习专题课程。以主题党日活动、青年理论学习小组为载体，活动浸润学，开展"学报告、谈感悟、促担当"思想理论学用讲坛7次，组织干部职工参与打卡"党的二十大精神学习自测"924人次。结合防疫"封闭管理"，建立"党日'云活动'+居家'云课堂'"学习机制，确保封闭不停训、学习不停歇。"五学"联动经验做法获海关总署刊用、关区推广。

开展"学查改"专项工作和政治机关建设专项教育活动。围绕学习习近平经济思想、习近平总书记在省部级主要领导干部专题研讨班上的重要讲话精神、《习近平谈治国理政》（第四卷）等专题，举办6次党委理论学习中心组专题学习研讨。聚焦"从政治层面检视业务工作"，组织全体党员干部深入思考本职岗位与"国之大者"的联系，梳理自身岗位中蕴含的政治要求25项，把讲政治的要求落实到每个岗位、每项业务工作。坚持"一张清单抓到底"，建立各科室自查排查、办公室综合研判、领导小组统筹协调的运行机制，深入查摆问题，制定整改措施31条，做到全员覆盖、全域查摆、全面整改。

实施基层党建"双提升"和政治能力提升行动、基层党建提能行动、准军建设提神行动、清廉海关提质行动，打造政治机关、模范机关"四提两打造"行动，深化"四强"党支部建设和党建品牌创建，战斗堡垒更加坚强有力。署级示范品牌1个，关级示范品牌1个、培育品牌1个，"四强"党支部3个。运用"智慧党建""赣鄱党建云"平台，建立"书记自查—支部互查—总支复查"日常检查机制，持续推进基层党建标准化规范化信息化建设。聚焦防止"两张皮""一般化"等问题，推进党建业务深度融合，大力推广"书记项目"，探索形成符合旅检、邮快件等特殊监管作业模式的特色支部工作法。围绕中心、服务大局，以抗击疫情实际行动打造模范机关，相关经验做法在江西党建网刊发。

开展"海关重点项目和财物管理以权谋私"专项整治，政治生态更加风清气正。制定落实全面从严治党年度重点任务分工51项，推动党委委员履行"一岗双责"。完善非执法领域风险防范，查找问题及廉政风险。落实巡视巡察整改集中清查要求，对照《巡视整改任务一览表》和常规巡察、专项巡察发现的问题，逐条逐项开展自查评估，上海特派办在现场督导检查时予以肯定。常态化开展警示教育，制发家庭助廉倡议书，聚焦"元旦""春节""端午"等重要时间节点，向全体关员发送廉政提醒，杜绝酒驾醉驾。加强廉洁文化建设，《基层书记谈责任》访谈视频和廉政微电影《底线》获海关总署采用。

【综合监管】2022年，昌北机场海关开展运输工具及行李物品监管，监管进出境航班216架次，出入境人员6681人次，按照相关法律法规要求对旅客携带行李物品进行监管，包括查发处置禁限类物品，对不予免税或超出个人自用合理数量的物品进行征税，防范外来有害生物和放射性污染物输入，打击濒危野生动植物走私，严防有害出版物等制品非法渗透入境，履行口岸反恐缉毒等职责。

开展进出口货物监管查验及转关监管，全年监管普货7410万吨。监管货物商品出口主要为日用品、服装、防疫物资等，进口主要为高科技产品零件、汽车零件、奶粉、化妆品等。完成新冠病毒检测试剂、口罩等防疫物资监管保障工作，查获31票。监管完成进口转关554把关锁、446辆车。

开展进出口邮件监管。打击"洋垃圾"和象牙等濒危动植物及其制品走私，严厉打击重点涉税商品、农产品、毒品等走私。在进口邮件中查获违法违规书籍及物品210票、卫生检疫特殊物品22票、濒危野生动植物制品259票、违规药物25票、外来物种6票10种类、动植物及其产品56票。

【检验检疫】2022年，昌北机场海关开展外来有害生物监测和调查。实蝇监测布点30个，维护14次，捕获实蝇1164头；红火蚁监测32次；杂草监测4次，送检标本21株；开展入境口岸2千米范围内外来有害生物的监测普查4次，监测外来入侵物种5种。开展鼠类、蚊类、蜚蠊等病媒生物监测。指导口岸运营单位做好病媒消杀工作，有效控制口岸病媒生物密度，防止病媒生物及其传播传染病经国境口岸传入传出，监测截获成蚊108只。

2022年，优化和调整执行口岸疫情防控各项措施。全年监管进出境航班216架次，出入境人员6681人次。将邮件监测采样与邮件查验、环境采样等工作有机结合，坚持"人、物、环境"同防，在系统内首次检出旅客通关作业现场环境样本阳性。坚持"多病同防"，同步加强对登革热、猴痘、霍乱等其他传染病的检疫排查。严格口岸一线工作人员个人防护，常态化开展个人防护培训考核，做到"岗前检查、工作巡查、全程督查"。严格高风险岗位工作人员封闭管理，保障南昌海关党委"走进口岸封管区"，积极提出合理化建议并被海关总署采纳。压紧压实"四方责任"，严格按属地要求做好疫情内部防控工作。

2022年，开展昌北机场口岸食品生产经营单位、公共场所、饮用水供应单位、储存场地等卫生监督和抽样检测工作381家次，发现处置食品安全问题和卫生隐患67处，下发国境口岸卫生监督意见书和国境口岸限期卫生

▲2022年10月20日，南昌海关所属昌北机场海关关员在邮递渠道查获涉嫌"异宠"邮件

整改通知书9份；开展食品原料快速检测262样次；开展餐具、食品及其原料安全监督抽检174样次，检出不合格样品8样次，合格率为95.4%，较2021年同期提升1.5%；开展出厂水、直饮水管网末梢水抽样送检40样次，合格率100%；开展中央空调通风系统监测2家次，空气质量与微小气候监测30家次，公共器具抽检15样次，合格率均为100%。

【服务开放发展】2022年，昌北机场海关监管进出口总值6.8亿美元，其中进口1.8亿美元，出口5亿美元；报关单9353票，进口2422票，出口6931票；进出口邮件16.6万票，其中进口10.1万票，出口6.5万票；进出口货值49.6亿元。实现税收入库1.1亿元。

推广"提前申报""两步申报"等便利化措施，优化口岸营商环境。全年提供空运单证前置预审核服务，解决前置审核归类等疑难问题30余个。昌北机场口岸进口整体通关时间同比压缩51.71%；出口整体通关时间同比压缩52.63%。

通过联合宣讲、指尖新

▲2022年3月14日，南昌海关所属昌北机场海关关员监管保障2022年首个"客改货"航班

媒体等方式开展多维普法，开展跨境知识产权保护。2022年，对出口知识产权优势企业开展培塑，联合南昌市商务局深入各县区开展政策宣讲5次，涉及企业200余家。开展专项执法，加大对高风险地区货邮的查验和打击力度，查获处置侵权邮件1226件，侵权跨境电商44件，普货侵权118件，立案4起，保护知识产权商标权38个。

强化统计研究分析，参与撰写业务统计分析报告和业务情况交流并被统计分析处采用6篇；报送2篇次促进外贸保稳提质政策建议，被南昌海关统计分析处转化报海关总署；参与海关总署青年课题研究4篇，1篇被海关总署采用；参与编写涉及RCEP、台湾地区、集成电路等12篇统计监测预警分析，其中两篇外贸分析获海关总署刊物采用。

宣贯行政审批便企政策，优化行政许可审批流程。全年办理口岸卫生许可40家。

【财务与后勤保障】2022年，昌北机场海关持续做好财务管理工作，落实中央八项规定及其实施细则精神和"过紧日子"要求，强化公车管理，每季度按要求做好公务用车使用情况公示。开展"海关重点项目和财务管理以权谋私"专项整治工作，进一步提高财物管理水平；加强涉案仓库、固定资产等管理工作，严格做好涉案物资清理销毁和固定资产报废处置事项。按要求对2020年、2021年报废的固定资产进行公示并开展后续处置工作；做好昌北机场海关业务技术楼维修改造项目和南昌海关口岸应对重大疫情卫生检疫基础设施项目的在建工程转固定资产事宜；做好防疫物资保障工作，加强与南昌海关和地方政府沟通，及时掌握防疫物资需求及消耗情况，确保工作一线防疫物资充足。及时上缴企业罚款，确保在规定时间内将款项汇至国库；做好2022年政府采购脱贫地区农副产品工作，在规定时间范围内完成工作；配合民生委员会因地制宜做实各项民生实事，完善机关食堂保障；落实安全管理责任，开展燃气安全排查整治，全面查堵燃气水电、消防、车辆等安全隐患。

【干部队伍建设】2022年，昌北机场海关坚持新时代好干部标准，树立重政治、重品行、重一线、重担当、重实绩的鲜明用人导向，7名党员干部获得提任，15名同志晋升职级。坚持严管厚爱，抓好关心爱护疫情防控一线人员"关键小事"，建立党员"一对一"帮扶机制，精准解决关员实际困难，消除后顾之忧。开展全员培训，全员按时完成年度教育培训学时学分任务。加强准军事化纪律部队建设，开展"内务规范强化月"活动，常态化开展内务督察，严抓队列训练、日常考勤、纪律规范、窗口作风。结合实际开展课题研究，形成课题报告《疫情防控斗争中保持和提升海关队伍战斗力的实践思考》。

撰稿人

文 琪

赣江新区海关

【概况】中华人民共和国赣江新区海关（简称赣江新区海关）是南昌海关垂直领导的口岸型正处级隶属海关。内设科室8个（办公室、综合业务一科、综合业务二科、物流监控一科、物流监控二科、监管一科、监管二科、监管三科），监管点5个（南昌综合保税区、南昌白水湖水运码头、南昌龙头岗水运码头、江西国储物流、南昌向塘铁路）。

2022年，赣江新区海关坚持以习近平新时代中国特色社会主义思想为指导，学习贯彻党的二十大精神，崇尚"求实、扎实、朴实"的海关文化，围绕"忠诚作示范、创新促发展、实干防风险、严管勇争先"的工作思路，一以贯之讲政治、守国门、促发展、强队伍。获评"一星级全国青年文明号""江西省五一劳动奖状"。

【党的建设】2022年，赣江新区海关坚持以习近平新时代中国特色社会主义思想为指导，深入学习贯彻党的二十大精神，不断提升党的建设质量，党总支"英雄"党建品牌顺利通过2022年全国海关党建示范品牌复核认定，2个党支部复核评定为关区"四强"党支部，6名党员分别获评南昌海关优秀共产党员和优秀党务工作者。

2022年，赣江新区海关深化政治机关建设。执行"第一议题"制度，坚持不懈用习近平新时代中国特色社会主义思想凝心铸魂，召开党委理论学习中心组学习42次，做到学思用贯通、知信行合一。深入学习宣传贯彻党的二十大精神，深刻领悟"两个确立"的决定性意义，组织专题理论研讨8次，撰写学习心得体会39篇，切实增强"四个意识"、坚定"四个自信"、做到"两个维护"。扎实推进政治机关建设专项教育活动，结合"学查改"专项工作，深刻把握海关政治属性，根据要求梳理出4方面问题，制定整改措施，不断提升党员干部政治判断力、政治领悟力、政治执行力。

落实"三会一课"、主题党日活动、组织生活会等党内基本生活制度，顺利完成党总支委员会及下设2个党支部的换届选举工作，党总支委员会委员由5人扩充至7人，2名预备党员按期转正，2名入党积极分子被列为党员发展对象。做好"省直机关基层党建信息化平台"以及新版"智慧党建"系统的上线应用工作，及时更新党组织和党员信息，发挥大数据技术对党务工作的促进作用，实现党员基本信息、党组织设置和组织生活开展情况线上记录、线上查询、线上统计、线上监督。

2022年，赣江新区海关推进全面从严治党。落实中央八项规定精神，持续深化纠治"四风"，将党章党规党纪学习作为支部"三会一课"重要内容，不断强化关员遵规守纪意识，筑牢拒腐防变的思想防线。高质量高标准开展"海关重点项目和财务管理以权谋私"专项整治工作，梳理重点岗位、重点企业、重点项目，查找风险隐患，制定整改措施6条。组织党员干部前往安义县廉文化示范点石鼻镇雷家村、南昌廉文化广场等地开展主题党日活动，进行家风教育和廉政教育，让廉洁思想、廉洁作风、廉洁文化落地生根，营造浓厚的廉洁文化氛围，1名同志书画作品获海关总署"清风国门"廉洁文化创意作品征集活动三等奖。

【综合监管】2022年，赣江新区海关实征税款34.9亿元；结关报关单5.3万份，其中进口报关单2.7万份，出口报关单2.6万份；监管货值523.1亿元，其中进口330.2亿元，出口192.9亿元；监管货运量65.6万吨，其中，进口32.2万吨，出口33.3万吨；监管集装箱4.9万箱次；签发原产地证书8117份；监管中欧班列38列，3472箱次，货值6.3亿元。

赣江新区海关开展"口岸危险品综合治理"百日专项行动，强化口岸危险品风险信息收集与研判，强化与职能部门、技术检验部门的沟通交流，及时调整查验指令，加大取样送检力度，防范进出口危险品伪瞒报风险。并与南昌市港航管理处、龙头岗码头开展口岸危险货物突发事件应急处置联合演练，提升口岸危险品应急处置能力。2022年，查获发热剂、二氟甲烷、铅酸蓄电池等伪瞒报危险品23.5吨。立案查处2起，处罚款4.9万元。

赣江新区海关坚持"外防输入、内防反弹"总策略和"动态清零"总方针，严守疫情防控工作纪律，落实各项防护措施，做好口岸疫情防控工作。全年8人次支援昌北机场海关国际客运航班检疫和监管工作。参加口岸新冠疫情防控工作人员个人防护工作手册、口岸猴痘疫情防控技术要求、鼠类的分子鉴定等视频培训，提升一线关员理论知识水平。开展进口非冷链货物新冠病毒检测采样实战模拟演练5次，进一步提升一线关员作业水平和应急处置能力。

赣江新区海关加强政策和法律宣贯指导，密切关注知识产权类风险防控信息，加大重点领域、重点商品的侵权打击力度。全年开展企业知识产权保护解读12次，对进出口企业进行风险提示15次，对有海外维权和争取海外优惠政策需求的企业提供帮助2次。指导李渡烟花集团等自主品牌企业加强权利人备案，查获侵权货物12170件，货值150万元。

赣江新区海关落实风险管理各项要求，密切关注国内外政策贸易措施变化，根据申报规格、品名提炼高风险产品及企业，加大进出口申报数据分析研判。全年综合利用HLS2017、HF2020风险信息及风险预警等平台，从行业、企业、商品等角度，强化风险排查和业务运行监控分析，查获关区首起涉检刑事案件。

2022年，赣江新区海关对辖区17家进境粮食加工企业、5家进境粮食储备库及进境粮食装卸码头开展外来杂草监测，监测杂草242种7910种次；对实蝇、红火蚁进行监测。

【检验检疫】2022年，赣江新区海关完成进出口货物人工审单及目的地查验4166票，其中人工审单放行2491票；拟制签发证书2079份。检出进出口不合格166票，其中进口不合格14票，不合格率7.6%；出口不合格152票，不合格率10.2%。移交、查处案件4起。

2022年，赣江新区海关对辖区6家出境货物木质包装企业实施出境货物木质包装除害处理监管60批次，1.54万个木托（箱）；监管进口粮食88批，实际到货共51.7万吨；开展出口烟花监装74批次。

2022年，赣江新区海关办理企业注册登记及备案13家，其中出口危险货物包装容器生产企业代码申请3家，出口烟花爆竹生产企业登记1家，进境粮食加工存放企业备案5家，出境货物木质包装除害处理标识加施企业注册登记1家，出口食品企业备案1家。办理进境动植物检疫审批7票。

2022年，赣江新区海关完成进出口食品化妆品抽样6批次，其中发现不合格2批次；完成出口动物源性食品抽检监测以及输非茶叶专项监测工作，未发现不合格；对李渡出口烟花实施周期性抽检工作，抽取11个品种58个样品实施产品及烟火药剂安全性能、运输危险性定级等检测，未发现异常；对辖区8家出口危包生产企业实施周期抽检37批次，发现木质包装性能不合格1批，按规定出具不合格通知单并提高周期监管频次。

【服务开放发展】2022年，赣江新区海关参与优化营商环境"一号改革工程"，大力开展"'关'助发展"系列活动，落实"问题清零"机制，邀请30余家企业参加"江西营商环境日"关企座谈会，引导企业应用"两步申报""提前申报"模式报关。推广进口货物"船边直提"和出口货物"抵港直装"模式，减少口岸吊箱次数，压缩货物在港时间，提升港口集疏效率，实现工厂到船边"两点一线"不落地，货物物流时间大幅压缩。对货物通关全流程开展监控，及时处置超长时间报关单，严格控制口岸通关各环节作业时间，实现通关"零延时""零等待"，为企业提供合理稳定的

▲2022年5月26日，南昌海关所属赣江新区海关对江西省首次出口土库曼斯坦的烟花产品开展监管

通关预期。全年出口整体通关时间同比压缩24.2%。

2022年，赣江新区海关深入研究《2022年关税调整方案》，梳理商品编码，主动联系相关企业，指导帮助商品归类，减免关税超5000万元。推广"数据共享+智能审核+自助打印+快递送达"模式，RCEP原产地证书自助打印率达95%。开展"RCEP进企业"项目，开展RCEP政策宣讲22次，参加人次210人。2022年，为23家企业签发RCEP原产地证书401份，签证金额近2.5亿元，企业享受进口国（地区）关税减免约1200万元。

赣江新区海关加强培育保税检测维修、保税研发等"保税+"产业，服务南昌综合保税区高质量发展。2022年，南昌综合保税区加工制造中心、物流分拨中心、检测维修中心、研发设计中心、销售服务中心"五大中心"功能全部建成，进出口总值225亿元，同比增长7.6%，居江西省4个综合保税区第一位，在全国综合保税区发展绩效评估排名中由2020年第40位上升至第31位，连续两年挺进中西部A类区行列。

▲2022年11月5日，南昌关区首列采用"铁路快通"模式报关的中欧班列在向塘铁路监管作业场所发运成功

支持区内加工制造企业开展委内加工业务，释放剩余产能，根据规定落实外发加工、分送集报等加工贸易风险保证金缴纳要求，免征保证金。

在海关监管服务方面，建立"关政企"联系机制，从跨境电商监管场所建设、信息化服务平台搭建、企业申报流程等方面提供全方位政策服务，吸引京东国际、菜鸟、唯品会、拼多多等市场主流电商平台入驻，跨境电商1210、9710、9810业务陆续落地，实现全业务覆盖、全模式运行、全链条打通。2022年，验放电商清单占关区总量的80%。

2022年，赣江新区海关支持南昌向塘铁路监管作业场所建成运营，成立工作专班，跟进项目建设，开展"一对一"精准帮扶，提出科学合理的场所规划设置建议，指导企业按照标准开展建设。6月28日，南昌国际陆港铁路口岸二期（海关监管作业场所）开通运行。

2022年，赣江新区海关与铁路、省市商务（口岸）等部门通力协作，共同梳理细化新模式的各项监管节点，指导企业提前做好铁路舱单和出口货物申报工作，全过程实现精准对接，确保关区首列"铁路快通"模式中欧班列于11月5日顺利开行并安全稳定运行。

【财务与后勤保障】2022年，赣江新区海关强化预算管理，提高预算编制质量，硬化预算执行刚性约束与监督，严控预算调整事项。按照要求做好部门预算公开，增强预算透明度，依法接受社会监督，把预算管理作为落实中央"过紧日子"要求的重要抓手，严控"三公"经费、办公费等一般性支出。在国有资产管理方面，严格管理办公设备、公务用车、摄影摄像器材、办公用房、交流干部用房等配置情况，杜绝超标准、超范围、超编制配置等行为；加强固定资产使用保管监督，定期维护维修、建档建账、清查清点等规范管理情况，杜绝未按规定履行职责造成国有资产损毁或流失、侵占国有资产等行为；加强固定资产处置监督，强化处置程序的规范性；加强固定资产核算管理，严防账目混乱、信息失真、账实不符等情况。在后勤保障工作方面，做好新冠疫情防控物资保障，严格防疫仓库管理，做到"先进先出"。严格落实各项防疫措施，与南昌综合保税区管委会强化联防联控，共同做好进入办公楼测温、办公场所和食堂通风消毒以及错时分批用餐等工作，形成防控合力。

撰稿人

邓　辉

【干部队伍建设】2022年，赣江新区海关强化准军事化纪律部队建设，加强业务能力建设，按照"本职领域精通、相关领域熟悉、全领域了解"要求，全面开展业务能力和执法能力学习培训，提升一线关员专业化水平。在选人用人方面，推荐1名正处级领导干部、1名正科级领导干部，选任1名副科级领导干部，11名同志晋升职级，2名副科级领导干部试用期满转正。

青山湖海关

【概况】中华人民共和国青山湖海关（简称青山湖海关）是南昌海关直接领导的属地型正处级隶属海关。主要负责本单位党的基层组织建设和干部队伍建设；办理江西省（除赣州市辖区外）范围内集约化的专项稽查工作、关区范围内减免税集中复核工作及南昌市辖区内减免税业务审核、加工贸易和保税业务、核查等具体海关业务，反馈执法作业结果；完成南昌海关交办的其他工作。内设科室7个（办公室、综合业务科、减免税管理科、非贸监管科、稽核一科、稽核二科、稽核三科）。

2022年，青山湖海关坚持以习近平新时代中国特色社会主义思想为指导，深入学习宣传贯彻党的二十大精神，紧盯落实"疫情要防住、经济要稳住、发展要安全"重要要求，按照南昌海关党委"忠诚作示范、创新促发展、实干防风险、严管勇争先"的工作思路，推动各项决策部署和工作任务落地。报关大厅获评"一星级全国青年文明号"，减免税管理科获评江西省"五一巾帼标兵岗"荣誉称号，稽查岗位全员参与全国稽查条线岗位练兵，取得南昌关区最高分、平均分第一的成绩。

【党的建设】2022年，青山湖海关以党的政治建设为统领，主动担当、履职尽责、守正创新、真抓实干，学习宣传贯彻党的二十大精神，落实海关总署部署和南昌海关党委的要求，深化政治机关建设，强化理论武装，加强基层组织建设，深入推进全面从严治党，为各项工作提供坚强的政治保障。

学习宣传贯彻党的二十大精神持续深入。党委班子成员以上率下，以党委示范学、中心组扩大学等形式开展集中学习和专题研讨4次，原原本本学习大会报告和文件，结合"12个必""38个深入思考"深化调查研究，确保入脑入心、走深走实。6个党支部通过"三会一课"、主题党日等形式开展学习讨论28次，各党支部书记结合自身工作、基层特点讲专题党课7次，党员撰写心得体会42篇。

政治机关建设持续加强。落实"第一议题"制度，党委理论学习中心组和党委会集体学习50余次，研讨200余人次，组织广大党员前往江西省博物馆开展党日活动。引导党员干部学深悟透习近平新时代中国特色社会主义思想，深化对《习近平谈治国理政》第四卷、《习近平经济思想学习纲要》等指定教材的学习。把开展"学查改"专项工作与捍卫"两个确立"、做到"两个维护"、强化政治机关建设专项教育活动紧密结合、统筹推进,引导广大党员、干部不断提高政治判断力、政治领悟力、政治执行力,通过岗位自查、科室核查、关领导确认、派驻纪检组协查工作机制,检视问题并全部整改。被海关总署政工网和江西机关党建网刊载学习宣传贯彻党的二十大精神、专项教育、廉洁文化及抗疫一线等文章17篇。

打造先进基层党组织。拓展"强基提质工程",推进党建"双提升",减免税管理党支部通过关区"四强"党支部复核,再次获评关区"四强"党支部,被评为南昌关区先进基层党组织。聚焦党建标准化、规范化、信息化建设,不断提升党务干部政治素质和专业能力,在中心工作中发挥党组织战斗堡垒作用和党员先锋模范作用,推进党建业务深度融合,1名党员被南昌海关评为优秀党务工作者,5名党员被南昌海关评为优秀共产党员。

深入推进清廉海关建设。持之以恒落实中央八项规定及其实施细则精神,以钉钉子精神狠抓落实,防止纪律作风方面的"五个有之"。履行好"一岗双责",把党风廉政建设和业务工作同谋划、同部署、同落实,常态化学习党章党规党纪。制定全面从严治党主体责任清单,与派驻纪检组建立联席会议机制,每季度研究党风廉政建设。常态化开展警示教育、家风教育,组织参观廉政记忆馆、支部书记讲廉政党课等活动,一体推进"三不腐",巩固风清气正的良好政治生态。深入开展酒驾醉驾专项整治,建立有驾驶证、有车辆、有饮酒习惯人员"三张清单",节假日重点进行严禁酒驾醉驾提醒。强化内务督察,规范建立内务规范轮值制度和内务规范督察台账,按要求开展准军事化队列训练。

【综合监管】2022年,青山湖海关提高稽查震慑力,加强后续监管。突出两个集约化业务特色,形成"双轮驱动",以大数据应用为基础,推广"互联网+稽核查",发挥稽查集约化的机制优势,树立以查发为导向的稽查理念,促进稽核查和打私工作提质增效。深入开展"国门利剑2022""国门绿盾2022""跨境电商'异宠'综合治理"等专项行动,依法严厉打击"洋垃圾"、濒危野生动

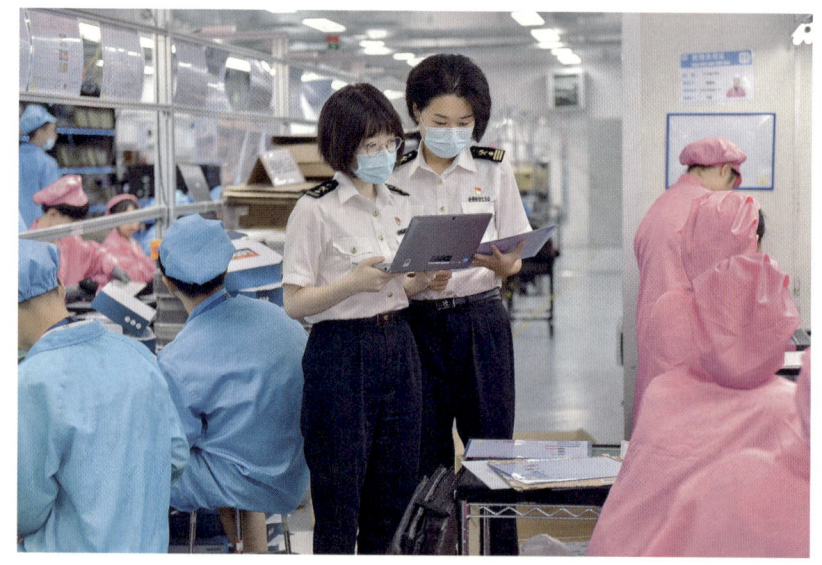

▲2022年8月26日,南昌海关所属青山湖海关关员查看企业加工贸易保税货物生产情况

植物及其制品走私。全年办结稽查作业51起，稽查查发率81.4%；办结核查123起，核查查发率81.3%；移交缉私部门涉嫌走私违规情事12起，移交稽查部门办理涉检案件9起。

防范风险隐患保障安全生产。以"时时放心不下"的责任感，积极落实海关总署"口岸危险品综合治理"百日专项行动，稽查查发关区首起涉危一般案件，货值约为89万元。在2022年全国食品安全宣传周，为辖区80余家进出口食品企业开展政策指导。在落实用电、消防和食品安全方面，持续推进办公大楼消防设施、车棚地库的改造和修缮，通过日常全面检查、定期隐患排查、重要节点专项督察的方式，严防事故发生，全年开展月度排查8次，专项检查6次。

【检验检疫】2022年，青山湖海关及时送检捕获食蝇等样本并形成月度及年度报告，开展动植检企业评审及检疫处理单位核准10起，完成辖区检疫处理单位季度监督检查工作6家次，完成辖区5起动植检企业评审。收集上报动植物疫情信息，专人搜索各类国际外文平台信息，包括WTO（世界贸易组织）、SPS/TBT、EPPO（欧洲和地中海植物保护组织）全球数据报告等，全年报送动物疫情信息58条、植物疫情信息13条。

【服务开放发展】2022年，青山湖海关以深化"三促一优"为抓手，推动促进外贸保稳提质措施有效落地。

坚持"问题清零"闭环模式，梳理辖区"专精特新""小巨人"、独角兽重点企业，实行"一对一"管家服务，切实为企业办实事、解难题，唱响关"助"发展服务品牌。定期发布外贸数据及各类贸易指数，发挥"数据+研究"优势，为地方发展提供决策参考。按照业务种类、行业类型、县区地域划分到人、分片包干，走访调研辖区地方政府和企业，收集涉及通关、减免税、统计和AEO认证等方面意见及建议18项，研究制订《青山湖海关促进外贸保稳提质工作方案》，提出12大方面和24项具体举措，撰写上报12篇外贸发展分析报告。

2022年，推进"一关一品"建设，支持南昌市电子信息产业发展。建立南昌电子信息行业重点企业库，提供企管、优惠产地证和知识产权保护等帮扶政策。对保税加工企业实行"主动申报+联网核查+据实核销""一本账册滚动核销"模式，实现

▲2022年6月21日，南昌海关所属青山湖海关关员现场指导出口食品原料种植场备案企业

企业单耗自核和零库存。开展AEO电子信息产业组团认证培育，参与承办中国—格鲁吉亚国际互认合作工作，加快推进认证工作。在南昌地区已获得AEO认证的12家企业中，8家属于电子信息产业，南昌电子信息产品全年进出口值611.3亿元，占全市外贸总值的45.4%，进出口规模保持全省设区市首位。

2022年，落实落细各类政策红利。发挥减免税职能，深化集中复核改革，制发主动披露办事指南，做好新旧公告衔接和政策解读，支持先进技术、重大装备、关键零部件等免税进口。"线上+线下"多渠道开展RCEP原产地政策宣讲13次，推广"数据共享+智能审核+自助打印+快递送达"模式。全年共办理辖区减免税业务672份，减免税设备货值10158万美元，减免税款8597万元；办理主动披露作业15起，为企业减免滞纳金逾180.97万元。

【财务与后勤保障】2022年，青山湖海关梳理各项财务管理制度，深入开展长效内控机制建设，狠抓制度落实，强化制度管人、制度管事，有效防控风险。严格公务用车管理，定点加油、定点维修、定点停放，建立车辆档案，实施"一车一卡一档案一台账"，对车辆派出进行严格控制。严格办公用房和公用住房管理，保证办公用房合规。严格摄像器材管理，实行专人保管、定点存放。严格固定资产管理，建立固定资产台账登记制度。优化后勤保障，严格按照项目程序管理，加强施工安全和质量管理。组织开展"海关重点项目和财物管理以权谋私"专项整治工作，召开9次党委会研究专项整治相关工作，组织全体干部集中观看警示教育片，明确重点岗位风险点，建立问题台账，立行立改。

【干部队伍建设】2022年，青山湖海关坚持党管干部、党管人才原则，坚持政治标准是选人用人最根本的标准，把政治标准贯穿干部选拔任用全过程。推荐提拔使用副处级领导干部1名、正科级领导干部1名、副科级领导干部2名。

撰稿人

罗羽琨

九江海关

【概况】中华人民共和国九江海关（简称九江海关）是南昌海关直接领导的口岸型正处级隶属海关。九江海关管辖范围为九江市（7县3区以及3个县级市）的进出口海关业务。内设10个科室。负责本级业务现场和九江综合保税区的各项海关业务，监管范围覆盖九江城西、城东、彭泽及瑞昌区域，呈现"点多面广"的特点，有九江城西港集装箱码头、九江综合保税区查验场地、九江进口粮食指定监管场地、九江新雪域进口肉类指定监管场地等监管现场以及2022年口岸扩大开放需验收的彭泽、瑞昌港区2个监管现场。其中，九江城西港集装箱码头系辖区主要进出口货物水运通道。

2022年，九江海关贯彻海关总署党委"铸忠诚、担使命、守国门、促发展、齐奋斗"的总体要求，落实南昌海关党委"忠诚作示范、创新促发展、实干防风险、严管勇争先"的工作思路，高效统筹口岸疫情防控和促进外贸稳增长，各项工作呈现稳中有进、稳中提质的良好发展态势。全年九江市进出口贸易总值972.3亿元，同比增长49.2%，进出口规模居全省第三位。先后获得"一星级全国青年文明号"、江西省"三八"红旗手、九江市"三八"红旗手集体、九江市工人先锋号、九江市公共机构节能先进单位等荣誉。在南昌关区"两优一先"表彰中，8人获评优秀共产党员，1人获评优秀党务工作者。

【党的建设】2022年，九江海关将学习贯彻习近平总书记重要讲话精神和重要指示批示精神作为重中之重，坚持"第一议题"制度，坚持"每日必学、每周研讨"，党委会、党委理论中心组学习习近平总书记重要讲话精神53次168篇次。把学习宣传贯彻党的二十大精神作为重中之重，开展"大学习、大宣传、大贯彻"活动65次，深刻领悟"两个确立"的决定性意义，做到"两个维护"。开展政治机关建设专项教育活动和"学查改"专项工作，查摆问题隐患，制定整改措施，制定岗位职责蕴含政治要求清单。

实施政治能力提升工程。加强班子建设，集体学习《党委会的工作方法》，"关键少数"示范带头，强化监督制约，规范权力运行，推动"两个责任"贯通协同。以"党建+青年"书记项目为载体抓实青年工作，搭建青年理论学习小组、匠心论坛等平台，引导青年干部提升"政治三力"。

实施基层党建提能工程。开展基层党建"双提升"行动，持续建好"抗洪英雄+"党建品牌矩阵，1个党支部通过复核，1个党支部新评定为"四强"党支部，其中查检一科"英雄+红旗"党建品牌获评全国海关党建培育品牌。

实施清廉海关提质工程。开展"海关重点项目和财物管理以权谋私"专项整治，海关总署视频督导检查及关区全面自查中发现的问题立行立改。坚持严的主基调不放松，开展一体推进"三不腐"调研并形成书面报告，多形式推进廉洁文化建设。

【综合监管】2022年，九江海关履职尽责推动法治建设。引导关员将日常综合执法工作与普法工作结合起来，全面推行依法行政，利用"钉钉""学习强国"等平台，学习贯彻习近平法治思想。围绕"12·4"国家宪法日等重要节点开展活动，进一步增强全体党员干部的法治观念和法律意识。

架好风险防范红线。对照南昌海关发布的风险防控案例开展排查，动态更新风险防控清单，制定防控举措。深化综合治税，坚持"量、质、效"并举，税收入库18.60亿元，同比增长32.3%。创新直通进厂检验监管模式，监管进口储备棉货值、货重分别同比增长16倍、10倍。

守住疫情防控底线。选派6批次7名业务骨干支援南昌昌北机场。持之以恒抓好内部疫情防控，从严从紧落实海关总署和属地要求，督促全体干部职工做好自身健康"第一责任人"。在接受海关总署检查组专项检查和"百名科长百日督查"中，未发现问题。

筑牢口岸安全防线。开展"口岸危险品综合治理"

▲2022年6月1日，南昌海关所属九江海关监管江西省首票水运进口转关"离港确认"模式顺利开通

百日专项行动，口岸查验查获危险品12票，属地查发出口不合格危险品42批。深入推进"国门利剑2022"等专项行动，在进境非食用动物产品中截获土壤，为南昌关区首次。南昌关区首票业务现场即决式布控改革试点落地九江。推进海关知识产权保护工作，处置涉嫌侵权货物2批次。11月23日，国家知识产权保护检查考核工作组实地检查知识产权海关保护工作，予以肯定。禁止"洋垃圾"进境，退运固体废物210.4吨。办理职能调整后关区首起涉检行政处罚普通程序案件，涉及货值88.7万元。保持打击走私高压态势。

深化"一关一品"建设。

做实做细"一关一品"产业服务计划。支持石油化工、有机硅、玻璃纤维等九江主导优势产业提档升级，保障产业链供应链循环畅通。支持辖区企业用好RCEP惠企"政策包"，帮助企业享受国外关税减免1783万元，1家企业成为关区首家RCEP项下经核准出口商。扩大AEO政策享惠面，培育新增2家AEO高级认证企业，1家企业入选中国与格鲁吉亚AEO高级认证互认观摩企业，并于9月22日正式开展中格海关AEO线上认证观摩，系九江海关首次与共建"一带一路"国家（地区）开展AEO视频认证观摩。推出的"1+N"系列改革创新举措获评江西省"一号改革工程"典型案例、改革创新十佳案例，作为典型经验在江西省营商环境优化升级视频推进会上展播，并在全国营商环境工作简报刊登。

抓好疫情防控和安全生产。扎实开展安全生产专项整治三年行动，常态化开展安全风险隐患大摸底、大排查、大整改，实施多场景应急演练13次，守住安全生产底线，确保支援南昌昌北机场海关的一线人员将疫情防控规定动作落实到位。

【检验检疫】2022年，九江海关将疫情防控工作作为重大的政治任务予以推进，修订工作制度16项，开展"四不两直"监督检查23次，有效应对属地突发疫情。加强进境粮食的装卸、加工、下脚料处理等后续环节的严密监管，检出进境植物检疫性有害生物11种次、一般性有害生物114种次。

在"国门绿盾2022"专项行动中，落实国门生物安全监测任务，保障国门生物安全监控成效，筑牢动植物检疫防线，维护国门生物安全。全年截获有害生物20批次、29种类、64种次。推进有害生物和外来物种初筛鉴定室建设，11月21日，顺利通过海关总署专家组远程能力核定，完成口岸核心能力复核工作。

2022年，九江海关结合辖区危险品属地监管业务实际，针对危险品及危包属地查检业务重点，深入开展"口岸危险品综合治理"百日专项行动。检验监管出口工业品4762批次，货值6.1亿美元，同比分别增长20%、126%。其中出口危险化学品检验1836批，22万吨，3.9亿美元；出口危险货物包装检验1927批，同比增长7.89%。查获不合格货物85批，货值220.14万美元。检验监管进口工业品325批，1.4亿美元，同比分别增长99%、330%。

【服务开放发展】2022年，九江海关贯彻习近平总书记关

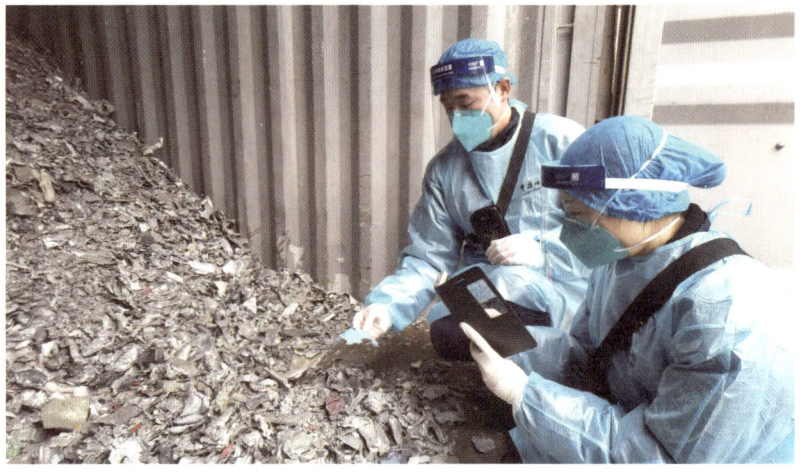

▲2022年1月7日，南昌海关所属九江海关关员对进口固体废物实施查验监管

于统筹做好疫情防控和经济社会发展工作的重要指示精神，落实党中央、国务院"六稳""六保"工作部署，贯彻实施海关总署促进外贸保稳提质十条措施，落实南昌海关促进外贸保稳提质33条举措，持续深化"放管服"改革，加大企业信用培育力度，严格落实减税降费相关政策，帮助企业用足用好RCEP政策。聚焦九江新材料等五大重点产业、石化、有机硅等十大特色产业集群，用好九江进境粮食指定监管场地平台，持续关"助"发展，深化"一关一品"建设，保障粮食等重要产业链供应链安全。

支持江西智能化程度最高、吞吐能力最强的集装箱专用码头"九江红光国际港"，首票外贸集装箱业务正式启运，相关情况获央视新闻直播间刊播。九江港口岸扩大开放瑞昌港区和彭泽港区通过江西省预验收组验收。"一区一策"支持九江综合保税区提质增效，综合保税区全年进出口值183.9亿元，增长1.53倍。放大"口岸+指定场地"平台叠加效应，支持九江进境粮食指定监管场地做大做强，进口粮食11.30万吨、3.26亿元，同比分别增长10%、40.67%。

支持中欧班列常态化开行，创新推动"综合保税区+中欧班列"货物通过"全国通关一体化"模式顺利通关；推动九江综合保税区首发中欧班列冷链专列，系江西省特殊监管区域首次。

发挥长江"黄金水道"优势，推动"离港确认"改革全国扩大试点首票落地九江城西港，"离港确认"模式占九江口岸进口转关总量的78.3%，覆盖率和运行成效在长江中游城市群中均处于领先地位，进口整体通关时间同比下降51.8%。

扩大"船边直提""抵港直装"改革覆盖面，2022年关区首票"船边直提""抵港直装"业务均在九江港落地。

支持跨境电商业务拓展，完成2家企业9个海外仓海关总署备案，海外仓出口额4.78亿元。

发挥"平台+通道"政策叠加优势，支持引入更多中欧班列与九江综合保税区无缝对接，助力九江深度融入共建"一带一路"。2022年，九江海关监管进出口集装箱14.7万箱次、进出口货运量257万吨，分列南昌关区第一、第二。

【财务及后勤保障】2022年，九江海关做好预算管理和经费支出审批，提升财务保障水平和预算执行效能，提高预算资金的运行效益。严控会议、差旅、"三公"经费等一般性支出。强化内控管理，建立长效机制，修订《九江海关非执法领域内控机制工作方案》等5项规章制度，形成非执法领域制度汇编。推进"内控示范科室"创建，绘制《九江海关内控示范科室思维流程工作导图》，针对非执法领域业务环节的不同岗位，细化工作内容、注意事项、业务流程和风险控制。开展非执法领域工作内控节点梳理工作，形成包含67个内控节点的科室内控节点岗位落实清单。

【干部队伍建设】2022年，九江海关开展政治机关建设专项教育活动和"学查改"专项工作，制订全面从严治党重点工作任务分工方案，推动各科室、党总支、党支部同步制定全面从严治党落实举措，层层压紧压实主体责任。与第四派驻纪检组建立定期会商工作机制，加强与第四派驻纪检组协同，全力支持派驻纪检组开展"嵌入式"监督，严格落实全面从严治党"两个责任"。全年开展联席会议及沟通交流22次。

选拔敢于负责、勇于担当、善于作为、实绩突出的干部，1名执法一线科长提任副处级领导干部，1名干部提任执法一线科长，2名干部提任副科级领导干部，7名干部晋升职级。

撰稿人

金一琪

赣州海关

【概况】中华人民共和国赣州海关（简称赣州海关）是南昌海关直接领导的偏属地综合型隶属海关。内设科室9个（办公室、综合业务一科、综合业务二科、物流监控科、查检一科、查检二科、查检三科、稽核一科、稽核二科）。

2022年，在南昌海关党委的坚强领导下，赣州海关以习近平新时代中国特色社会主义思想为指导，聚焦"作示范、勇争先"目标要求，牢记初心使命，胸怀"国之大者"，按照"忠诚做示范、创新促发展、实干防风险、严管勇争先"工作思路，争创模范机关、创"第一等"工作。综合业务一科获评"一星级全国青年文明号"，赣南海关获评全国海关系统先进集体、南昌关区年度考核优秀，通过省级文明单位复核，获评赣州市综合考核第一等次、赣州市服务开放型经济先进单位。

【党的建设】2022年，赣州海关坚持"第一议题"制度，召开党委会、党委理论中心组学习45次，班子成员带头交流宣讲，聚焦"五个牢牢把握"，在全面学习、全面把握、全面落实上下功夫，迅速掀起学习宣传贯彻党的二十大精神热潮；开展强化政治机关建设专项教育活动，牢牢把握海关工作正确政治方向，高质量开展海关总署署领导基层联系点主题党日活动，中央纪委国家监委驻海关总署纪检组长、海关总署党委委员王令莅临并予以肯定。

推动党史学习教育常态化长效化，推动与海关总署政工办、海关总署对口支援龙南青年干部理论学习小组赴瑞金、于都、会昌等地开展共建联学，推进"共产党领导下的红色海关资料挖掘与研究"署级课题研究，重新编印历史纪实画册《苏区税关》，推动当地政府对赣县茅店、江口和会昌筠门岭关税处旧址进行保护。始终坚持把贯彻落实习近平总书记重要指示批示精神作为重要任务一抓到底，年部署、季复核、月督查、旬调度。扎实推进乡村振兴，建立完善领导干部对口挂点帮扶机制，驻村书记帮扶故事获"学习强国"海关号、海关总署相关刊物宣传报道。

高标准推进"党建巩固深化年"活动，对标人民满意的公务员集体推进模范机关建设。推进党建规范化标准化建设，开展支部书记和党务干部能力提升专题培训，积极用好智慧党建系统，强力推进"赣鄱党建云"信息化平台落地运用。发挥"苏区红关"全国海关党建示范品牌示范引领作用,持续完善党建工作法,提炼推广"书记项目"经验做法,3个党支部获评关区"四强"党支部,7人次获"两优一先"表彰,相关工作获《中国国门时报》、海关总署政工办等平台宣传报道89次。

从严从紧压实全面从严治党主体责任。发挥"头雁效应",严格意识形态责任制、民主集中制、定期请示报告、述职述廉等制度,严格落实对"一把手"和领导班子监督具体措施。用好"第一种形态",早发现、早提醒、早处置,坚持季度联席会议制度,统筹派驻纪检、特邀监督员、兼职纪检员等监督合力,一体推进"三不腐"建设。扎实推进"海关重点项目和财物管理以权谋私"专项整治,研究制定4个清单、整改方案。组织骨干积极参与关区"提高一体推进'三不腐'能力和水平"课题研究。

强化内控机制建设。以内控示范科室建设,引领提升综合保障能力和风险防控水平,完善内控工作机制,发挥HLS2017平台作用,梳理内控节点。坚持季度联席会议制度,统筹派驻纪检、特邀监督员、兼职纪检员等监督合力。深化新时代海关廉洁文化建设,巩固执法领域专项整治成果,常态化开展警示教育、家风教育,严禁酒驾醉驾。开展巡察整改情况"回头看",推进党的十九大以来巡视整改事项集中清查。

【综合监管】2022年,赣州海关围绕赣州市重点产业,强化对外协作联动,综合运用关税、原产地等海关政策,深化综合治税,维护税收安全,对全产业链集群企业拓展海关政策支持范围;指导进口甜菊糖企业签订双边协议,解决进口植物原料问题;完成关区首家供港澳冰鲜猪肉境外注册推荐工作、首家供港鲜鸡蛋企业备案,保障向香港稳定供应米粉3000吨,保障粤港澳大湾区"菜篮子"安全;支持重点项目和优势产业发展,保障供应链产业链稳定;助力啤酒企业首次打通国际通道;税收入库首次突破10亿元大关。

首次派员作为署级专家认证小组成员,参与中国和格鲁吉亚海关AEO互认工作,培育高级认证企业3家,同比增长50%。指导赣南首家高认企业通过RECP项下经核准出口商认定,签发RCEP原产地证书395份,签证金额3.1亿元,为企业减免关税1555万元。2022年,赣州与

▲2022年5月10日,南昌海关所属赣州海关到企业开展实地监管

RCEP贸易伙伴进出口总值增长1倍。

助力家具、有色金属、电子信息、服装纺织等赣南千亿级特色产业提升国际竞争新优势，打火机、家具、化妆品出口总量均位居江西省第一，赣州市对共建"一带一路"国家（地区）进出口总值增长81.7%。

深化反走私综合治理，深入推进"国门利剑2022"联合行动，立案侦办刑事案件10起、案值1.66亿元，同比增长316%；行政案件立案11起，案值573.29万元。加强与公安、税务等部门联动，查发涉税及骗取出口退税大案要案2起、案值9826万元，打私工作获"中国反走私"微信公众号报道。稽查查发数21起；查发涉检问题稽查作业5起，实现关区"口岸危化品综合治理"百日专项行动稽查环节首次查发。办结核查作业99起，其中风险类核查作业36起。

建立并用好"关—政—企"三方平台、企业"问题清零"机制和"一对一"帮扶台账，有效解决辖区企业难题，开展悦安新材超细铁粉出口退税税政调研。

【检验检疫】2022年，赣州海关以"时时放心不下"的责任感落实疫情防控要求，抓好内部防控措施优化调整，确保业务不断、工作不乱。组建"党员突击队"，派员支援南昌昌北机场7人次。坚持"人、物、环境"同防，强化"多病同防"。全年完成动物疫病监测1063项次；监管生猪出口7300头；截获检疫性有害生物43种次，监测检疫性实蝇2000余头。收集上报国外动植物疫情信息116篇，其中获海关总署刊用36篇。

开展安全生产隐患排查，强化重点敏感商品检验监管。重点对跨境电商、中欧班列等加强风险研判，检出商品不合格88批；实验室检测样品数805批，开展打火机检测5000余个。推进"口岸危险品综合治理"百日专项行动，落实常态化监管措施，对涉危产品完成安全危险类别鉴定，完成65批危包抽检性能检测。开展"龙腾行动2022"海关知识产权保护专项行动，与市有关部门签订知识产权保护合作备忘录，查发中欧班列出口侵权案件，相关案件入选海关总署"十大典型案例"。

【服务开放发展】2022年，赣州海关支持开行"赣欧班列"，支持赣州国际陆港开通"江西赣州—老挝万象""赣

▲2022年1月12日，南昌海关所属赣州海关保障江西省首趟中老国际班列开行

州—南沙—东南亚"新线路，保障江西首列大麦进口专列抵赣，服务辖区首列出口冷链专列、首趟出口汽车专列顺利开行。做优"双区联动"，保障首趟央企"一带一路"境外光伏电站项目开行"双区联动"班列。优化"中欧班列+跨境电商"模式，落地江西省首个"跨境电商+保税展示"项目、跨境电商退货中心仓，跨境电商在全省率先实现全业务覆盖、全模式运行、全链条贯通。全年监管服务中欧班列259列，其中"双区联动"班列10列、968标箱。

与深圳海关加强合作推进组合港信息化建设，创新实施首个跨省份、跨关区、跨海陆港"组合港"项目，开通"铁路快通"通关新模式，支持"融湾号"城际高速货运班列快捷化、公交化开行。加快推进赣州综合保税区规划调整建设并顺利通过预验收，赣州综合保税区绩效排名首次进入中西部地区20强，赣州综合保税区进出口值210.6亿元，同比增长75.1%。聚合汽车、肉类等平台功能，促进赣州国际陆港、赣州综合保税区、赣州跨境电商综试区"三区合一"，叠加政策优势。

对标粤港澳大湾区全面提升赣州口岸营商"软环境"，开展"一号改革工程海关号"专项活动，细化28条措施力促外贸保稳提质，全年赣州进口、出口整体通关时长同比分别压缩31%、20%，优化口岸营商环境工作做法获中央电视台《新闻联播》报道2次，得到江西省优化营商环境领导小组通报表扬。

围绕新兴战略产业撰写工作专报15篇，报送信息309篇，新闻报道刊登稿件149篇，其中"江西首列至老挝国际班列发车"获中央电视台《朝闻天下》报道；"海关查验需要几步？科学高效有'讲究'"获"央视新闻"App直播报道；江西首个跨境电商退货中心仓启用、服务赣南特色产品出口、优化营商环境等被新华网、"学习强国"App、《中国国门时报》等主流媒体报道。加强信息发布，利用新闻发布机制，举行3场新闻发布会。

【财务及后勤保障】2022年，赣州海关促进海关科技发展，《基于近红外技术的进出境高敏感物质识别的研究与应用》项目获评海关总署三级科研成果，1名关员代表南昌海关参加全国海关科普讲解比赛决赛。积极盘活物业资产，建立闲置房产"户口档案"，依法依规处置闲置房产。

助力乡村振兴，立足帮扶实际，给予乡村振兴定点帮扶村资金支持，帮扶建设党员活动室、新时代文明实践站；积极帮扶乡村弱势群体就业，帮助帮扶村1名二级残疾证无业人员就业；在脱贫地区农副产品网络销售平台采购农副产品，支持联农带农富农产业发展。

【干部队伍建设】2022年，赣州海关完善"三单三榜"正向激励机制，支部揭榜挂帅、挂图作战、奖惩挂钩，培树先进榜样典型，公开表扬120人次，对4人先进事迹通报表彰。树立"重实干、重实绩、重担当"导向，晋升青年干部职务5人。在提升队伍凝聚力、向心力方面，坚持把青年工作作为战略性工作抓紧抓实，不断筑牢团建阵地，选派10余名优秀青年干部到疫情防控、窗口服务、乡村振兴等一线岗位跟班学习、轮岗锻炼，1个科室获评首批共青团中央"一星级全国青年文明号",2名青年干部获南昌关区"喜迎党的二十大 奋进新征程"主题演讲比赛一等奖,1名青年团员获评江西省优秀共青团员。组织参观苏区振兴十周年成就展,在老区巨变中见证海关贡献,增强归属感、获得感和自豪感。利用工会平台,高标准建设"虔关之家",解决好老干部生活困难,发挥好老干部银辉余热,常态化开展拔河、篮球等文体活动。做好口岸一线查验人员轮岗调班,配齐配全防暑降温用品,及时了解思想动态、解决生活困难。

撰稿人

陈义雄

吉安海关

【概况】中华人民共和国吉安海关（简称吉安海关）是南昌海关直接领导的属地型隶属海关。在南昌海关党委的正确领导下，吉安海关落实海关总署"铸忠诚、担使命、守国门、促发展、齐奋斗"的工作要求和南昌海关党委"忠诚作示范、创新促发展、实干防风险、严管勇争先"的工作思路，统筹疫情防控和促进外贸稳增长，各项工作保持稳中有进的良好势头。江西省委主要负责同志视频调研吉安海关供港生猪监管现场并予以肯定。2022年，在南昌海关全关性会议上作4次交流发言，选育管用一体推进高级认证工作、精准发力保供稳链等做法被南昌海关总结推广。

【党的建设】2022年，吉安海关强化政治机关建设，始终把学懂弄通做实习近平新时代中国特色社会主义思想作为重大政治任务，开展党的二十大精神大学习、大宣传、大调研、大贯彻，用习近平新时代中国特色社会主义思想凝心铸魂，强化党委理论学习中心组示范引领，实施青年理论学习提升工程。常态化跟进学习、落实习近平总书记重要讲话和重要指示批示精神，坚定捍卫"两个确立"、做到"两个维护"。牢固树立党章意识，自觉学习党章、遵守党章、贯彻党章、维护党章。弘扬伟大建党精神和井冈山精神，深化政治机关意识教育、党史学习教育，提高政治判断力、政治领悟力、政治执行力。迅速兴起学习宣传贯彻党的二十大精神热潮。通过党委领学、中心组研学、青年理论学习小组联学、支部导学、党员自学，以上率下学、原原本本学、全面系统学、融会贯通学，推动党的二十大精神入脑入心。召开党委会、党委理论学习中心组学习会等各类会议集中学习21次，讲授专题党课7次。

强化政治机关建设，坚持"第一议题"制度，贯彻习近平总书记重要指示批示精神，狠抓督办落实。开展"进课堂、进企业、进业务一线、进乡村振兴挂点村、进帮扶社区"活动8次；通过宣传学习贯彻成效，持续发出吉关好声音，学习成果被《江西日报》《井冈山报》《吉安新闻联播》报道。聚焦海关总署"12个必""38个深入思考"，通过召开专题党委会、外贸形势分析会、务虚会开展研讨；围绕南昌海关党委"20字"工作思路，全员研讨交流，凝聚奋进力量；弘扬"苏区干部好作风",关领导带队深入部分县区和重点企业开展调查研究,推动见行见效。

落实"疫情要防住、经济要稳住、发展要安全"的重要要求,增强从政治层面强化业务工作的自觉。巩固拓展党史学习教育成果,深化"国门安全、便民利企、凝心聚力"三项工程;一体推进政治机关建设专项教育活动与"学查改"专项工作,排查风险隐患,梳理提炼政治要求,制定改进措施。加强基层党组织建设。发挥党委理论中心组的"头雁"效应和青年理论学习小组的"雏燕"作用,跟进学习习近平总书记系列重要讲话精神。开展研讨活动18次,其中专题研讨《习近平谈治国理政》第四卷7次,班子成员人均撰写体会文章8篇,4篇在《中国国门时报》《井冈山报》等载体刊发,1篇获评海关系统"落实总体国家安全观"主题征文优秀论文。推动党支部"建在科上"向"强在科上"跨越,1个党支部获评全国海关党建示范品牌,2个党支部获评南昌海关"四强"党支部。开展"红色走读"现场教学8场次,赴三湾改编旧址召开基层党建"双提升"行动座谈会,搭建"吉关星火"学习平台,推动党建与业务深度融合。点亮"微心愿",办好"关键小事"。

落实全面从严治党工作要求。贯彻海关总署党委《关于加强对"一把手"和领导班子监督的实施意见》,主要负责同志主抓直管、靠前指挥,其他成员履行"一岗双责"。加强与派驻纪检组联系配合,推动"两个责任"同题共答、同向发力,召开联席会议4次。制定年度全面从严治党重点任务52项,党委听取党建工作汇报,分析政治生态。坚持政治标准,突出实干实绩,推荐提任、职级晋升9人。深化清廉海关建设,开展"海关重点项目和财物管理以权谋私"专项整治工作;用好监督执纪"四种形态";严格执行党章党规,落实每季度"一把手"和领导班子重点事项监督自查报告制度;常态化严防酒驾醉驾,持续纠"四风"树新风;用红色吉安、正气庐陵廉洁文化润心育人;录制"书记组长谈责任"访谈节目,打造"清风国门"廉洁文化品牌,组织观看警示教育片。

【综合监管】2022年,吉安海关开展综合治税工作,征收税款4.45亿元;审核报关单

▲2022年5月16日,南昌海关所属吉安海关关员在辖区企业开展供港澳活猪检疫监装

18204票、监管集装箱7313箱，分别位居南昌关区第四位、第五位。实施RCEP进企惠企项目，签发原产地证书3459份，签证金额1.53亿美元，同比分别增长29.55%、46.12%，帮助企业减免进口国关税2900余万元。其中，签发RCEP原产地证书231份，签证金额953.35万美元，享受国外关税减免360余万元。开展知识产权海关保护"龙腾行动"，推荐1家企业纳入重点企业，3家企业通过海关总署备案申请（注册）审批。与井冈山经开区签订推动综合保税区高质量发展合作备忘录，支持井冈山综合保税区发挥功能优势，加快发展跨境电商、保税维修等新业态新模式。井冈山综合保税区进出口总值80亿元，同比增长48%，最新绩效评估排名上升17位，首次跻身全国百强。

做好稽核查工作。深入开展"国门利剑2022""蓝天2022"专项行动，办理行政案件3起，协助缉私部门办理案件5起。对近3年涉案企业开展案后回访。

【检验检疫】2022年，吉安海关制定30项风险清单。因时因势优化疫情防控措施，落实"第九版""二十条""新十条"。深化安全生产专项整治三年行动，开展"口岸危险品综合治理"百日专项行动，监管出口危险化学品及其包装1988批，同比增长46%。开展燃气安全专项整治、存量房安全检查，完成危墙改造。严防非洲猪瘟传入传出，监装供港生猪首次超过10万头，同比增长62%。检疫监管16家进口粮谷加工企业进口粮食10.6万吨，同比增长26.8%。

【服务开放发展】2022年，吉安海关精准帮扶，助力吉安市外向型经济转型升级。聚力"六稳""六保"，开展优化口岸营商环境专项行动，"三促一优"助力振兴、助企纾困，打造关"助"发展服务品牌。面向1000余家企业开展政策宣讲6场，引导企业规范经营、用好政策。新增AEO高级认证企业2家，吉安市7家AEO高级认证企业进出口值199.3亿元，同比增长43.8%。"减免缓保退"多管齐下，帮助企业享受税收优惠、减少资金占用4.65亿元。实施"一产一策"分析服务项目，报送分析报告19篇。

促进跨境贸易便利化。建立海关作业效能提升、企业通关应急响应、企业通关问题清零、整体通关协作配

▲2022年11月7日，南昌海关所属吉安海关关员赴辖区企业开展电子信息产业政策上门活动

合机制，坚持科技赋能，推广国际贸易"单一窗口"，应用"关企e联通""洪关一点通"平台，优化办事流程，压缩通关时长，进口通关效率位列南昌关区第三，进口"提前申报"率为98.1%、"两步申报"率为86.0%。

【财务与后勤保障】2022年，吉安海关落实中央八项规定及其实施细则和"过紧日子"要求，做好财务管理和后勤保障工作。加强事前审核力度，推进节约型机关建设。修订财务制度，规范工作程序。优化项目管理程序，推进专项项目实施。落实安全风险隐患排查整治工作要求，紧盯燃气、水电等安全使用重点关键环节，完善安全设施，提升常态化预警能力，抓好安全生产工作，对涉案财物仓库、院内安全保卫管理、施工安全管理进行排查。

【干部队伍建设】2022年，吉安海关坚持抓班子带队伍，做好干部队伍建设工作。召开党委会重温毛泽东同志《党委会的工作方法》，明确班子成员分工，督促落实主体责任、履行"一岗双责"。修订吉安海关工作规则、"三重一大"决策制度实施细则、关党委议事清单，严明政治纪律和规矩，完善班子决策机制。组织准军训练、开展公务礼仪培训，严抓队列训练、日常考勤、纪律规范、窗口作风，养成雷厉风行、令行禁止的优良作风。坚持用新时代好干部标准选人用人，做好职级晋升工作。组织开展各类培训、讲座、读书会等各类主题学习活动，组织参加"E课堂""钉钉""学习强国"等各类线上线下学习培训。推动精神文明创建工作，发挥好群团作用，激发队伍活力。

撰稿人

钟宇祺

景德镇海关

【概况】中华人民共和国景德镇海关（简称景德镇海关）是南昌海关直接领导的属地型隶属海关。2022年，景德镇海关坚持以习近平新时代中国特色社会主义思想为指导，学习宣传贯彻党的二十大精神，围绕海关总署党委"铸忠诚、担使命、守国门、促发展、齐奋斗"工作要求，南昌海关党委"忠诚作示范、创新促发展、实干防风险、严管勇争先"工作思路，以"三实"讲堂为平台、以"鉴证溯源"科技应用为重点，服务国家试验区建设和地方开放型经济发展取得新成效，促进跨境电商、市场采购等新业态发展取得新突破。

【党的建设】2022年，景德镇海关深入学习宣传贯彻党的二十大精神。组织党员干部集中收听收看党的二十大开幕会盛况，召开党委扩大会向全体关员传达学习海关总署视频会议精神，贯彻落实南昌海关党委扩大会议精神，以"三实"讲堂为平台，通过领导干部专题学、党员干部示范学、线上线下全员学、青年群体创新学等方式，形成层层示范、时时推进的理论武装促学架构，全员结合工作岗位撰写学习心得体会21篇。紧扣海关总署党委提出的"12个必"、"38个深入思考"，学思践悟、学用结合，将学习成果转化为提高站位的自觉、谋划工作的思路、履行职责的本领。

强化政治机关意识。抓好理论武装，坚持"第一议题"制度，把学习贯彻习近平总书记最新重要讲话精神和重要指示批示精神作为首要政治任务，坚持以党的政治建设为统领，落实党委主体责任，深化模范机关创建，把讲政治的要求落实到每个岗位上、每项工作中。召开党委会32次、党委中心组（扩大）学习12次，带动各支部开展集中学习220次，形成"中心组示范学、党支部集中学、党员干部自发学"的良好体系；贯彻落实习近平总书记重要指示批示精神，加强新冠疫情防控，严格"百名科长百日督查"重点督查内容的落实，组织应急演练2次。落实"六稳""六保"工作部署，保持查缉濒危动植物及其制品高压态势，加强进口"洋垃圾"等固体废物监管。提升关党委自身建设水平，打造政治坚强、务实担当、团结有力的党委班子。

统筹推进"学查改"、政治机关建设专项教育工作。通过党委中心组学习、"三会一课"、科务会等形式会议开展专题学习研讨,将学习内容编成随身读本形式发到每名关员,督促每日学、随身学;结合岗位实际开展"没有离开政治的业务,也没有离开业务的政治"座谈讨论,把讲政治的要求落实到每个工作岗位、每项具体业务,确保政治机关意识入脑入心;立足本职梳理各岗位具体政治要求,查摆岗位政治要求及政治风险,形成全员覆盖的政治要求清单;深入一线开展调查研究27次,组织开展重大风险隐患梳理评估,排查风险,形成整改清单。开展基层党建"双提升"行动,深化"四强"党支部建设,提升支部政治功能和建设质量,培育创建"青花"系列党建品牌,综合业务科"青花匠心"党支部获评南昌关区"四强"党支部和先进基层党组织,4人获评优秀共产党员,1人获评优秀党务工作者。

开展狠抓工作落实专题组织生活会,各支部开展批评与自我批评。发挥青年理论学习小组作用,开展"知与行转化"研学,参与制作的微信稿被海关总署"金钥匙"微信公众号采用7篇,被"赣鄱关情"微信公众号采用23篇;报送海关总署政工网图片新闻、工作动态、理论文章等25条(篇)。

【综合监管】2022年,景德镇海关压缩整体通关时间,对景德镇辖区报关货物通关全流程开展监控,严格控制通关各环节作业时间,处置超长时间报关单,实现通关"零延时",进、出口整体通关效率位居关区前列。

加强科技创新。开发"鉴证溯源"技术,与上海海关签订合作备忘录,应用于上海海关对第五届进博会进境展览艺术品的过程监管,成为江西省唯一入选服务第五届进博会的科技应用项目。推进"区块链+鉴证溯源"试点及技术推广,参与撰写《南昌海关关于运用"区块链+鉴证溯源"技术破题进出境艺术品监管的调研报告》。

【检验检疫】2022年,景德镇海关召开疫情防控应急指挥部会议,梳理疫情防控应急预案,加强24小时应急值班值守;对干部职工开展地区轨迹、身体健康状况、核酸检测情况等摸排工作,严格督促全体干部职工落实落细属地各项疫情防控措施;加密对办公室、门卫室、食堂、会议室等重点场所杀毒频次,严格落实"人、物、环境"同防;梳理生活物资、防疫物资库存情况,及时补充短缺物资。守护国门安全。开展"安全生产月"活动,落

▲2022年10月28日,南昌海关所属景德镇海关关员对进境参加第五届进博会展出的艺术品进行身份信息采集

实海关总署党委关于防范化解海关重大、系统性风险的工作要求，明确责任和完成时限，以"四不两直"形式每月进行安全生产"两个清单"排查。

加强出口茶叶质量安全监管，开展出口输非茶叶专项监督检测，经抽样送检，所检22个农残项目均符合要求，全年监管放行出口茶叶9批166吨。开展"口岸危险品综合治理"百日专项行动，对辖区内企业上门宣传出口危险品安全监管相关政策10次，发现出口危险品生产企业存在相关风险隐患5个，均已督促企业立行立改，检出不合格7批次。严格落实危化品及其包装监管要求，全年检验监管危化品及其包装1761批，检出不合格出口危化品及其包装60批，查获进口涉危瞒报案例1个，上报典型案例5个。开展打私线索的风险排查，推进"国门利剑2022"联合行动，分析相关企业数据2000余条。

【服务开放发展】2022年，景德镇海关以"三促一优"为抓手，响应营商环境优化升级"一号工程"，向景德镇市

▲2022年5月27日，南昌海关所属景德镇海关保障国产大型民用直升机关键设备和航材通关

委市政府建言献策。支持景德镇市场采购等新业态发展和海关监管作业场所等开放平台建设，助力南昌海关与景德镇市人民政府签署《合作备忘录》，促成开展江西省唯一市场采购新业态试点。向景德镇市委市政府提交开放型经济、国家试验区建设、跨境电商发展、文化自贸区建设等方面6篇工作专报。景德镇海关主要负责同志获邀在景德镇市市政府常务会上为市政府班子全体成员及各职能部门主要负责人授课，宣讲跨境电商知识；受邀到市委宣传部以《发展高质量开放型经济 开创对外文化交流新辉煌》为题作专题辅导报告。2022年，景德镇市出口总值170.9亿元，同比增长106.7%，突破100亿元大关，增速居全省第二位；进口总值73.7亿元，同比增长81.1倍，增速居全省第一位。

优化营商环境，开展"关'助'发展"系列宣讲活动。成立以晴数字产业园监管服务工作专班，配备"一对一"联络员，为企业提供政策咨询、疑难解答、业务办理等全方位指导服务。促使重点企业外贸增幅明显，全年加工贸易进出口值由2021年的0.39亿元增长到2022年的124.9亿元，相关工作获江西省政府主要领导肯定。

【干部队伍建设】2022年，景德镇海关深化全面从严治党，

打造过硬班子。党委书记履行"第一责任人"职责，召开党委会研究部署全面从严治党工作，研究细化4个方面53项具体举措；党委班子成员指导督促分管领域全面从严治党工作，与分管科室就从严治党任务落实情况开展座谈；与派驻纪检组形成整体合力，党委班子每季度与南昌海关第八派驻纪检组就全面从严治党工作情况进行会商。落实巡视整改要求，做好巡视整改"后半篇文章"。

坚持立足实际，创新"一专班、两制度、三调度、四公开""1234"工作法，打造过硬队伍。在日常监督、精准监督、长效监督上探索创新，建立业务、党建、信息宣传等42条细则的绩效考核负面清单和19条激励清单，强化基层党组织凝聚功能，激发干部队伍内生动力。全年先后获得第十六届江西省文明单位、"一星级全国青年文明号"、第二批节约型机关建成单位等荣誉称号。

加强廉政建设，打造过硬作风。开展"海关重点项目和财物管理以权谋私"专项整治，坚持刀刃向内，建立领导小组抓总、工作专班实体运作、各科室具体落实的工作机制，梳理形成重点项目清单、企业清单、人员清单和风险清单。以警示教育片、应知应会手册等内容为重点，开展政治教育、纪法教育和警示教育、狠抓监督检查。强化重点项目实施、公有住房、公务接待管理，建立和试行"采购与实施分离"机制，修订《景德镇海关国内公务接待管理规定》《景德镇海关公有住房管理实施细则（试行）》。

坚持以廉洁文化启智润心，以打造"青花"品牌党总支为抓手，因地制宜开展廉政教育，组织关员走进景德镇青花廉政主题公园、荷塘廉政文化教育基地、浮梁古县衙"三鉴园"廉政文化基地进行沉浸式观摩学习，将办公大楼走廊建设成"青花廉政文化走廊"，打造"青花"廉洁文化阵地。创作的"一鹭蜻莲（一路清廉）"瓷板画被海关总署评为"国门清风"廉洁文化创意作品二等奖。

推动"求实、扎实、朴实"的海关文化在基层落地生根。邀请景德镇市纪监委、市委党校、综治专家、业务骨干等师资，开设思想政治、警示教育、专业技能等主题课程。依托辖区瑶里爱国主义教育基地、陈毅旧居、红军北上抗日先遣队指挥部旧址等红色资源开展主题党日活动，引导党员干部感悟红色历史，传承革命基因，继承和发扬党的光荣传统和优良作风。优化培训形式，全年开展"三实"讲堂11次。

撰稿人

陈正强

新余海关

【概况】中华人民共和国新余海关（简称新余海关）是南昌海关直接领导的属地型隶属海关，按授权执行新余市辖区内海关工作。内设科室6个（办公室、综合业务科、查检科、稽核一科、稽核二科、稽核三科）。

2022年，新余海关在南昌海关党委的正确领导下，学习贯彻党的二十大精神，落实习近平总书记重要指示批示精神和党中央、国务院重大决策部署，按照海关总署党委"铸忠诚、担使命、守国门、促发展、齐奋斗"工作要求，紧跟南昌海关党委"忠诚作示范、创新促发展、实干防风险、严管勇争先"工作思路，统筹做好口岸疫情防控和促进外贸保稳提质，凝心聚力推动各项工作稳中有进、进中提质、总体向好。先后获评全国文明单位、新余驻市单位绩效评议"服务发展"优秀单位、新余市社会治安综合治理目标管理先进集体和新余市开放型经济工作先进单位等多项荣誉。查检科和稽核三科党支部被南昌海关评为"四强"党支部，1人获评优秀党务工作者，3人获评优秀共产党员。团支部被南昌海关机关党委评为2021年度五四红旗团支部，1人被江西省直机关团工委评为2021年度省直机关优秀团员青年。

【党的建设】2022年，新余海关党委坚持以上率下，发挥领学作用，常态化坚持"第一议题"制度，始终把学习贯彻习近平新时代中国特色社会主义思想和习近平总书记重要指示批示精神作为捍卫"两个确立"、做到"两个维护"的具体行动。建立学习、落实、反馈、督办的闭环链条，召开党委会25次、党委理论学习中心组学习13次，做到对上有响应、相互有呼应、对下有反应，以横向协作、纵向联动、上下贯通的高效运行机制保证好的政治效果。

发挥党委领学作用，紧扣海关总署党委提出的"12个必"重点任务以及"38个深入思考"，将学习好、宣传好、贯彻好党的二十大精神作为首要政治任务，以"大学习、大宣传、大贯彻"推动党的二十大精神落实落细。研究制订《新余海关学习宣传贯彻党的二十大精神工作方案》，通过党委会、党委理论学习中心组开展专题学习3次，党总支派员督导党支部研学6人次，党支部组织学习研讨、讲授专题党课8次，联合派驻纪检组举办应知应会测试，党员通过"钉钉"

"学习强国"等多种平台开展自学，和新余农行、新余建行开展邀请新余市党的二十大代表现场宣讲，听取新余市委党校教授讲授党的二十大精神辅导，构建了"党委领学、党总支督学、党支部研学、派驻纪检组联学、党员自学"的"五学联动"机制。

深化政治机关建设和对党忠诚教育，推进政治机关建设持续深入，把党的政治建设摆在首位。梳理32个岗位蕴含的76项政治要求，构建"查找问题—整改落实—巩固提升"长效机制，打造"学习—查摆—整改—提高"的闭环管理，将讲政治和强业务有机结合，切实把"两个确立"的政治共识转化为做到"两个维护"的自觉行动。

开展基层党建"双提升"行动，夯实党建基础。每月召开党总支会议，为当月入党同志过集体政治生日，对党建工作进行研究部署和检查通报，形成"总支督导、支部自查、定期通报"工作机制。全年召开党建工作例会11次，对4个科级党支部检查通报11次，为15位党员过集体政治生日，查检科和稽核三科"钢城绿剑"党支部获评培育品牌。

与新余市法院、检察院、公安局、税务局、商务局、司法局、科技局7家单位组建党建联盟，开展党建联学共建。派员参加新余市组织的"渝钤清风行""喜迎二十大"主题宣讲活动，宣传海关支持服务举措；联合商务、税务、外管等部门组建"外贸服务团"，结合"十百千万"服务工程对105家外贸企业进行大调研，协调解决实际问题56个，形成"组织联建、阵地联用、活动联办、工作联推""四联"合作。专题研究防范化解海关系统腐败风险，深化清廉海关建设。制定《2022年新余海关风险防控清单》，梳理风险点，提出应对措施，相关工作在南昌海关2022年上半年内控工作会议上得到南昌海关党委书记、关长党英杰点名表扬；对照《南昌海关防范化解海关系统腐败风险重点任务分工及安排表》，将涉及新余海关53项任务逐项落实到对应科室，责任同步对应到科室负责人；积极运用监督执纪"四种形态"，特别是"第一种形态"，抓实抓细队伍可能出现的苗头性、倾向性问题，实现源头防腐。

开展"海关重点项目和财物管理以权谋私"专项整治。梳理2012年以来工程建设、信息化建设、装备购建、疫情防控保障等领域重点项目，严格按照工作要求，形成项目清单、人员清单、企业清单、问题清单。严格按照专项整治工作要求，对照问题清单，制定整改措施。建立长效机制，加强制度建设，制定、修改《新余海关修缮工程管理办法》《新余海关涉案财物管理实施细则》等7项制度，完善5个作业流程，进一步防范了各类风险，提升管理效能。

【综合监管】2022年，新余海关监管进出口货运量763.1万吨，位列南昌关区第一；监管进出口货值277.5亿元，位列南昌关区第五；税收入库22.7亿元，位列南昌关区第二；检验检疫货值246.7亿元，位列南昌关区第一。做好全年税收工作安排，强化属地纳税人管理，防范税收风险。运用HLS2017等各类监控平台，坚持量质效并举，每月开展涉税业务复核，走访主要税源企业，保证应收尽收，推进综合治税。

在口岸监管方面，贯彻落实习近平总书记关于禁止"洋垃圾"入境、打击象牙等濒危物种及其制品走私重要指示批示精神，推进"国门利剑2022""蓝天2022"专项行动，加大进口旧机电、医疗器械等重点敏感商品安全监管力度，强化进口货物实际监管，有效衔接风险信息和现场作业。全年完成进口货物目的地检验14批次。

在提升综合监管效能方面，围绕重点行业、企业，对涉税商品进口企业开展数据分析比对，联合南昌海关稽查处开展风险排查，靶向施策。办结稽查作业3起，查发3起；办结核查作业13起，查发11起。

【检验检疫】2022年，统筹推进"打击进出口危险品伪瞒报"专项行动、常态化口岸危险品综合治理和安全生产工作。实施"一企一册一清单"制度，建立企业和产品监管技术要求两个明细表，采取出口危险品技术规范"首次审核+定期复核"机制，根据"危险品名称、运输方式、包装类型"审核复核

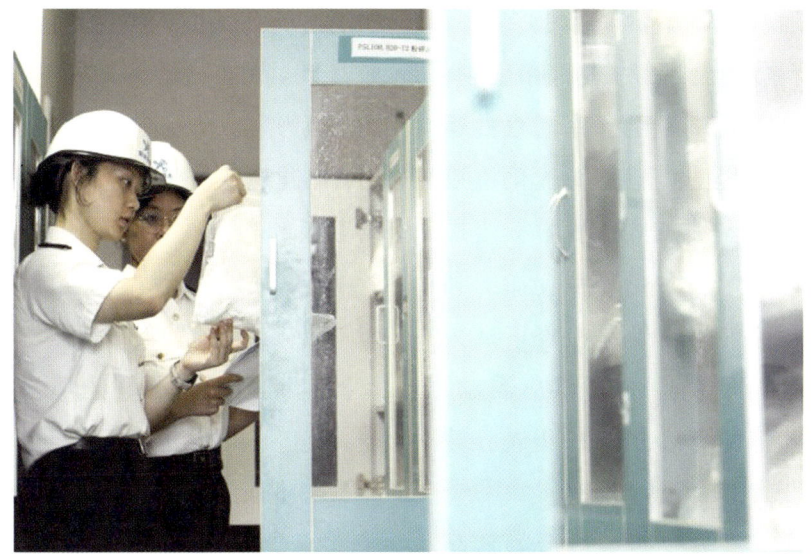

▲2022年6月20日，南昌海关所属新余海关关员对一批出口氢氧化锂开展监管

"技术规范+包装导则+特殊规定"适用准确性，做到底数清、情况明、措施细、管控严。完成危险品监管1474批次，检出不合格37批。上报的强化属地检验监管措施被海关总署相关司局纳入建设"加强版"危险品安全监管体系经验做法。

开展"国门绿盾2022"行动。完善粮食调运全过程闭环监管机制，加强码头转

▲2022年6月23日，南昌海关所属新余海关对一批出口锂电池开展查验

运、运输车辆防撒漏、下脚料收集处理等关键环节监管，落实"口岸至仓库"粮食运输全程防疫措施。优化检疫审批评估方式，科学核定进口玉米、大麦等粮食加工和仓储能力，确保检疫审批数量满足企业原料供应需求。监管进境粮食3.95万吨，截获有害生物99种次。

落实"四个最严"食品监管要求严把食品安全关。指导企业提升自检自控水平，完善全链条可追溯食品安全卫生控制体系，强化企业主体责任。抓好出口食品化妆品安全监督抽检，及时对辖区内监督抽检工作情况进行回顾，针对系统长时间未布控送检指令产品，及时自主安排风险监测。

科学精准战疫情。全年培训27人次，确保一线卫生检疫人员及时全面准确掌握新型冠状病毒感染防控措施要求。坚持"人、物、环境"同防，严格实施高风险非冷链集装箱货物监管工作，做好进口放行后检查作业安全防护。

【服务开放发展】2022年，新余海关在"兴产业"上求实效。建立江西省首例水生动物隔离场所，指导企业设置隔离养殖、无害处理等功能区，在消毒方案、防疫制度方面提出合理化建议，加快隔离场现场考核和检疫许可证审批速度，开辟属地查检绿色通道保障鲜活鱼苗快速验放。江西省首批美洲鳗鲡苗顺利入境检疫，进口8批次2160万尾，货值1.43亿元。

在"快通关"上下实功。抽调人员组建钢铁和锂电服务专班，为重点企业实行全天候不间断服务。监管出口锂电产品1216批，货值29.57亿美元，同比增长4倍，其中出口氢氧化锂60.19万吨，出口量位居全国第一，占据国际市场一半出口量。持续推进"提前申报+两步申报+关企协调员"措施，全流程跟踪货物通关流程，持续压缩通关时间。全年进、出口整体通关时间同比分别下降66.7%和76.1%。

推进"汇总征税+担保放行+保税加工"等缓税、减税政策。指导企业运用汇总征税节省资金占用5亿元，为进口铁矿砂、锂辉石等关键生产原料担保放行，节约资金占用15亿元；发挥原产地证书纸黄金作用，推广"RCEP+智能审核+自助打印"政策组合包，指导企业用足用好原产地优惠政策。全年签发原产地证书1849份，签证金额18.7亿美元，帮助企业获得进口国关税减免6.1亿元。

成立AEO高级认证培育工作专班，对新业态、新技术等进行全程跟踪服务，选取一批产业链龙头、专精特新等优质企业纳入培育重点对象，制订"一对一"量体裁衣式个性化信用辅导计划及培育方案。先后帮助辖区重点锂电企业通过AEO海关高级认证。

监测预警分析取得实效。密切跟踪新余锂电、钢铁等重点产业发展规模、质量效益变化，做好动态监测预警分析。参与撰写《部分海关调研显示高级认证企业获得感进一步增强存在的问题应予关注》被评为月度优秀信息。

【财务及后勤保障】2022年，新余海关执行预算绩效管理规定，提高资金使用效率，在重大项目、大额资金使用上，按照"三重一大"制度进行集体决策。贯彻落实"过紧日子"具体要求，规范

"三公"经费管理，严格控制差旅费等支出。持续推进节能减排工作，开展节能减排宣讲、垃圾分类知识培训、能源紧缺体验等活动，强化干部职工节能意识，完成节约型机关创建。

【干部队伍建设】2022年，新余海关搭建平台提能力。围绕年度重点工作和新余海关实际，将2022年确定为"能力提升年"，制定了10个方面能力提升工作内容，组织开展读书交流、一线关员讲业务、"找差距大讨论"、岗位练兵等活动，鼓励关领导、科长、科员三个层级开展业务知识宣讲。全年开展疫情防控基础知识、企业信用管理、公文写作和宣传、RCEP政策、锂产业链和海关监管、海关礼仪规范、党建常见问题剖析等13方面急需知识的宣讲15次，通过人人上讲台、个个压担子，鼓励大家补齐短板，强化应知应会知识的学习。

强化内控防风险。制订强化内控机制建设实施方案，确立强化内控工作10项具体措施，梳理37项制度并对其中16项制度进行"立改废"，建立27项岗位职责和19项操作手册，推行涵盖137项内容的责任清单、问题清单、成绩清单"三单"管理，落实"日清、周查、月结"工作机制，实行"线上+实地"全方位监管，推动内控工作实现执法和非执法领域全覆盖。综合业务科被确定为南昌海关内控示范创设科室。

凝心聚力惠民生。落实清洗大楼外立面、解决关员午休等民生项目；依托工青妇等平台，组织开展"献礼二十大"迎新春、"做汤圆、猜灯谜、闹元宵"等活动，进一步提升了干部队伍的凝聚力和向心力。

加强准军事化纪律部队建设。贯彻准军事化纪律部队建设有关要求，秉承"内强素质、外塑形象"理念，开展"内务规范强化月"活动，推动准军建设规范化、常态化。营造学军氛围，组织全员集中观看《海关内务规范》示范片，通过LED屏、电子宣传栏滚动播放"准军建设"标语和宣传画报；推动作风养成，重点加强对办公秩序、仪容着装、环境卫生、工作纪律等管理，规范抓好请示报告、应急值守等制度落实，锤炼过硬准军作风；强化内务督察，每月不定期开展内部督察，突击检查考勤情况、内务规范、窗口服务等方面，将纪律规矩挺在前面。

树立选人用人政治导向。建立发现优秀年轻干部和跟踪培养管理的常态化机制，把肯干事、能干事、干实事的年轻干部选出来、用起来。2022年，选拔任用1名正科级领导干部为党委委员，2名正科级领导干部晋升为四级高级主办，选拔副科级领导干部1人，科级职级晋升4人；坚持实战实干导向，加强业务能力建设，开展分类分层培养锻炼，培养"一专多能"的复合型人才，同时将各项奖励名额适当向在防控疫情、带好队伍、把关服务作表率的一线关员倾斜。

撰稿人

刘　博

鹰潭海关

【概况】中华人民共和国鹰潭海关（简称鹰潭海关）是南昌海关直接领导的属地型隶属海关，按授权执行鹰潭市辖区内海关工作。内设科室4个（办公室、综合业务科、查检科、稽核科）。

2022年，鹰潭海关党委坚持以习近平新时代中国特色社会主义思想为指导，聚焦习近平总书记对江西提出的"作示范、勇争先"目标定位，按照海关总署党委提出的"铸忠诚、担使命、守国门、促发展、齐奋斗"的工作要求，落实南昌海关党委"20字"工作思路，以"时时放心不下"的责任感，推进鹰潭海关工作全面发展、全面进步。监管进出口报关单3499票，货值311亿元、列南昌关区第二、同比增长2.3%；征收税款17.6亿，列南昌关区第四；加工贸易备案设立手册25份，货值62.2亿美元，位居南昌关区第一。建设鹰潭国际陆港的提议被纳入江西省、市两级"十四五"规划，并于2022年5月29日正式运营，已支持国际陆港完成6万余吨、3000多个集装箱货物进出口等相关工作。

【党的建设】2022年，鹰潭海关将学习贯彻习近平总书记重要讲话精神和重要指示批示精神作为重中之重，落实"第一议题"制度，开展强化政治机关建设专项教育活动和"学查改"专项工作。通过党委会、党委理论学习中心组等形式学习习近平总书记重要讲话精神42次236人次。围绕学习贯彻党的二十大精神，构建领导干部"领学"、支部集体"研学"、先锋典型"导学"、用好平台"常学"、创新形式"活学"的"五学"学研机制，采取自己学+集中学、辅导学+研讨学、线上学+线下学的"三轮驱动"学习形式，开展学习研讨累计140余次。围绕"疫情要防住、经济要稳住、发展要安全"的重要指示，推动海关总署10条措施和南昌海关33项举措落实落地，分解具体任务35项。统筹开展政治机关建设专项教育和"学查改"专项工作，梳理49个岗位的政治要求228条，查摆问题，制定整改措施。落实全面从严治党主体责任，制定印发任务分解表，实现"责任到人、措施到人、任务到人"。主动接受派驻纪检组监督，定期会商、研判风险，与派驻纪检组工作进行专题沟通19次。

推动"四强"党支部建设，实现"支部建在科上""支部强在科上"，综合业务科党支部被评为"四强"党支部,"好口子"党建品牌被评为南昌关区党建培育品牌。深化"研究性"海关建设,提升数据"首发、首报、首用"能力,"加强、加密、加深"进出口分析和政策研究,党委班子带头开展"解剖麻雀式"调研,转化研究课题17个。

严纪律强作风,推进清廉海关建设。落实南昌海关党委关于加强对"一把手"和领导班子监督工作的有关要求,深入开展"海关重点项目和财物管理以权谋私"专项整治工作,持之以恒建设清廉海关。召开各类会议专题学习、推动工作13次,细化专项整治工作4个阶段23项措施,排查风险27人次。严格执行每日考勤打卡和请销假制度。突出纪律刚性,坚持抓早抓小,加强对人员"8小时"以外监督管理,落实禁止酒驾、醉驾等各项规定。时刻绷紧廉政高压线,严格要求自己,杜绝特权思想,防微杜渐、抓细抓常,守住廉政底线。

开展"海关重点项目和财物管理以权谋私"专项整治。预算执行率100%,牵头召开各类会议专题学习、推动工作13次,细化专项整治工作4个阶段23项措施,排查风险;对鹰潭海关涉及的问题,制定整改措施,立行立改。

【综合监管】2022年,鹰潭海关开展综合监管工作。履职尽责推动法治建设。利用"钉钉""学习强国"等平台,学习贯彻习近平法治思想。引导关员将日常综合执法工作与普法工作结合起来,全面推行依法行政,切实加强法治建设。围绕"12·4"国家宪法日等重要节点开展活动,进一步增强全体党员干部的法治观念和法律意识。对照南昌海关发布的风险防控案例开展排查,自行开展风险排查。将疫情防控工作作为重大的政治任务予以推进,修订更新工作制度16项,开展"四不两直"监督检查23次,有效应对属地突发疫情。

开展"口岸危险品综合治理"百日专项行动,保障鹰潭海关辖区含锂电池危险货物"锂电池水表"首次出口,监管危包151批次,危化品39批次、货值3812万元。加强进境粮食的装卸、加工、下脚料处理等后续环节的严密监管,检出进境植物检疫性有害生物11种次、一般性有害生物114种次。强化知识产权保护工作,辖区专利有效备案5件、权利人数量2个。强化后续监管,全年稽

▲2022年3月11日,南昌海关所属鹰潭海关赴企业开展RCEP专题调研

查补税额位列关区第一。

开展进境粮食后续监管。与重点企业主动对接，指导企业高效办理进境粮食初审及调运审批、库点备案、仓号变更等申请事项；加强进境粮食的装卸、加工、下脚料处理等全链条监管。全年监管进境粮食15.3万吨。

监管重点前移，提升企业质量安全主体意识，提高查验通关便利化水平等方面发力，指导帮扶食品添加剂、木雕工艺品等重点特色产品扩大出口，监管出口甘氨酸、植物提取物等食品添加剂461批、货值2.88亿元，同比分别增长28%、86%；出口木制品117批、4833万元。

开展报关单事后验估，保障税款应收尽收，处置反馈验估指令519票。落实后续监管职能，开展稽查作业6起，核查作业27起，纠正22家企业的违规行为；接受主动披露作业1起；不断夯实打私工作基础，持续保持高压严打态势全面推进"国门利剑2022"专项行动，审理审核案件2起。把握重要时间节点安全生产工作特点，紧盯关键环节和重点领域，排查安全隐患，落实早发现、早报告、早处置的要求。

【检验检疫】2022年，鹰潭海关学习疫情防控最新文件要求，开展个人安全防护实操培训，结合工作实际精准落实最新工作要求。强化大局意识、全局意识，支援南昌北机场一线抗疫工作2人次，抽调开展巡查工作1人次。

开展"国门绿盾2022"行动，做好出口植物产品质量安全监管，严格辖区进境粮食的检疫后续监管，落实国门生物安全监测任务，保障国门生物安全监控成效，学习宣传贯彻《中华人民共和国生物安全法》，加强外来物种防控，筑牢动植物检疫防线，维护国门生物安全。

优化检验监管模式，帮扶食品添加剂、茶叶、米粉等特色产品生产企业扩大出口。加强对辖区重点出口食品添加剂企业的风险监控和日常监管，重点强化关键生产环节卫生安全管控。加强生产人员防护措施，根据国外标准变化情况，及时发布警示通报。

强化危化品、危包等重点敏感商品安全监管。落实"口岸危险品综合治理"百日专项行动各项要求。结合辖区危险品属地监管业务实际，针对危险品及危包属地查检业务重点。全年检验鉴定出口危险货物包装151批次，危化品39批次、货值3812万元，实现危险品安全监管零事故。

【服务开放发展】2022年，鹰潭海关贯彻习近平总书记关于统筹做好疫情防控和经济社会发展工作的重要指示精神，落实海关总署促进外贸保稳提质十条措施，落实南昌海关促进外贸保稳提质举措，持续深化"放管服"改革，优化口岸营商环境。

推动开展"企业集团财务公司担保"业务，助企纾困，降低进出口企业成本。以再生铜进口新政实施为契机，引导本地企业报关回流开展铜原料进口业务，接受进口再生铜申报1328票，货重5.7万吨，货值32.2亿元，征税4.2亿元，同比分别增长72.1%、70.5%、73.6%、73.6%。单耗定额参数管理改革拓展到铜冶炼行业的建议获海关总署批准，参与铜冶炼行业单耗定额参数改革框架方案制订工作，推动加工贸易提档升级。强化政策指导，引导企业用好用足原产地规则优惠政策，签发原产地证书1294份，货值1.15亿美元，为企业出口产品减免关税4025万元。

指导鹰潭国际综合港经济区和国家铜产品技术贸易评议基地建设，支持鹰潭打造集进出口贸易、加工、保税、研究、铜期货交割、供应链金融为一体的开放平台。

落实通关业务改革，提升企业贸易便利化。辖区符合条件涉税报关单均采用"自报自缴"模式；开展"汇总征税"工作，汇总征税由4家提升至7家；无纸化通关率100%；出口提前申报率100%；国际贸易"单一窗口"申报比例100%；原产地证自助打印率62%；"两步申报"应用率77%，"两段准入"报关26票。

强化政策宣传，组织开展"十百千万"服务计划等各类政策宣传和关企座谈30余次。开展"一对一"帮扶，为辖区40家重点企业设立企业帮扶联络员，对企业反馈的困难进行建档督办，为企业解决各类业务疑难80个。推广"互联网+海关"，做好查验报关单及时放行工作，实现出口货物发货、报关、

▲2022年8月4日，鹰潭海关赴鹰潭国际陆港指导推进海关铁路监管作业场所建设

进仓无缝衔接。

【财务及后勤保障】2022年，落实"过紧日子"要求，提前谋划"总盘子"。按照"优先保民生，重点保运转，精准保发展"原则做好财务规划，合理安排资金，重点保障民生支出和维持业务正常运转的刚性支出，优先解决疫情防控等应急性支出。严控"三公"经费预算，做好预算项目管理和经费支出审批，提高资源配置和资金使用效益，提升预算执行效能。加强固定资产管理。落实闲置房地产处置利用三年规划。严格公有住房管理。推进节能减排，每月统计用电、用能、用水量，定期公示公务用车的用油量及行驶里程数。推进光盘行动、垃圾分类等活动，推进建设节约型机关。

【干部队伍建设】2022年，鹰潭海关大力选拔敢于负责、勇于担当、善于作为、实绩突出的干部，选任正科级领导干部1人、副科级领导干部2人、晋升职级4人。

撰稿人

黄　标

上饶海关

【概况】中华人民共和国上饶海关（简称上饶海关）是南昌海关直接领导的属地型隶属海关，按授权执行上饶市辖区内海关工作。内设科室7个（办公室、综合业务科、查检一科、查检二科、稽核一科、稽核二科、稽核三科）。

2022年，上饶海关贯彻落实习近平总书记重要讲话和重要指示批示精神，深入学习宣传贯彻党的二十大精神，围绕海关总署党委提出的"铸忠诚、担使命、守国门、促发展、齐奋斗"工作要求、12个方面重点任务，弘扬"求实、扎实、朴实"的海关文化，按照南昌海关党委"忠诚作示范、创新促发展、实干防风险、严管勇争先"的工作思路，推动各项决策部署和工作任务落地。

【党的建设】2022年，上饶海关学习宣传贯彻党的二十大精神。上饶海关党委组织全体干部职工收听收看党的二十大开幕会盛况。组织处、科级领导干部11人次轮流谈认识，邀请江西省出席二十大党代表到关现场宣讲党的二十大精神，撰写贯彻落实思路文章31篇。落实"第一议题"制度，把习近平总书记重要讲话和重要指示批示精神作为"第一政治要件"抓好学习贯彻，通过"三会一课"、党委理论学习中心组、青年干部理论学习小组等组织学习68次。

推进党史学习教育常态化长效化。开展唱一首红歌、读一封红色家书、听一次红色党课"三个一"红色主题活动，开展红色走读10次。报送关史论文6篇，2人获得海关学会上海分会关史征文二等奖、1人获三等奖，参与

▲2022年10月17日，南昌海关所属上饶海关关员学习党的二十大精神

南昌海关课题组撰写的理论文章在海关总署相关刊物刊登。

持续深化党的建设。党委班子落实基层支部联系点制度，到联系支部开展督促、指导工作42次。扎实开展党务干部岗位练兵活动，开展学习研讨3次、专项测试1次。积极创先争优，办公室党支部连续两年获评"四强"党支部，综合业务科党支部、查检二科和稽核一科党支部获评"四强"党支部，查检二科和稽核一科党支部获评关区党建示范品牌。办公室党支部连续两年被评为关区先进基层党组织。开展"海关重点项目和财物管理以权谋私"专项整治，强化问题整改。

【综合监管】2022年，上饶市外贸进出口值为497.6亿元，位居全省第六，同比增长56.2%，增幅位居全省第三。监管进出口货运量41181吨，同比增长518%。监管进出口货值30.6亿元，同比增长54.5%。结关报关单6903票，同比增长252%。备案加工贸易手册19份，同比下降32.1%；备案金额2.1亿美元，同比增长93.5%。备案企业1994家。征收税款1.94亿元。

打击走私综合治理。落实习近平总书记关于打击走私工作的重要指示批示，收集海南离岛免税"套代购"风险信息，收集反馈96个电话号码"套代购"数据。加强与职能部门衔接合作，积极开展跨境电商寄递和"异宠"风险信息日常收集，收集"异宠"信息4条。对1家企业专利购买是否涉及特许权使用费进行贸易调查，指导开展漏报运保费主动披露。

强化后续监管。以稽查查发、查缺补漏和规范管理为重点，办结稽查作业4家，核查作业71家。加强稽查水平提升，在2022年全国海关稽查岗位练兵个人技能比武中取得南昌关区个人成绩第一、平均成绩第二的好成绩，1名同志入选全国"百强"人员名单。加强稽核查工作，查发稽查改革以来关区首起涉检稽查作业，提交和转化稽查建议9条。

【检验检疫】2022年，上饶海关毫不动摇战疫情。上饶海关党委切实担负起防控主体责任，全体干部职工履行好自身健康"第一责任人"责任。严格落实安全防护监督制度。围绕应急处突，开展职业暴露感染等实操演练4次。接受海关总署"百名科长百日督查"视频检查。接受海关总署疫情防控派驻实

▲2022年7月7日，南昌海关所属上饶海关关员在现场开展进口电动轮胎目的地检验

地督查组实地检查，相关工作获得肯定。与上饶市建立新冠疫情联防联控机制并有效运行。派员支援南昌昌北机场疫情防控工作7人次，组织一线关员开展个人防护培训4次，开展进口高风险非冷链集装箱货物新冠病毒检测和预防性消毒演练2次，开展职业暴露感染或其他可能导致安全防护的突发事件应急演练3次。外勤作业严格落实南昌海关和属地疫情防控有关要求，做好个人防护。

加强进出口商品检验。开展"口岸危险品综合治理"百日专项行动，提升危险品监管能力，检验危化品及其包装1468批次，检出不合格120批次，同比增加64.4%。全年监管危化品842批次，包装626批次，货重32186.7吨，货值7956.3万美元，批次同比减少9.6%，货重同比减少12%，货值同比增长3.2%。开展进口工业品目的地查验28批次，货重543.9吨，货值347.8万美元，同比分别增长7.7%、减少11.2%、增长11.7%。

维护进出口食品安全。报送食品安全信息436条，获海关总署食品局采用3条。开展出口食品监督抽检18批次，风险监控采样11个，完成19家输非茶叶企业专项监测任务。

强化动植物检验检疫。提升动植物疫情防控能力，加强进境粮食检验检疫，完善国门生物安全防控体系，开展外来有害生物监测，加强进出境动植物检疫监管。帮扶1家企业活猪饲养场恢复供港，全年供港活猪12276头。严格落实国门生物安全风险监测实施工作，开展风险监测4次，采集猪尿样24个、猪血样150个。

开展"国门绿盾2022"行动。严防植物疫情传入和外来物种入侵，维护国家生态安全和生物安全。开展实蝇监测和进境有害生物监测，全年截获有害生物315种次。

【服务开放发展】2022年，上饶海关推进"一关一品"建设。与南昌海关统计分析处共同开展太阳能电池产业链长板研究。落实鄂赣湘三省海关协同机制，帮助企业畅通区域内物料就近集约保供，促进重点企业产能持续释放，晶科能源光伏产品全年出口突破240亿元。开展"关'助'发展"系列宣讲活动，党委班子成员坚持每月走访重点企业联系机制，入企走访调研45次。组织辖区企业参加南昌海关"关'助'发展"系列宣讲活动70余家次。

优化口岸营商环境。报送"服务新发展格局，更好发挥海关在国内国际双循环交汇枢纽作用"主题论文10篇。进、出口整体通关效率分别位居关区第二、第四。帮助企业尽享RCEP优惠，签发RCEP原产地证书74份，签证金额540万美元，帮助企业享受国外关税减免180万元。加大AEO高级认证培育力度，1家企业通过评估，培育2家。

加强国外技术性贸易措施研究，撰写《欧盟不再继续批准农药活性物质茚虫威对茶叶出口的影响》在"12360服务"微信公众号上刊载。开展"我为群众办实事"实践活动，开展社区共建6次、志愿服务80人次，公益性活动、讲座10余次，发放各类宣传册600余份。落实"问题清零"机制，解决进出口企业"痛点""难点""堵点"问题40余个，窗口服务政务"好差评"参评率和好评率均为100%，行政审批受理大厅被评定为"一星级全国青年文明号"。

助力上饶综合保税区申建，提出针对性意见建议6条。支持上饶跨境电子商务综合试验区建设，完成35家跨境电子商务企业备案。保障光伏产品中欧班列运行9趟，计450个集装箱，货值3.2亿元。

【财务及后勤保障】2022年，上饶海关落实中央八项规定及其实施细则精神，对照制度强化各项管理，年底预算执行率达100%。应用无纸化办公，精简会议文件，降低工作成本；加强防疫物资管理，有序规范仓储管理、物资采购、物资申领各个环节。加强固定资产管理，严格做好固定资产调拨、报废、处置等事项。加强闲置房产处置与办公用房管理。严格公务用车管理，实施"一车一卡一档案一台账"，严格派车制度、规范汽车加油、维修审批程序；重视房产安全，严格落实安全管理责任，开展燃气安全排查整治，全面查堵房屋、燃气、水电、消防、车辆等安全重点隐患，确保安全稳定发展。加强节能机关建设，教育全体干部职工切实勤俭节约、珍惜公物；对绿化用水开展滴灌技术改造，建立节能巡查检查制度，每日开展用水巡查和班后节能检查。2022年上饶海关单位建筑面积能耗、人均水耗指标值、单车用油量同比分别下降8.72%、6.69%、5.47%，并在上饶市2021年度公共机构节能考核中获评优秀。

【干部队伍建设】2022年，上饶海关党委全覆盖开展谈心谈话，掌握全体干部思想动向，建设生态良好"精神家园"。加强准军建设，对内务规范、纪律作风等实行不定期、全覆盖"现场实地+视频监控"检查。常态化严防酒驾醉驾，推送纠治酒驾醉驾微信文章和提醒短信，开展视频连线检查。提升青年干部能力，全国海关稽查岗位练兵个人技能比武中1人进入全国"百强"，《中国国门时报》国门传播新闻奖中1人获摄影类二等奖，江西省直机关"喜迎二十大 奋进新征程"演讲比赛中1人获三等奖，南昌海关科普知识讲解比赛中1人获一等奖、江西省科普知识讲解比赛中1人获优秀奖。

围绕"三不腐"机制建设报送思考建议54条。深化以案促改，组织观看警示教育片，开展廉政警示教育。深入推进新时代海关廉洁文化建设，自导自演的《亲情关系（二）》廉政微视频在海关总署《海关影像》播放，报送"清风国门"廉洁文化作品9件。学会工作取得佳绩，上饶海关学会小组被评为上海分会优秀学会小组。

撰稿人

姬文灏

宜春海关

【概况】中华人民共和国宜春海关（简称宜春海关）是南昌海关直接领导的属地型正处级隶属海关，按授权执行宜春市辖区内海关工作。设有6个科室（办公室、综合业务科、查检一科、查检二科、稽核一科、稽核二科）。

2022年，在南昌海关党委的坚强领导下，宜春海关学习贯彻习近平新时代中国特色社会主义思想，按照南昌海关党委"忠诚作示范、创新促发展、实干防风险、严管勇争先"工作思路，坚持马上就办、真抓实干，各项工作稳步推进。全年宜春外贸进出口508.1亿元，同比增长59.4%。其中，出口474.8亿元，同比增长61.6%；进口33.3亿元，同比增长34.3%。进出口规模居全省第五，进出口、出口、进口增速分别居全省第二、第二和第五，进出口、出口、进口增速分别高出同期全省平均增速24.5个、22.9个和10.1个百分点。"宜春市全力打造二手车出口业务品牌"入选江西内陆开放型经济试验区建设改革创新"十佳典型案例"；拓展出口烟花产业供应链新通道，推动开通"万载—北海"烟花爆竹物流新通道，破解了多年以来烟花爆竹出口只有经岳阳、上海一条水运通道的难题。1个党支部被评为关区"四强"党支部，1个党支部被评为先进基层党组织，3人获评优秀共产党员，1人获评优秀党务工作者，继续保持"全国文明单位"荣誉。

【党的建设】2022年，宜春海关深入学习习近平新时代中国特色社会主义思想，贯彻落实习近平总书记重要指示批示精神和党中央重大决策部署。坚持"第一议题"制度，召开35次党委会、12次党委理论学习中心组学习贯彻落实习近平总书记重要讲话和重要指示批示精神，围绕常态化疫情防控、优化口岸营商环境等重点工作，形成"督查＋评估＋问效"闭环机制，推动党中央重大决策部署落细落实。

学习宣传贯彻党的二十大精神。召开党委（扩大）会专题学习党的二十大报告，党委书记牵头领学，党委班子成员分头促学。通过"三会一课"、青年干部理论学习小组等多形式，开展党的二十大报告"微诵读"、交流研学等活动，迅速掀起学习宣传贯彻热潮。结合工作实际，对全面学习、全面把握、全面落实党的二十大精神进行重点部署落实。

统筹推进基层党建工作。夯实党建工作基础，提升党建管理水平，破解"两张皮"问题，研究制定党建问题常见清单，完善各支部党建薄弱环节20余项，1个党支部被评为关区"四强"党支部。建设党建长廊、廉洁文化长廊。召开年度组织生活会，全体党员对照4个方面联系实际进行党性分析。

开展捍卫"两个确立"、做到"两个维护"、强化政治机关建设专项教育。制订《宜春海关开展捍卫"两个确立"、做到"两个维护"、强化政治机关建设专项教育活动方案》《宜春海关开展捍卫"两个确立"、做到"两个维护"、强化政治机关建设专项教育活动措施》。开展"学查改"，逐一制定整改措施并落实到位。

开展"海关重点项目和财物管理以权谋私"专项整治，全面查找问题和不足，运用专项整治成果提高修缮项目等方面管理水平。结合南昌海关"海关重点项目和财物管理以权谋私"专项整治工作专班意见，深入排查问题风险，召开专项整治推进会3次，完善公务接待管理规定。

【综合监管】2022年，宜春海关成立了以主要负责人为组长，班子其他成员为副组长，各科室主要负责人为成员的法治建设领导小组。主要负责人作为法治建设第一责任人，每半年听取1次法治建设相关工作汇报，坚持一级带一级、一级管一级，带头加强最新行政法律法规学习。

抓实安全生产管理，印发《宜春海关关于进一步完善安全生产工作领导小组机制的通知》《宜春海关安全生产工作领导小组关于贯彻落实习近平总书记重要指示精神进一步加强辖区安全生产工作的通知》，制定《2022年宜春海关安全生产工作要点》《宜春海关安全生产大检查方案》，定期听取安全生产工作情况汇报，对安全生产开展提出具体工作要求，签订涵盖主要负责人、分管关领导、科室长的安全生产责任书。每月开展安全生产隐患排查，对前期发现问题进行"回头看"。

2022年，协助新余缉私分局办理4起缉私案件，其中涉检案件1起，罚没入库3.6万元。完成稽查业务4起，3起贸易调查作业转化为稽查作业。落实办理自主查发的简易程序、快速办理案件业务改革，办理6起简快案件，其中涉税案件1起、涉检案件5起，案值总计1.8亿元。强化企业资质管理，全年办理企业资质注册备案管理46家，企业注册备案作业时效性、有效性均为100%。做好企业核查工作，全年接收核查作业指令60家，完成率100%。通过核查作业发现企业不符合项185项、注销不符合要求企业资质16家，管理类核查作业有效率100%。

【检验检疫】2022年，宜春海关检验检疫1.7万批次、49.4亿元。在动植物检验检疫方面，检验检疫3716批、7.3亿元，同比分别下降20.9%、3.1%，均为出口；抽检184批，不合格7批，不合格率0.2%。在食品及化妆品检验检疫方面，检验检疫2721批、8.2亿元，同比分别增长8.5%、25.6%，均为出口，抽检15批，无不合格批。在工业品检验监管方面，检验检疫10473批、34亿元。

严格动植物检疫监管。全年完成审核调运进境粮

24.2万吨，同比增长11.1%，后续监管送检截获有害生物396种次，其中检疫性有害生物49种次，检出口岸未检出的检疫性有害生物15种次。完成江西省首批自美国进口4万羽种鸡隔离检疫监管。完成南昌海关出境竹木草制品检疫监管情况专题执法评估课题研究。

强化食品安全监管。全年备案出口食品生产企业64家，备案种植养殖基地8家，出口产品涵盖粮食制品、饮料、罐头、蜜饯、食用油、调味品、速冻食品等多个类别。出口申报前监管进出口食品2721批次，货值8.2亿元，同比分别增长8.5%和25.6%。查验进口食品22批次，货值9036.8万元。完成进出口食品监督抽检抽样21批次。参与巴布亚新几内亚食品安全管理体系课题研究，共同完成两国进出口食品安全管理体系比较研究报告。

推进危险品综合治理。全年获得进出口危险货物及其包装检验监管资质18人，占比82%，获得进出口烟花爆竹检验监管资质18人，占比82%，一线关员100%获得

▲2022年3月11日，南昌海关所属宜春海关关员对进境种鸡进行隔离检疫

相应资质。全年完成危险货物及其包装检验监管1.3万批、2.9亿美元，检出不合格168批，不合格率1.28%。其中，查验烟花爆竹5402批、包装使用鉴定4987批、货值1.48亿美元，同比分别增长30%、35.8%、35.3%。与地方政府共同推动开通"万载—北海"物流通道，打通货物出海新通道。

【服务开放发展】2022年，宜春海关税收入库0.66亿元，同比增长17.3%。推进企业集团加工贸易监管改革，指导2家企业应用保税物料跨企业调拨、自主存放、外发加工免担保等多项优惠措施，为企业节省物流、报关等费用400万元。参与出口属地查检随机管理系统开发测试，首次完成南昌关区通过系统方式随机选取属地查检作业人员工作。

大力推进减负增效。2022年，审批减免税49票，减免税款1844万元。用好原产地优惠政策，实施RCEP入企行动，应用原产地自助打印、邮寄取证等快捷服务，压缩原产地申领时长超50%。全年签发原产地证书7018份（其中RCEP证书222份），签证金额3.6亿美元，为企业减免国外关税1785万美元。助力3家企业入选南昌海关"龙腾行动"重点企业，与地方签订知识产权合作备忘录。

▲2022年8月3日，南昌海关所属宜春海关关员服务二手车出口

扶持地方特色产业加快发展。支持辖区二手车出口，帮助企业解决商品归类、规范申报、报关单修撤等通关问题，累计出口二手车104辆，货值1824万元，"宜春市全力打造二手车出口业务品牌"入选江西内陆开放型经济试验区建设改革创新"十佳典型案例"。积极服务锂电产业、产品"引进来、走出去"，用好减免税、预约查验等举措，帮助企业高效完成设备进口及产品出口手续。

【财务及后勤保障】2022年，宜春海关落实"三公经费"使用管理，科学合理编报预算，严格执行预算进度，确保资金使用规范。落实资产实物管理责任，做到账物相符，保证资产保值、不流失。强化固定资产管理。严格公务用车管理。严格财务制度管理。严格采购管理方面，依法采购、管采分离。

【干部队伍建设】2022年，宜春海关加强干部队伍建设，坚持用新时代好干部标准选人用人，推荐1名副处级干部，选任1名副科级领导干部，1名副科级领导干部试用期满转正，6名同志晋升职级。开展全员培训，全员按时完成年度教育培训学时学分任务。开展"内务规范强化季"活动，常态化开展内务督察，严抓队列训练、日常考勤、纪律规范、窗口作风。

撰稿人

徐兆伦

萍乡海关

【概况】中华人民共和国萍乡海关（简称萍乡海关）是南昌海关直接领导的属地型隶属海关，办理萍乡市辖区内的各项具体海关业务。内设科室3个（办公室、综合业务科、查检科）。

2022年，萍乡海关在南昌海关党委的坚强领导下，坚持以习近平新时代中国特色社会主义思想为指导，深入学习宣传贯彻党的二十大精神，贯彻习近平总书记重要指示批示精神，落实党中央重大决策部署，各项工作稳中有进、稳中向好。获评全国节约型机关、萍乡市"十三五"期间安全生产工作先进单位等荣誉，萍乡海关党支部顺利通过复评考核获评关区"四强"党支部以及关区党建培育品牌，获评2021年度关区先进基层党组织，相关党建经验做法获评2021年全省机关党建创新案例评选三等奖，11人次获南昌海关个人或集体奖励。

【党的建设】2022年，萍乡海关强化政治机关建设。按照"党要管党、从严治党"的工作要求，牢固树立主责主业意识，将全面从严治党与海关工作同谋划、同部署、同落实、同检查。落实"第一责任人"责任，班子其他成员履行"一岗双责"。严守党内政治生活准则，坚持"四责协同"，落实意识形态工作责任制，发挥领导班子以上率下"头雁"效应。

学习宣传贯彻党的二十大精神，深刻领悟"两个确立"的决定性意义，开展大学习、大宣传、大贯彻活动，研究制订措施方案。坚持读原文、悟原理，发挥党委领学促学作用，坚持在学懂弄通做实上下功夫，坚持"关键少数"与"绝大多数"共学共研，用党的创新理论凝神铸魂，补足精神之钙，夯实思想之基。组织召开线上线下集中学习27次，党员干部撰写心得体会15篇，关党委深入一线开展党的二十大精神宣讲6次。坚持"第一议题"制度，开展政治机关建设专项教育活动与"学查改"专项工作，做到全员覆盖、全域查摆、全面整改，干部队伍政治判断力、政治领悟力、政治执行力全面提升。召开党委会再学习再动员再部署12次，通过党委中心组、"三会一课"等组织集中学习研讨《习近平谈治国理政》第四卷、《习近平经济思想学习纲要》等重要学习内容14次，党委书记讲专题党课3次，形成心得体会20多篇；对照"四个是否"要求全面梳理风险隐患，与巡视巡察、审计整改统筹推进，并结合专题民主生活会、抓落实专题组织生活会对照查摆问题，制定整改措施。实施"政治建设在一线、责任担当在一线、服务企业在一线"党建工作法，挖掘"甘祖昌精神"品牌内涵，探索安源精神与支部品牌有机融合、化学反应，支部通过"四强"党支部复评考核与党建品牌复评考核，赴安源路矿大罢工纪念馆、孔原故居、甘祖昌干部学院开展特色主题党日活动12次，相关党建经验做法获评2021年江西省机关党建创新案例评选三等奖。落实基层党建"双提升"要求，用好"智慧党建"与"赣鄱党建云"平台。加强萍乡红色文化与海关史研究，开展"关于传承发扬'安源精神'，强化海关政治机关建设的思考与研究"等课题3个。开展"海关重点项目和财物管理以权谋私"专项整治，梳理重点企业、重点人员，排查并整改非执法领域管理薄弱环节，建立防控措施。

【综合监管】2022年，萍乡海关贯彻落实进一步优化防控工作二十条措施和优化落实

▲2022年2月8日，南昌海关所属萍乡海关关员开展出口烟花爆竹检验

疫情防控措施新十条要求。多轮次派员支援口岸疫情防控一线，高标准从严做好进口货物属地查验安全防护，加强参加封闭管理人员关心关爱。召开指挥部会议25次，完善内部疫情防控相关制度5项，开展风险排查86轮，为进出口企业提供"问办一体"服务模式，实现"服务不见面、时刻都在线"。

坚持以"时时放心不下"的责任感，开展"口岸危险品综合治理"百日专项行动，推进常态化综合治理，充分发挥"吹哨人"预警机制作用，切实防范化解重大安全风险，守牢安全底线、监管红线。强化源头治理，对出口烟花爆竹生产企业开展烟火药剂安全性能检验。对高风险的A、B级组合烟花、礼花弹等产品的烟火药剂安全性能检验，严防重特大事故发生。提高现场检验质量，对现场检验存疑的产品100%抽样送实验室检测烟火药剂安全性能。查发2起出口烟花爆竹涉嫌超生产许可范围申报出口情事，相关工作成效获海关总署肯定。完成出口危险化学品及其包装监管专题关级执法评估报告。

【检验检疫】2022年，萍乡海关做好南昌海关、长沙海关《湘赣两地海关共同服务烟花爆竹出口加强安全监管合作协议》签订保障工作，强化

出口烟花爆竹安全监管。全年查验烟花爆竹12138批、货值30.0亿元，同比分别增长15.7%、17.3%。其中，装箱监督6002批次、11705个标箱、货值20.46亿元。落实稽查改革，提交专项稽查建议3条，均有效转化移交缉私部门处理。严格落实习近平总书记关于食品安全"四个最严"的重要指示批示精神，落实国务院关于深化改革加强食品安全工作的相关要求。规范开展出口食品企业注册备案2家，其中1家为高级认证企业。出口加工食品150批次，货值1601万元，同比分别增长32.7%、22.7%。按要求落实进出口食品化妆品安全监督抽检和风险监测计划，根据系统指令完成抽样送检。联合地方政府开展食品安全宣传活动，组织开展海关食品安全宣传2次。

筑牢进境粮食国门生物安全防线，综合运用"进境粮食管理系统"强化核查；开展进口数据实时监控，强化与兄弟海关信息沟通，提高进境粮食调运、转运在线申报效率，减少延时扩散风险；严格到库卸载入仓监管，督促企业做好到库卸载入仓中散落粮食收集和筛下物集中存放工作；运用"萤石云"在线平台实现"随报随查"，切实提高监管效能。全年监管进境粮食6批次、3.47万吨。

【服务开放发展】2022年，萍乡海关推进跨境贸易便利化，加大自贸区海关监管创新制度复制推广力度，进一步深化进出口货物"提前申报"、"两步申报"等改革，深入对接RCEP，推进高水平开放。推广"数据共享+智能审核+自助打印+快递送达"智慧签证模式，大幅压缩签证时间，实现"不见面""零跑腿"签证。通过现场答疑、网络、电话等方式引导企业应用国际贸易"单一窗口"办理进出口环节监管证件，落实简化随附单证。推广"互联网+预约通关"，实时跟踪报关单通关流程，落实全天候预约通关机制，提高通关效率。出口提前申报率98.54%，进口提前申报率93.75%；签发RCEP原产地证书1050份，签证金额2.6亿元、同比增长59.8%，为出口企业享受国外关税减免1313.9万元。

贯彻落实促进外贸保稳提质、助企纾困降成本各项措施，以"三促一优"为抓手，落实海关总署促进外贸保稳提质10条措施、南昌海关细化落实33条举措。在南昌关区率先试点运行"关企e联通"，实现对企业问题的快问快答；组织党员干部入企

▲2022年2月24日，南昌海关所属萍乡海关关员对进境粮食进行抽样检测

开展"RCEP"等政策宣讲25场，推进优化加贸内销手续、汇总征税、"一站式"受理减免税审核等优惠政策落实落地，解决企业困难58个。研究制定《萍乡海关优化口岸营商环境 促进外贸保稳提质落实措施》并全面推进实施。落实国家减税降费政策，为企业办理8条湿法双向拉伸薄膜生产线及其配套设备的减免税项目确认，涉及货值2.4亿美元，为企业减免税款7695万元。通过减免税方式为重点企业减免税款1506万元，同比增长14.2倍；税收入库首次突破千万，达到1471万元，同比增长27.6倍。落实"一关一品"品牌服务计划，发挥海关"数据+研究"优势，定期跟踪萍乡市外贸运行动态，加强重点产业的监测分析。

2022年，萍乡市烟花爆竹出口16.6亿元，同比增长14.5%；电瓷产业集群出口1.4亿元，同比增长46.1%；农产品出口9378万元，同比增长4.5倍；电子信息产业出口3.7亿元，同比增长47.3%。具体服务举措在《中国国门时报》《江西日报》等媒体刊载31篇，被各类新闻媒体刊载187次。助力打通中欧（亚）班列物流通道，对共建"一带一路"国家（地区）进出口109.8亿元，同比增长72.2%，报送《新时代十年萍乡外贸发展与海关实践》等分析专报11篇。

【财务与后勤保障】2022年，萍乡海关贯彻中央八项规定及其实施细则精神，紧盯节日廉政风险关键环节，强化监督检查，严格实施廉政责任追究。

【干部队伍管理】2022年，萍乡海关弘扬伟大建党精神，加强安源精神的学习研究传承，深化准军事化纪律部队建设，开展队列训练10次，开展内务督察28次，确保内务规范要求入脑入心见行动。加强"8小时"内外管理监督，落实保护关心爱护疫情防控一线人员33项措施，办好为参加疫情防控一线人员和封闭管理人员解决家庭困难等"关键小事"8件。探索建立"甘祖昌"式好干部评选培树机制，加强身边先进典型培树，强化干部队伍政治能力与业务能力双提升。接受派驻纪检组监督，培养严管就是厚爱的政治自觉，落实督查整改反馈制度，开展违反中央八项规定精神情况自查；依托党务政务公开栏、大厅群众意见栏、建立关企微信工作群、落实外出执法廉政纪律告知单和反馈表、聘请系统外9名代表担任特约监督员以及与萍乡市委纪检部门建立联系配合机制等，多渠道构筑监督网络，形成监督合力。定期召开廉政形势分析会，逐级签订《党风廉政建设责任书》；用好监督执纪"四种形态"，开展提醒谈话，抓早抓小，防微杜渐，多举措、全方位、系统化锻造坚强有力、能战善赢的过硬队伍。

撰稿人

杨若为

抚州海关

【概况】中华人民共和国抚州海关（简称抚州海关）是由南昌海关垂直领导正处级属地型海关，按授权负责抚州市辖区内海关各类管理工作的执行机构。内设办公室、综合业务科和查检科3个科室。设党总支1个，下设办公室和综合业务科党支部、查检科党支部2个党支部。

2022年，抚州海关坚持以习近平新时代中国特色社会主义思想为指导，学习宣传贯彻党的二十大精神，聚焦习近平总书记对江西提出的"作示范、勇争先"目标定位，落实海关总署党委"铸忠诚、担使命、守国门、促发展、齐奋斗"工作要求和南昌海关党委"忠诚作示范、创新促发展、实干防风险、严管勇争先"的工作思路，各项工作稳中有进、稳中向好。

全年新增备案企业361家，同比增长77.8%；检验检疫进出口货物及其包装6176批，货值25.02亿元，同比分别增长1.5%、2.7%，截获外来有害生物120种次；结关报关单1913票、同比增长15%，税收入库2208.31万元；开展稽核查作业45起；办结南昌关区首起稽查自主查发的快速办理案件，涉案货值376.5万元；设立加工贸易手册24本，签发原产地证书2632份，办理减免税审核确认手续93份，助推抚州2022年外贸进出口284.2亿元，同比增长32.6%。

【党的建设】2022年，抚州海关深入学习宣传贯彻党的二十大精神。组织全体干部职工集体收看党的二十大开幕会，发挥党委理论学习中心组示范带动作用，依托支部"三会一课"、青年"逐梦课堂""逐梦论坛"等学习平台，线下上好领导干部"政治课"、支部书记"辅导课"、青年党员"微党课"和先进典型"示范课"，线上组织开展"微讨论""微测试"，引导全体党员原原本本学、逐字逐句学，研读原文、领会精神，撰写学习体会30篇。制作宣传视频、展板、海报等，宣传党的二十大精神，营造浓厚学习氛围。

开展"学查改"专项工作和强化政治机关建设专项教育活动。成立专项工作领导小组，强化日常督导，统筹推进党史学习教育常态化长效化，坚持不懈用习近平新时代中国特色社会主义思想凝心铸魂，常态化长效化开展党史学习教育。严格执行"第一议题"制度，开展集体学习32次，利用本土红色资源，赴抚州革命烈士纪念馆、党建文化园沉浸式学习。定期组织开展学习和检查，梳理27个岗位的政治要求和政治标准，提出优化完善职能建议6条。强化自查自纠，深刻检视问题，创新"个人自查问题+党员互查盲区+书记督查进展"模式排查风险隐患，针对性制定整改措施，明确责任部门和完成时限，做到目标明确、权责清晰。关党委开展南丰蜜橘出口问题调查研究，积极提出应对建议，形成调研报告1篇。

加强基层党组织建设。坚持高标准创建模范机关，深化党建"双提升"行动，坚持学中干、干中学，发挥战斗堡垒作用和先锋模范作用，紧扣职能职责，擦亮"春风""凌寒"党建品牌，打造以"微阵地""微讨论""微心得""微服务""微关爱"为核心的"五微工作法"，采取走进企业"宣传+服务"的方式，把学习成果转化为提升专业能力、助企纾困解难的思路举措，推动党建业务深度融合。抚州海关办公室和综合业务科党支部获评关区"四强"党支部和先进基层党组织，2名党员获评关区优秀共产党员和优秀党务工作者。

推进巡视问题整改落实。树牢"工作落实从整改开始"的理念，健全完善整改清零和评估机制，督促相关科室和责任人一件一件抓、一项一项改。强化巡视巡察及审计成果运用，举一反三、标本兼治，推进以巡促改、以巡促建、以巡促治，达到"巡察一次、提升一档"的效果。

开展"海关重点项目和财物管理以权谋私"专项整治。运用"第一种形态"3次，研究确定重点项目2个，梳理各岗位风险，整合形成重点项目清单、人员清单和企业清单。查阅重点项目档案资料、报表等35份，对重点对象全覆盖调研，召开企业座谈会4次，发放调查问卷10份，制、修订制度2项。

持续强化廉政监督。落实《中共南昌海关委员会关于加强对"一把手"和领导班子监督的实施方案》21条措施，"一把手"以身作则自觉主动接受监督，带头落实谈话提醒、民主集中制、述责述廉等各项监督制度。严格落实双重组织生活制度，严肃党内政治生活，开展经常性谈心谈话14次。每季度与派驻纪检组召开联席会议，定期分析、报告廉政形势和问题，反馈每月重点监督检查事项情况，实现同向发力、同频共振，形成监督合力。强化监督管理，政务服务"好差评"系统好评率100%，完善常态化廉政监督抽查回访机制，实地和电话回访32次。

加强新时代海关廉洁文化建设。将廉政专题学习纳入年度学习计划，坚持每月至少举行1次廉政学习、每半年开展1次廉政党课；紧盯节假日强化廉政教育，召开节前廉政教育会，对廉洁过节、杜绝酒驾醉驾和值班值守等工作进行布置。严肃党内政治生活，活用本地"廉元素"，推进王安石、陆九渊等抚州籍先贤、名人的家风家训进家庭，引入当地"莲廉文化"创设"廉香抚关"文化品牌，组织讲好一次红色故事、上好一堂廉政党课、开展一次"年轻干部谈廉洁"座谈、诵读一篇家规家训、创作一幅文化作品等"五个一"活动。

【综合监管】2022年,抚州海关严密监管高效把关。综合利用HLS2017、HF2020风险信息及风险预警等平台,上报风险信息11条,被采纳5条;开展"口岸危险品综合治理"百日专项行动,加强对危险化学品及其包装检验监管,检出不合格33批次;用好稽核查工作手段,专项稽查查发抚州首起固体废铜进口,办结南昌关区首起稽查自主查发的快速办理案件。构建反走私合作机制,1人获评江西省打击虚开骗税违法犯罪工作"成绩突出个人",4人获评抚州市打击走私烟草先进个人。

加强安全生产工作。贯彻落实习近平总书记关于安全生产的重要批示精神,巩固提升安全生产专项整治三年行动成果,持续开展重点领域专项整治,完善安全生产领导小组工作机制,制订安全生产月活动方案,遏制重特大事故发生。制定隐患排查计划,开展风险排查。建立预防机制,聚焦危险品检验监管、动植物检疫、食品安全监管、执法作业安全、办公场所、住宿建筑物以及公务用车安全等重点领域,实现日常安全隐患排查和节假日重点排查相结合,守牢安全底线。

【检验检疫】2022年,抚州海关科学精准做好新冠疫情防控。坚持"外防输入、内防反弹"总策略和"动态清零"总方针,坚持"人、物、环境"同防、多病同防,守住外防输入关口。提升应急防控能力,开展4次应急演练、102轮风险排查和2253人次核酸检测;强化人员出入管理,完成对729人次来访人员、180人次外出人员审批管理;强化疫苗接种;支持口岸疫情防控,4人7次驰援昌北机场海关一线疫情防控,7人次获评南昌海关疫情防控集体及个人嘉奖。

防范外来物种入侵。开展"国门绿盾2022"行动,严防外来物种跨境入侵。派出青年干部专家参与完成海关总署《出境水果检验检疫操作指引》修订工作;后续监管进境粮食25批、11.9万吨,截获有害生物120种次,其中检疫性有害生物11种次;开展外来有害生物监测,布设检疫性实蝇监测点61个,构筑国门生物安全坚实防线。

【服务外贸发展】2022年,抚州海关开展优化口岸营商环境专项行动。开展"关'助'发展"和"春风"系列政策宣讲,通过"访区县、进园区、下企业",实现对抚州各县(区)政策宣讲全覆盖,

▲2022年5月18日,南昌海关所属抚州海关帮助扩大茶叶出口,助力乡村振兴

与167家企业开展座谈。推行"提前申报""两步申报",全年进、出口整体通关时长同比分别下降64.3%和83.2%。推广"多证合一""洪关一点通"等,让数据多跑路、企业少跑腿。90家企业通过"多证合一"渠道办理海关备案,位居全省第一。

推行"数据共享+智能审核+自助打印"等不见面办理模式,97%的原产地证通过"自助打印"实现足不出户申领。提供"无事不扰+有事必应+有难就解"的服务。深化"问题清零"机制,畅通12360海关热线,做到对企业的咨询、求助、意见、建议和投诉及时回应,解答各类问题1000多个。压缩出口食品生产企业备案办理时限,新增出口食品等备案企业30家,同比增长127%。

助力乡村振兴,帮助辖区特色农食产品南丰蜜橘、南城米粉、广昌莲子、乐安罐头等出口7.75亿元。帮助南丰蜜橘重返俄罗斯市场,帮助莲子汁首次出口美国、特色辣椒酱首次出口中国香港地区。保障10.3万吨木薯干进口,帮扶新能源企业纾解原料不足困难。帮助1家企业用好AEO高级认证企业优惠政策,免收企业担保金2400万。积极引导2家企业参与加工贸易残次品管理改革试点,出口货值20.9亿元,同比增长44.17%。

助力抚州跨境电商跨越式发展。支持引进和培育跨境电商龙头企业和外贸综合服务企业,促成船运方、货代方、供应链商、生产商等多方会谈,形成抚州外贸资源库,为中小微外贸企业提供通关、物流等全方位外贸综合服务。支持抚州汽车轮毂、服装、塑料制品、农产品等特色产业对接跨境电商平台,促进特色产业及优势产品扩大出口。2022年,抚州市新增跨境电商企业备案64家,达112家。

【干部队伍建设】2022年,抚州海关坚持从日常管理严起,开展内务规范月活动,加强准军事化纪律部队建设,崇尚"求实、扎实、朴实"海关文化,不断加强纪律作风养成。通过开展队列集训,强化关容风纪督察,涵养"马上就办、真抓实干"的能力和作风。落实关心关爱疫情防控一线人员"关键小事",激发党员干事创业积极性,11人获职务职级晋升,2人分别获评江西省青年岗位能手和南昌海关青年岗位能手。开展"四抓四做"深化作风建设年活动,抓学习教育,治"空

▲2022年9月14日,南昌海关所属抚州海关帮助企业用好AEO惠企政策

喊"习气,做政治坚定的排头兵;抓工作落实,治"躺平"习气,做业务精通的尖兵;抓纪律执行,治"散漫"习气,做令行禁止的标兵;抓党建引领,治"官僚"习气,做担当奉献的精兵。推行"每季一件事"机制,办好12件改进作风、提升服务的具体事项。执行关于严肃整治酒驾醉驾的有关规定,组织专题学习,杜绝酒驾醉驾。

撰稿人

曾　辉

龙南海关

【概况】中华人民共和国龙南海关（简称龙南海关）是南昌海关直接领导的属地型正处级隶属海关，按授权执行赣州市所辖龙南市、全南县、定南县、信丰县、安远县、寻乌县的海关工作。内设办公室、综合业务科、查检科、稽核一科、稽核二科。设党总支1个，下设2个党支部。

2022年，龙南海关坚持以习近平新时代中国特色社会主义思想为指导，学习宣传贯彻党的二十大精神，紧扣海关总署党委"铸忠诚、担使命、守国门、促发展、齐奋斗"工作要求，贯彻落实南昌海关党委"忠诚作示范、创新促发展、实干防风险、严管勇争先"工作思路，以高度的政治责任感和使命感，旗帜鲜明讲政治、铸忠诚，全力以赴战疫情、保安全，持之以恒优服务、促发展，坚定不移强党建、严作风，推动各项工作实现新突破、取得新成效。《"十四五"海关发展规划研究下海关统计大数据构建》获2022年度海关学会上海分会主题征文二等奖。节能减排工作取得成效，被中央直属机关事务管理局评为"节约型机关"。报关大厅荣获"一星级全国青年文明号"。辖区主要进口商品为机电产品、塑料粒子等，主要出口商品为家具、电子元件、玩具等。全年监管进出口货值29.5亿元，货运量4.7万吨，集装箱4874箱（次）；结关报关单7983份，税收入库3680万元，检验检疫7910批次、货值22.9亿元；签发原产地证书2864份，累计金额1.1亿美元。

【党的建设】2022年，龙南海关聚焦政治机关建设，在讲政治、铸忠诚中强化政治引领。旗帜鲜明做到"两个维护"，学习宣传贯彻党的二十大精神，通过开展"大学习、大宣传、大贯彻"活动，制订《龙南海关学习宣传贯彻党的二十大精神工作方案》，组织处科级党员干部参加学习贯彻党的二十大精神专题培训班，组织全体干部职工结合工作实际，谈体会、讲感受、悟初心。组织党员干部原原本本、逐字逐句学深学透党的二十大报告、党章修正案，撰写学习心得体会18篇，深刻领悟"两个确立"的决定性意义，增强"四个意识"、坚定"四个自信"、做到"两个维护"，坚定不移沿着习近平总书记指引的方向奋勇前进。

强化党的创新理论武装，探索形成党委中心组"领学"、各党支部"促学"、青年理论小组"研学"、党员干部"自学"的理论学习模式，依托"学习强国""钉钉""赣鄱党建云""赣南红"等平台载体，组织党员干部深入研读《习近平谈治国理政》第四卷、《习近平经济思想学习纲要》等指定书目，开展专题学习研讨60余次，学懂弄通做实习近平新时代中国特色社会主义思想，坚持好、运用好贯穿其中的立场观点方法，自觉做党的创新理论的坚定信仰者、忠实实践者。

讲好用好"大思政课"，常态化、长效化开展党史学习教育，积极搭建"红色资源+党员教育"新平台，将爱国主义教育、红色传统教育作为锻炼党员干部党性的重要内容，联合海关总署挂职干部、基层锻炼选调生赴长征出发地于都开展主题党日活动，砥砺初心使命、赓续红色血脉。

推动政治机关建设走深走实，统筹开展捍卫"两个确立"、做到"两个维护"、强化政治机关建设专项教育活动和"学查改"专项工作，梳理岗位职责蕴含的政治要求，制定整改措施，把讲政治要求落实到工作各领域、全过程。建强支部堡垒，推进新时代党的建设新的伟大工程，开展基层党建"双提升"行动，大力推广"书记项目"。落实"三会一课"、组织生活会、民主评议党员、主题党日等党建制度，大力创建"四强"党支部，总结提炼党建品牌内涵，推动党建品牌提档升级，查检科、稽核一科和稽核二科党支部获评南昌关区"四强"党支部，"查稽先锋"获评关区党建培育品牌，新发展党员1人。

落实《中共南昌海关委员会关于加强对"一把手"和领导班子监督的实施方案》，推动形成党委牵头主抓、党委书记靠前指挥、派驻纪检组全程监督、班子成员守土有责的履责链条。与第五派驻纪检组定期召开联席会议，共同谋划推动党风廉政建设。强化巡视整改，对党的十九大以来海关总署党委巡视发现的共性问题进行"回头看"。

严格廉洁自律，落实《中共南昌海关委员会关于加强新时代海关廉洁文化建设的细化落实措施》，深入挖掘赣南红色文化及客家人优秀家风家训等清廉元素，开展家庭助廉活动。推进警示教育月活动，将聘用人员纳入警示教育范围，组织全体干部职工学习典型案例通报，集中观看警示教育片，赴龙南廉政教育基地开展"沉浸式"现场教育，引导干部职工知敬畏、存戒惧、守底线。

一体推进"三不腐"，落实中央八项规定及其实施细则精神，坚持纠"四风"树新风并举，整治形式主义、官僚主义。聚焦关键环节，突出整治重点，深入推进"海关重点项目和财物管理以权谋私"专项整治，提升非执法领域风险防控水平。防范重大、系统性风险，定期召开内控工作例会，建立完善业务风险、廉政风险一体化研判机制。坚持"制度+科技"，加大制度"废改立"，积极运用HLS2017内控平台，用制度管权、用科技控权。走访龙南市纪委监委，定期召开特约监督员座谈会。运用"全周期管理"方式，一体推进"三不腐"同时发力、同向发力、综合发力。坚持严的主基调不动摇，精准运用"四种形态"特别是"第一种形态"。

【综合监管】2022年，龙南海关深化全员打私，开展"国门利剑2022""国门绿盾2022"等专项行动。办结稽查作业3家；办理违规行政处罚案件2起，罚没1.8万元，同比增长2.2倍；配合缉私局对2起涉嫌走私普通货物案进行立案调查。探索优化核查作业模式，加强对辖区企业监督管理。全年接收核查指令54家，办结54家，核查有效率85.2%。

支持龙南保税物流中心（B型）开放平台发展。围绕赣州市"三大战略、八大行动"，助推龙南跨境电商业务快速发展，验放跨境电商网购保税进口清单同比增长8%。办理跨境电商退货业务，扩大电商平台入驻，支持菜鸟等大平台正常运营。优化"铁海联运"业务模式，创新跨境电商"保税展示+线上交易"监管服务，支持设立海外仓。

【检验检疫】2022年，龙南海关以"时时放心不下"的责任感，落实疫情防控措施。做好一线关员安全防护，督促干部职工切实履行健康管理"第一责任人"义务。树牢"一盘棋"理念，派出6

▲2022年4月12日，南昌海关所属龙南海关助力辖区锂电池企业开拓海外市场

人次支援南昌昌北机场口岸一线疫情防控。

推进安全生产专项整治三年行动，开展"口岸危险品综合治理"百日专项行动，加强对辖区打火机、危化品等重点敏感商品监管。2022年，检验出口打火机、危险化学品等工业品1414批、货值6.3亿元，同比分别增长0.4%、9.9%，检出不合格28批。制订国门生物安全监测实施方案，做好口岸区域监测调查和外来入侵物种普查，收集上报境外动植物疫情信息，定期开展检疫性实蝇、外来杂草、红火蚁、小火蚁监测，切实维护辖区农林生产与生态安全。做好供港澳活猪检疫监管，严防非洲猪瘟等动植物疫情传入，全年监管供港澳活猪4.6万头，同比增长2.3倍。

【服务开放发展】2022年，龙南海关落实促进外贸保稳提质措施，围绕"三促一优"，以"RCEP进企"为抓手，开展新一轮优化口岸营商环境专项行动。聚焦十大重点项目，与重点企业建立"一对一"帮扶机制，开展"关'助'发展"系列活动，召开政策宣讲会12场次，实地调研52次，解决企业困难16个。推进"两步申报""提前申报"等便利化改革举措，推广"数据共享+智能审核+自助打印+快递送达"智慧审签模式，巩固压缩整体通关时间成效。2022年，"两步申报"应用率61.1%；进口"提前申报"率96.2%，位列关区第四，出口"提前申报"率97.9%；位列关区第七。辖区外贸进出口总值186.5亿元，同比增长25.7%。

配合做好海关总署对口支援赣南等原中央苏区振兴发展工作，聚焦赣州打造对接融入粤港澳大湾区"桥头堡"建设，落实《赣州革命老区高质量发展示范区建设方案》，加快推动龙南、定南、全南"三南"一体化发展。支持广东等沿海地区产业梯度转移，支持辖区各县（市）打造各具特色的赣粤产业合作试验区，发挥龙南保税物流中心（B型）辐射带动作用。发挥赣南鲜活农产品优势，助力乡村振兴，推进粤港澳大湾区"菜篮子"生产基地建设，指导企业不断完善质量管理体系，提升自检自控水平，缩短行政审批和备案事项办理时间。全年帮扶22家养殖场、种植场和农食产品加工企业通过注册登记和备案，实现赣州鸡蛋产品首次供港。

【财务与后勤保障】2022年，龙南海关狠抓基础建设，提升综合保障能力。强化安全保障，建立安全应急事件处置机制，落实24小时值班制度，组织安全演练活动，做好网络攻防演习及党的二十大期间网络保障工作。夯实基础建设，抓好指标监控、档案管理、台账登记等基础建设，重点提升台账规范和档案整理工作，强化日清日结和督促检查。加强预算管理，严控"三公"经费，加强固定资产和车辆日常管理，清理报废老旧固定资产，盘活装备设备。

【干部队伍管理】2022年，龙南海关加强干部队伍建设。将政治标准放在首位，坚持"一把尺""一张单""一盘棋"，培养使用优秀年轻干部。加强专家人才队伍梯队建设，培养更多专家型、复合型的优秀人才。崇尚"求实、扎实、朴实"海关文化，弘扬苏区干部好作风，加强准军事化纪律部队建设。坚持"20字"好干部标准，树立鲜明选人用人导向，推荐提拔1名优秀干部担任副处级领导干部，1名同志提任副科级领导干部。鼓励引导干部职工在"干中学、学中干"，派出5名干部赴海关总署、南昌海关以干代训，4人通过2022年全国海关稽查岗位练兵个人技能展示测试，5人考取加工食品签证官等相关资质。

强化日常监督管理。开

▲2022年8月1日，南昌海关所属龙南海关稽关员对进境粮食企业开展监管

展内务规范强化月活动，采取"双随机"、全覆盖开展内务督察20余次，强化干部职工日常作风养成。织密织牢"8小时"以外监督网络，开展酒驾醉驾专项整治。落实请休假、因私出国（境）、领导干部报告个人有关事项等有关制度规定，联合第五派驻纪检组对外出执法进行抽查回访。

撰稿人

宋兰洁

第八篇 事业单位和社会团体

南昌海关后勤管理中心

【概况】2022年,南昌海关后勤管理中心深入学习贯彻习近平新时代中国特色社会主义思想和党的二十大精神,严格落实南昌海关党委"忠诚作示范、创新促发展、实干防风险、严管勇争先"工作要求,坚持整体性思考、系统性谋划、体系性推进,稳步推进综合服务保障各项工作。

【党的建设】2022年,南昌海关后勤管理中心深入学习贯彻习近平新时代中国特色社会主义思想,深刻领会"两个确立"的决定性意义,增强"四个意识"、坚定"四个自信"、做到"两个维护",多形式开展学习53次。坚持把学习好、宣传好、贯彻好党的二十大精神作为首要政治任务,围绕党的二十大精神开展专题学习52人次。推动强化政治机关建设专项教育活动,开展"从政治看业务、从业务看政治"学习研讨7次、上微党课9次,查摆6方面问题、制定整改措施21条。

【业务建设】2022年,南昌海关后勤管理中心围绕贯彻落实海关总署、南昌海关两个层面工作会议要求,在"抓党建、守忠诚""保安全、护稳定""优服务、提效能""强管理、善经营"4大主要环节抓工作落实。推进"国企三年改革"规划,按照海关总署要求完善所属企业管理层设置、党组织构建,落实培训疗养机构脱钩和中检江西公司股权转让等重大改革事项。全年完成各类采购291批次,保障会务540场次。全面使用水、电、燃气智能报警监测装置,全年屋面光伏发电约2.3万

▲2022年9月1日,南昌海关对电梯配件升级项目开展竣工验收

度，南昌海关大楼用电同比下降6.4%，用水同比下降9.8%。推进绿色机关建设，保障南昌海关节约型机关创建工作获省级表彰。做好出入人员台账登记，对三个办公区进行日常环境消毒累计720次2000万平方米。

围绕平安建设，完成"南昌海关业务综合楼及附属设施维修改造项目"，完成顺外路办公楼3台电梯更新项目，完成8台电梯维修改造，完成水、电、气、消防等设备抢修、更换、维护、疏通300次，结合"安全生产月"活动开展安全教育培训演练9次；对各办公区和公有住房、物业小区开展安全检查10多次，对涉案仓库、疫情防控物资仓库开展整改7次，及时完善常态化安全排查处置报告工作机制。

购置食品净化、餐具清洁、净水机、更新卫生间通风等设备，改善办公环境；安装光伏发电设备、雨水回收利用设备、新能源汽车充电桩保障南昌海关节约型机关创建工作获省级表彰；紧跟国家改革部署，争取中央空调更新改造项目，充分利用各项改革政策提升后勤保障水平；争取地方政府旧城改造项目。

【队伍建设】2022年，南昌海关后勤管理中心持续开展党风廉政教育，强化全面从严治党"两个责任"落实，深化推动党建业务深度融合。

强化建章立制，开展"海关重点项目和财物管理以权谋私"专项整治工作。修订公务用车使用管理规定、采购工作实施办法等规章制度2个，制定财务报销、仓库出入库、零星修缮等操作指引5个，完善机关食堂食材采购等作业流程2个，完成食堂食材公开招标采购工作。深化"四强"党支部建设，推动党建业务融合发展。1名同志获得"优秀党务工作者"、2名同志获得"优秀共产党员"表彰。多形式加强警示教育，筑牢廉政防火墙。组织分析研究后勤党风廉政建设形势2次，全员收看警示教育片。结合岗位职责等查摆各类风险5次，开讲廉政党课3次，提醒谈话13次，杜绝酒驾醉驾提醒警示11次。

撰稿人

刘小保

南昌海关技术中心

【概况】2022年,南昌海关技术中心坚持以习近平新时代中国特色社会主义思想为指导,学习贯彻党的二十大精神,发挥技术优势,强化技术支撑,受理各隶属关送检法检样品14444个,50135项次,样品数同比增长22%;受理委托业务样品18391个,206795项次,同比分别增长10%、185%。

【党的建设】2022年,南昌海关技术中心学习习近平总书记重要讲话精神。推进党史学习教育,通过党委会、"三会一课"、全员培训等方式组织集中学习44次,研讨交流91人次。开展强化政治机关建设专项教育活动108次,开展"学查改"专项工作33次,交流研讨156人次。

抓好常态化疫情防控,筑牢安全防线。坚持落实"日报告、零报告"制度,强化防疫风险监测,坚持"人、物、环境"同防,定期开展应急演练,完善应急预案,提升应急处置能力,技术中心纪委牵头定期开展监督检查,消除麻痹思想、厌战情绪、松劲心态。

贯彻落实习近平总书记关于安全生产工作的重要指示精神,组织全体人员集中观看《生命重于泰山》电视专题片,以"时时放心不下"的责任意识,扎实做好技术中心安全生产工作。严格实验室安全管理,开展实验室每日安全巡查,落实特种设备持证上岗制度,加强从业人员专业技能培训,全年共开展安全监督检查57次,处置化学废弃物3次共3.6吨,

▲2022年9月9日,南昌海关技术中心在南昌廉文化馆开展廉政文化教育

生物废弃物49次0.6吨。严格公共区域安全管理，建立技术中心公共区域安全巡查制度，对仓库、食堂等重要场所进行每日安全检查，加强仓库易燃易爆物的管理，完善安全器材配套，联合专业公司定期开展燃气安全检查、油烟管道清理、燃气报警器校准。

【业务建设】2022年，南昌海关技术中心发挥国门安全保障技术支撑作用，筑牢"国门防线"。强化非洲猪瘟疫情防控，检测非洲猪瘟样品6195个，同比增长27%。

强化进境植物有害生物防控。从进境粮食、木材等产品中截获有害生物549批次3746次，同比分别增长11%、5%，并在江西省口岸首次检出检疫性有害生物节节麦和红火蚁。开展"跨境电商寄递'异宠'综合治理"专项行动，在非贸渠道截获外来物种18批次48种次，首次检出野蛮收获蚁、铁定甲虫以及乌桕巨天蚕蛾（茧和蛹）。开展外来入侵物种"国门绿盾2022"行动，检出外来入侵物种53种次。开展检疫性实蝇监测，检出橘小实蝇等共计5种次8041头。

强化进出口危险化学品检验鉴定。完成烟花爆竹样品检测701个，7480项次，不合格36个；危险货物包装样品检测378个，792项次，不合格6个。开展"口岸危险品综合治理"百日专项行动，受理关区口岸海关送检32批，其中4批经实验室检测鉴定为危险品。

为举办2022年江西省农业系统检测技能大比武提供技术服务，成为江西省农业农村厅职业技能竞赛协办单位。获省部级科技进步奖一等奖1项、科技征文一等奖1项、海关科技成果评定三等奖1项，获批地方标准立项2项，获授权实用新型专利5项，申报海关总署科研项目3项、江西省科技厅科研项目1项、地方标准1项，申报江西省标准创新贡献奖1项、江西省科学进步一等奖1项。参与能力验证43项，通过率100%，其中国际能力验证4项，通过率100%；参加江西省土壤科学技术学会举办的第二届"红土地"土壤学实验技能大赛并获一等奖。

技术能力再上新台阶，通过了CATL 5个领域200个参数、CMA 12个领域393个参数、CNAS 16个领域442个参数的扩项评审，完成新项目确认1372项，维护能力库数据342项，ELN受控552个。优化实验室管理，利用LIMS系统理顺分场所实验室管理，整合检测资源，盘活存量资产，调剂闲置设备至中心本部。

【队伍建设】2022年，南昌海关技术中心推进廉政文化建设，筑牢廉洁防线。组织开展"强党性 树党风 守党纪"和"学习廉政文化 筑牢思想底线"主题党日活动，围绕"加强党风廉政建设 以风清气正的政治生态 迎接党的二十大胜利召开"上廉政党课；参观江西省党性党风党纪教育馆、南昌廉文化馆，发放家庭助廉倡议书，引导干部亲属子女当好"廉内助""贤内助"，加强"8小时"以外的监督；扎实开展学习教育，推进政治教育、警示教育、纪法教育相互贯通，深入开展警示教育月活动，强化干部法治意识、党规意识、制度意识、纪律意识，巩固提高一体推进"三不腐"能力和水平。常态化开展严禁酒驾醉驾工作，把严禁酒驾醉驾作为每次全体人员会议必强调内容。开展"海关重点项目和财物管理以权谋私"专项整治,深入开展全面自查,查询 2013 份纸面和电子资料,梳理出 26 家企业清单,梳理 5 类重点项目清单,制定问题清单、廉政风险清单,不折不扣开展问题整改,建章立制 2 个。每月开展风险隐患排查,运用"制度+科技"完善采购流程、库管流程,防范化解非执法领域廉政风险。

撰稿人

杨　芳

江西国际旅行卫生保健中心
（南昌海关口岸门诊部）

【概况】江西国际旅行卫生保健中心（南昌海关口岸门诊部）（简称保健中心）是隶属于南昌海关的具有独立法人资格的二类公益事业单位。主要职能是依据《中华人民共和国传染病防治法》、《中华人民共和国国境卫生检疫法》及其实施细则为江西口岸出入境人员开展传染病监测和健康体检、国际旅行预防接种、国际旅行卫生保健咨询以及为口岸卫生检疫执法提供技术支撑等，同时利用自身医疗资源积极参与社会健康体检市场竞争，为社会各界人士提供健康体检服务。内设机构3个，分别是综合部、体检部、卫生检疫实验室。

【党的建设】2022年，保健中心学习宣传贯彻党的二十大精神，坚定正确的政治方向。组织全体党员干部收听收看党的二十大开幕会盛况，组织开展集中学习和交流研讨，通过展板、滚动电子屏等形式开展广泛宣传，撰写学习体会17篇。落实"我为群众办实事"举措，为出入境人员提供取证便利；配合做好内部疫情防控技术保障工作。

2022年，保健中心本部有党员12名，设立党支部1个（保健中心党支部）。党支部坚持以习近平新时代中国特色社会主义思想为指导，落实南昌海关党委关于全面推进党支部标准化规范化建设要求，以创建"121℃"党建示范品牌为引领，以"病

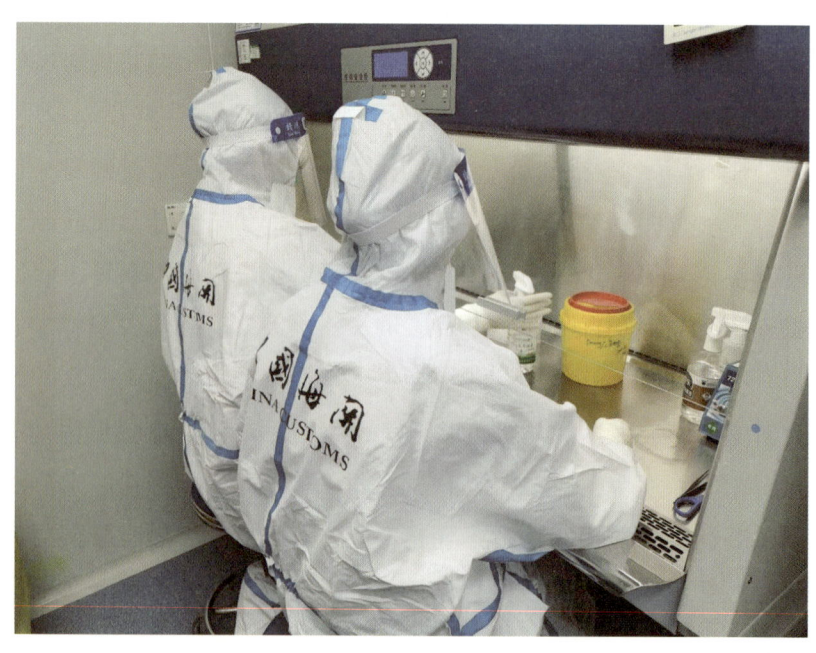

▲2022年8月5日，保健中心开展样本泄漏应急处置演练

原检测岗"和"巾帼医护岗"两个党员先锋示范岗为抓手，注重提高党建工作质效，打造清廉高效支部，为保健中心履行职能和促进事业发展提供坚强政治保证。严格落实"三会一课"等基本组织生活制度，创新主题党日活动形式，过好"政治生日"，不断提升党建质量。全年召开支部委员会15次、党员大会20次，开展主题党日活动12次。支部被评为关区"四强"党支部，支部品牌被授予关区培育品牌称号。

注重党风廉政建设，营造清廉氛围。开展强化政治机关建设专项教育活动和"学查改"专项工作。梳理15个岗位职责中蕴含的政治要求，全年组织相关学习17次，开展研讨16次。落实"海关重点项目和财物管理以权谋私"专项整治工作，保健中心制订自查工作方案，进行对照自查，设置举报箱，张贴举报渠道，开展政治教育、纪法教育、警示教育，组织集中学习18次，10名同志撰写专项整治学习体会，梳理完成《2022年专项整治廉政风险清单》和《2022年专项整治重点人员和企业清单》，配合职能处室梳理专项整治工作台账。制定整改措施12条，修订完善管理制度2个。

【业务建设】2022年，保健中心发挥疫情防控技术支撑作用，提技能、强支撑、严内防，筑牢口岸检疫防线。中心PCR实验室根据检测要求，更新《新型冠状病毒检测作业指导书》6次；完善实验室视频监控和生物安全通道警示标识，2022年6月，通过CNAS（中国合格评定国家认可委员会）复评审；全年开展各类业务培训15次，200多人次参训，组织内防演练1次、实验室应急演练3次。

保障新冠核酸检测工作。全年完成26架次分流航班5223名入境人员新冠核酸检测。连续247天保障关区人员5.76万人次开展核酸筛查工作。完成"多病同防"其他病原体检测48项次，检出入境人员登革热阳性样本1例。完成人员新冠病毒核酸检测69887份。

2022年，社会体检60395人次，实现事业收入1317.81万元，同比增长14.1%。完成口岸病媒生物鉴定451种只；完成出入境人员体检4967人次；预防接种业务6726人次，同比增长69.2%；口岸法定体检政策性减免收费67.9万元。

【队伍建设】2022年，保健中心利用自身优势，落实南昌海关党委对关区干部职工的关心关爱，为南昌海关干部职工开展好年度健康体检。完成干部职工体检，体检过程规范。

撰稿人

曾雅洁

中国电子口岸数据中心南昌分中心

【概况】中国电子口岸数据中心南昌分中心（简称数据分中心）是中国电子口岸数据中心设立在南昌的分支机构，为海关总署委托南昌海关管理的署属事业单位。主要承担南昌关区电子口岸应用项目及联网企业的技术支持、操作培训、热线值班；及时收集、报告项目运行情况及各方反映；协助南昌关区中国国际贸易单一窗口标准版推广运维；协助海关信息系统项目开发、运行维护；本地区电子口岸系统运行、维护；电子口岸专网分中心节点的网络系统和信息安全保障；承办南昌关区电子口岸政务卡、企业卡入网的身份鉴别、录入、制作；参与南昌关区地方电子口岸应用项目建设，做好相关技术支持；参与南昌关区地方国际贸易单一窗口应用项目建设，共同做好相关运行维护、技术支持、操作培训及热线值班等工作。

【党的建设】2022年，数据分中心把学习宣传贯彻党的二十大精神作为首要政治任务。全体党员以视频形式收看海关总署举办的各期专题宣讲，参加南昌海关党委理论学习中心组（扩大）学习暨正处级领导干部学习贯彻党的二十大精神培训班。坚持把党的二十大精神作为行动指引，深刻领悟"两个确立"的决定性意义，始终把"两个维护"作为最高政治原则和根本政治规矩，坚定理想信念，强化责任担当，练就过硬本领。

【业务建设】2022年，数据分

▲2022年6月18日，数据分中心实时监测电子口岸专网流量情况

中心学习领会习近平总书记关于网络安全的系列重要论述，落实南昌海关党委关于网络安全保障工作的部署要求，积极做好网络信息安全工作，参加网络安全意识和防护技能线上培训。做好2022年网络攻防演习工作，指派4名技术人员全天候值班，每日对机房定时巡检，确保机房、业务网、互联网运行正常。联合长沙海关、武汉海关积极推进"湘鄂赣"三地制卡一体化合作项目。制发电子口岸IC卡6469张，读卡器12个。办理新企业电子口岸入网2874家，IC卡信息变更837次，IC卡解锁153次，IC卡更新76次。通过窗口服务和热线服务渠道，为企业提供咨询和支持服务4781次，其中电子口岸企业制卡、入网问题咨询3456次，网络咨询使用、数据异常咨询1325次。

完成会议调试技术保障2953人次；组织机房巡检289人次，发现并及时处理问题8起；受理南昌海关内部维护处理各类客户端故障3578台次；为业务现场提供上门服务117次。完成向塘铁路口岸物流信息平台、视频监控平台接入工作；推进"组合港"信息化建设；与12家单位签订运维保障合同。

撰稿人

舒　杨

南昌海关学会

【概况】2022年,南昌海关学会组织和推动关区群众性理论研究活动,关领导带头撰写论文,各学会小组负责人热情参与,涌现出一批青年理论研讨积极分子。

【理论研究】2022年,南昌海关学会征集"服务新发展格局,更好发挥海关在国内国际双循环交汇枢纽作用"等综合类论文171篇。在海关学会上海分会年度评选中,有10篇论文获得一、二、三等奖。发挥关区红色海关史料资源独特性优势,关史研究成绩优异,文史类论文获得一等奖1个、二等奖2个、三等奖2个。

撰稿人

陈　斌

第九篇

荣誉·名录

南昌海关关于表彰 2020—2022 年度先进集体和先进工作者的决定

近年来，南昌海关广大干部职工坚持以习近平新时代中国特色社会主义思想为指导，落实习近平总书记重要指示批示精神和党中央决策部署，积极践行"人民海关为人民"理念，全面履行海关职责使命，在口岸疫情防控、促进外贸保稳提质、维护国门安全和社会稳定等各项工作中取得了突出成效，涌现出一批政治坚定、业务过硬、勤奋敬业、开拓进取的先进典型。

为表彰先进、弘扬正气、凝聚力量，激励关区广大干部职工奋进新征程、建功新时代，经关党委研究，决定授予机关党委（思想政治工作办公室）、赣州海关综合业务一科、吉安海关综合业务科等 3 个集体"2020—2022 年度南昌海关先进集体"称号，授予洪海峰、张剑、江鹏飞、高文杰、杨云柯、易丽、钟冬梅等 7 名同志"2020—2022 年度南昌海关先进工作者"称号。希望受到表彰的集体和个人珍惜荣誉、再创佳绩，充分发挥先进典型的示范引领作用，以更高的标准干在实处、走在前列，为党和人民再立新功。

关区广大干部职工要以受表彰的先进集体和先进工作者为榜样，更加紧密地团结在以习近平同志为核心的党中央周围，深刻领悟"两个确立"的决定性意义，增强"四个意识"、坚定"四个自信"、做到"两个维护"，深入学习宣传贯彻党的二十大精神，扎实开展学习贯彻习近平新时代中国特色社会主义思想主题教育，铸忠诚、担使命、守国门、促发展、齐奋斗，大力弘扬求实、扎实、朴实的海关文化，以更加振奋的精神面貌和更加过硬的工作作风，按照"忠诚作示范、创新促发展、实干防风险、严管勇争先"工作要求，践行"三创三为"，全面推进社会主义现代化海关建设，为强国建设、民族复兴作出新的更大贡献。

2022年度南昌海关获评"两优一先"名录

先进基层党组织（20个）

办公室党支部
综合业务处党支部
卫检处党支部
企业管理和稽查处党支部
监察室党支部
卫保中心党支部
昌北机场海关旅检三科党支部
赣江新区海关综合业务二科和物流监控二科党支部
青山湖海关减免税管理科党支部
九江海关查检一科党支部
赣州海关查检一科和查检二科党支部
吉安海关综合业务科党支部
景德镇海关综合业务科党支部
新余海关查检科和稽核三科党支部
鹰潭海关综合业务科党支部
上饶海关办公室党支部
宜春海关稽核一科和稽核二科党支部
萍乡海关党支部
抚州海关办公室和综合业务科党支部
龙南海关查检科稽核一科和稽核二科党支部

优秀共产党员（80人）

徐　骁　　曾茜茜　　严国强　　曾媛媛　　熊婧涵　　黄志勇　　王　琦　　雷炀坤

傅 成	熊俊哲	陈小青	夏 亮	徐诗哲	宗 华	陈光婧	王 勤
李 飞	段璇璇	肖 奕	顾枫翔	陈 宁	曾灿文	黄小荣	符根平
罗秋红	刘 倩	童 鑫	邹 展	黄 伟	谭 燕	马浩然	熊 凯
邓 辉	张俐莹	万海萍	潘红才	翁丽娟	姚楚君	万雏凤	李 新
熊华强	蒋 智	杨 院	宋纬岸	黄 宁（4020900）	冯凯华	黄庆武
孔 亮	乐志宏	文天保	乔 宁	余 凯	李太阳	钟 华	胡 远
宋天洋	吴浪花	王启发	龙 宇	周 萌	龚志新	江鹏飞	史春路
鲍 军	杨林智	袁明慧	姜 凯	徐 翔	程 青	姚 领	胡 潇
杨正翔	黄 宁（4017090）	陈 欢	叶梦斐	钟义勇	李竹柏	刘九胜
车淑辉	熊秉芽						

优秀党务工作者（30人）

朱翌华	陶 林	罗文龙	张 璐	蒋 璐	刘玉薇	段利平	全德昌
贺勇刚	周艳艳	占超平	马驰远	熊家瑛	黄 川	李 鸣	颜 斌
郑 悦	王庆军	肖清凤	罗添嗣	蔡 杰	邹 亮	郑 勤	龙 珑
万 浩	尤伟强	唐 银	黄友洪	方幸福	刘海葆		

2022年度南昌海关获评厅局级及以上表彰名录

厅局级及以上集体荣誉

单位	奖项	颁奖单位
赣江新区海关	江西省五一劳动奖状	江西省工会
南昌昌北机场海关	一星级全国青年文明号	共青团中央
青山湖海关报关大厅	一星级全国青年文明号	共青团中央
九江海关报关大厅	一星级全国青年文明号	共青团中央
赣州海关综合业务一科	一星级全国青年文明号	共青团中央
景德镇海关报关大厅	一星级全国青年文明号	共青团中央
上饶海关行政审批受理大厅	一星级全国青年文明号	共青团中央
宜春海关报关大厅	一星级全国青年文明号	共青团中央
青山湖海关减免税科	全国巾帼文明岗	全国妇联
赣州海关	2020—2022年全国海关系统先进集体	海关总署

厅局级及以上个人荣誉

姓名	奖项	颁奖单位
杨春鹏	全国海关百名优秀执法一线科长	海关总署
段明	江西省三八红旗手	江西省妇联
方倩	江西省三八红旗手	江西省妇联
黄志勇	2022年全国消除疟疾工作先进个人	国家卫生健康委

2022年度南昌海关"四强"党支部名录

关区"四强"党支部

(一) 通过复核（共19个）

办公室党支部
监察室党支部
统计分析处党支部
卫生检疫处党支部
人事教育处党支部
综合业务处党支部
食品处党支部
萍乡海关党支部
吉安海关综合业务科党支部
赣江新区海关综合业务二科和物流监控二科党支部
赣州海关综合业务一科党支部
九江海关查检一科党支部
吉安海关办公室党支部
赣州海关办公室党支部
青山湖海关减免税管理科党支部
上饶海关办公室党支部
赣江新区海关办公室党支部
昌北机场海关旅检一科党支部
昌北机场海关监管一科党支部

(二) 新评定（共18个）

财务处党支部
企业管理和稽查处党支部

关税处党支部

口岸监管处党支部

商品检验处党支部

动植物检疫处党支部

卫保中心党支部

九江海关办公室和综合保障科党支部

新余海关查检科和稽核三科党支部

抚州海关办公室和综合业务科党支部

鹰潭海关综合业务科党支部

宜春海关稽核一科和稽核二科党支部

赣州海关稽核一科党支部

昌北机场海关旅检三科党支部

龙南海关查检科稽核一科和稽核二科党支部

景德镇海关综合业务科党支部

上饶海关综合业务科党支部

上饶海关查检二科和稽核一科党支部

关区党建示范、培育品牌

（一）复核认定示范品牌（共4个）
卫生检疫处党支部"五信"品牌
昌北机场海关监管一科党支部"蓝天之翼"品牌
九江海关查检一科党支部"英雄+红旗"品牌
上饶海关查检二科和稽核一科党支部"萤火虫"品牌
（二）新增示范品牌（共1个）
办公室党支部"三服务先锋"品牌
（三）复核认定培育品牌（共12个）
关税处党支部"红色税月"品牌
动植物检疫处党支部"生物安全先锋"品牌
统计分析处党支部"智慧统计"品牌
企业管理和稽查处党支部"五指峰"品牌
九江海关办公室和综合保障科党支部"英雄+服务先锋"品牌
昌北机场海关旅检三科党支部"蓝天尖兵"品牌

萍乡海关党支部"甘祖昌精神"品牌
新余海关查检科和稽核三科党支部"钢城绿剑"品牌（继承）
鹰潭海关综合业务科党支部"好口子"品牌（继承）
龙南海关查检科稽核一科和稽核二科党支部"苏区查稽先锋"品牌（继承）
商品检验处党支部"金钥匙"品牌
卫生保健中心党支部"121℃"品牌

第十篇

海关统计资料

江西省进出口商品年度总值表

年度	进出口（万元人民币）	出口（万元人民币）	进口（万元人民币）	同比（%） 进出口	同比（%） 出口	同比（%） 进口
2000	1344664	991414	353250	23.6	32.14	4.63
2001	1267519	860333	407186	-5.74	-13.22	15.27
2002	1402687	871005	531682	10.66	1.24	30.57
2003	2092670	1246410	846260	49.19	43.1	59.17
2004	2923218	1651484	1271734	39.69	32.5	50.28
2005	3338761	2005931	1332830	14.22	21.46	4.8
2006	4948598	3000716	1947882	48.22	49.59	46.15
2007	7230424	4168726	3061698	46.11	38.92	57.18
2008	9545118	5412965	4132153	32.01	29.85	34.96
2009	8727529	5033213	3694316	-8.57	-7.02	-10.6
2010	14629821	9079759	5550062	67.63	80.4	50.23
2011	20387440	14160957	6226483	39.36	55.96	12.19
2012	21086322	15846515	5239807	3.43	11.9	-15.85
2013	22844979	17525434	5319545	8.34	10.59	1.52
2014	26243484	19666525	6576959	14.88	12.22	23.64
2015	26285359	20514912	5770447	0.16	4.31	-12.26
2016	26384489	19621927	6762562	0.38	-4.35	17.19
2017	30111172	22090111	8021061	14.12	12.58	18.61
2018	31617435	22229519	9387916	5	0.63	17.04
2019	35099686	24960542	10139144	11.01	12.29	8
2020	40246096	29182260	11063836	14.66	16.91	9.12
2021	49735545	36664444	13071101	23.58	25.64	18.14
2022	66299988	50371086	15928902	33.31	37.38	21.86

2022年江西省进出口商品月度总值表

月份	进出口		出口		进口	
	累计（万元人民币）	同比（%）	累计（万元人民币）	同比（%）	累计（万元人民币）	同比（%）
1月	5294809	36.7	1284951	31.8	4009858	18.6
2月	9283784	33.0	2352034	30.4	6931751	23.1
3月	13820477	30.7	3533151	27.9	10287325	20.5
4月	18937473	30.1	4753305	28.7	14184169	24.7
5月	24973888	37.6	5730528	32.2	19243361	17.0
6月	31155493	44.0	6962733	36.7	24192761	16.1
7月	37616136	51.2	8321597	41.8	29294539	16.3
8月	43594042	54.5	9724079	44.7	33869963	18.6
9月	49548600	50.0	11343631	42.4	38204968	21.6
10月	54510250	44.2	12758247	38.4	41752003	22.6
11月	60304714	38.5	14456705	34.5	45848010	23.1
12月	66495897	37.6	16026436	33.6	50469462	22.5

2022年江西省进出口商品国别（地区）前30位总值表

国别（地区）	进出口 累计(万元人民币)	进出口 同比（%）	出口 累计(万元人民币)	出口 同比（%）	进口 累计(万元人民币)	进口 同比（%）
合计	66299988.1	33.3	50371086.1	37.4	15928902.0	21.9
美国	7644624.0	10.6	7247137.8	9.1	397486.2	47.0
中国香港	4447415.3	24.0	4376914.3	25.6	70501.1	-31.7
韩国	3978412.9	41.7	2899288.8	71.3	1079124.1	-3.2
越南	3248809.5	45.5	2696578.8	37.9	552230.7	99.6
日本	3108209.2	20.0	2119824.5	38.7	988384.7	-7.0
澳大利亚	3011964.9	107.1	799489.7	21.3	2212475.1	178.4
印度	2553039.8	60.5	2520992.4	63.6	32047.4	-35.7
中国	2357090.2	61.0	0.0	—	2357090.2	61.0
中国台湾	2262074.2	-7.1	666457.9	-1.4	1595616.3	-9.3
马来西亚	2220010.5	70.8	1743597.7	66.3	476412.9	89.8
菲律宾	1911760.6	134.9	1859462.7	142.7	52297.9	9.7
智利	1818166.5	-12.1	480063.1	16.9	1338103.4	-19.3
新加坡	1772521.4	129.8	1659180.2	146.9	113341.3	13.9
印度尼西亚	1649143.9	31.4	1099245.8	29.1	549898.1	36.4
泰国	1599355.9	47.7	1319350.3	43.0	280005.6	74.8
巴西	1505849.0	52.9	1022810.4	65.2	483038.6	32.2
荷兰	1455379.2	30.2	1425792.6	30.8	29586.6	7.1
德国	1104106.4	6.5	975426.4	10.1	128680.0	-14.6
英国	969968.4	-4.3	907521.2	-6.2	62447.1	36.7

续表

国别（地区）	进出口		出口		进口	
	累计（万元人民币）	同比（%）	累计（万元人民币）	同比（%）	累计（万元人民币）	同比（%）
阿联酋	920602.6	30.6	908089.9	29.6	12512.6	176.2
墨西哥	854558.9	51.5	587748.5	59.4	266810.3	36.7
俄罗斯	722604.7	27.4	569845.9	21.1	152758.7	58.5
波兰	709198.6	71.8	700019.8	71.9	9178.8	69.0
加拿大	693466.2	3.1	593468.6	0.7	99997.7	19.3
沙特阿拉伯	671495.7	69.1	623942.3	62.2	47553.4	284.9
刚果民主共和国	619896.9	32.1	69225.8	109.6	550671.1	26.2
南非	588919.6	-18.5	326833.7	27.3	262085.9	-43.7
赞比亚	566182.7	7.5	14809.8	18.0	551372.9	7.2
尼日利亚	555458.3	70.0	490807.7	58.7	64650.6	269.9
西班牙	530439.7	26.2	502999.1	27.2	27440.6	10.4

2022年江西省进出口商品贸易方式总值表

贸易方式	进出口		出口		进口	
	累计（万元人民币）	同比（%）	累计（万元人民币）	同比（%）	累计（万元人民币）	同比（%）
合计	66495897	33.6	50469462	37.6	16026436	22.5
一般贸易	51186554	38.5	41859215	42.6	9327338	22.4
国家间、国际组织无偿援助和赠送的物资	3965	204.5	3965	204.5	0	
其他捐赠物资	11	-65.7	11		0	-100
加工贸易	12485182	23.9	6967929	18.9	5517253	30.8
来料加工装配贸易	765340	60.7	470806	77.5	294534	39.7
进料加工贸易	11719842	22	6497123	16.1	5222719	30.3
加工贸易进口设备	184	-15.8	0		184	-15.8
对外承包工程出口货物	28845	-5.7	28845	-5.7	0	
租赁贸易	2232	515.9	2232	515.9	0	
外商投资企业作为投资进口的设备、物品	5903	87.4	0		5903	87.4
保税监管场所进出境货物	115529	420.1	78833	298.3	36696	1415.4
海关特殊监管区域物流货物	2560799	2.2	1521419	9.2	1039380	-6.5
海关特殊监管区域进口设备	70828	-24.4	0		70828	-24.4
其他	35867	-37.6	7013	-76.4	28853	3.7

2022 年江西省进出口企业性质总值表

企业性质	进出口		出口		进口	
	累计(万元人民币)	同比(%)	累计(万元人民币)	同比(%)	累计(万元人民币)	同比(%)
合计	66495897	33.6	50469462	37.6	16026436	22.5
国有企业	2150437	8.7	927754	8.7	1222683	8.6
外商投资企业	13786011	20.7	8138483	26.7	5647527	13
民营企业	50555743	39.1	41402552	40.8	9153190	31.7
集体企业	14842	-36	14277	-37.8	565	150.7
私营企业	50536025	39.1	41386974	40.9	9149051	31.7
个体工商户	4876	236.9	1301	12.9	3575	1113.3
其他企业	3707	-70.8	672	-92.8	3035	-10.2

2022年江西省进出口商品收发货人所在地总值表

收发货人所在地	进出口 累计(万元人民币)	同比(%)	出口 累计(万元人民币)	同比(%)	进口 累计(万元人民币)	同比(%)
合计	66495888	33.62	50469452	37.57	16026436	22.55
南昌市	13331419	3.32	9427553	5.37	3903866	-1.3
景德镇市	2445695	192.64	1709054	106.72	736641	8114.83
萍乡市	2212054	19.7	2165501	18.85	46554	79.21
九江市	9680868	48.54	7953504	54.69	1727363	25.56
新余市	4696909	120.09	2148024	133.87	2548885	109.68
鹰潭市	4257671	-1.38	1182446	0.24	3075225	-1.99
赣州市	9839820	33.25	8001343	38.8	1838477	13.5
宜春市	5071909	59.15	4742875	61.4	329034	32.53
上饶市	4976401	56.21	4417207	58.29	559194	41.54
吉安市	7141441	34.48	6048604	38.12	1092837	17.37
抚州市	2841700	32.6	2673341	35.11	168360	2.41

2022年江西省进出口商品运输方式总值表

运输方式	进出口		出口		进口	
	累计（万元人民币）	同比（%）	累计（万元人民币）	同比（%）	累计（万元人民币）	同比（%）
合计	66495897	33.6	50469462	37.6	16026436	22.5
江海运输	49220070	47.8	39629240	50.8	9590830	36.8
铁路运输	780861	18.1	694384	13	86478	85.5
汽车运输	9882400	-10.9	5360613	-13.4	4521787	-7.8
航空运输	6017629	32.8	4193586	22.6	1824043	63.9
邮件运输	4202	-87.8	994	-96.8	3208	-8.7
其他运输	590734	290.3	590645	290.3	89	

2022年江西省进出口商品类章总值表

进出口商品类章	进出口		出口		进口	
	累计（万元人民币）	同比（%）	累计（万元人民币）	同比（%）	累计（万元人民币）	同比（%）
合计	66299988.1	33.3	50371086.1	37.4	15928902.0	21.9
第1章 活动物	42745.9	22.3	42745.9	22.3	0.0	—
第2章 肉及食用杂碎	89787.4	422.2	624.5	-3.3	89162.9	438.8
第3章 鱼、甲壳动物、软体动物及其他水生无脊椎动物	14751.0	1083.7	126.2	-68.7	14624.8	1634.5
第4章 乳品；蛋品；天然蜂蜜；其他食用动物产品	8475.4	51.0	1803.8	138.2	6671.6	37.4
第5章 其他动物产品	6256.6	48.7	3659.2	47.7	2597.5	50.3
第6章 活树及其他活植物；鳞茎、根及类似品；插花及装饰用簇叶	2444.3	322.8	2041.5	264.0	402.8	2235.4
第7章 食用蔬菜、根及块茎	49845.5	40.5	11464.4	74.0	38381.1	32.9
第8章 食用水果及坚果；甜瓜或柑橘属水果的果皮	39362.5	107.8	28051.4	52.8	11311.2	1846.6
第9章 咖啡、茶、马黛茶及调味香料	87839.3	11.2	87345.4	11.3	493.8	8.2
第10章 谷物	29757.5	-74.3	110.4	154.7	29647.1	-74.4
第11章 制粉工业产品；麦芽；淀粉；菊粉；面筋	3439.7	54.8	369.4	136.3	3070.4	48.7
第12章 含油子仁及果实；杂项子仁及果仁；工业用或药用植物；稻草、秸秆及饲料	175745.2	92.3	11242.2	203.7	164503.0	87.6

续表1

进出口商品类章	进出口		出口		进口	
	累计（万元人民币）	同比（%）	累计（万元人民币）	同比（%）	累计（万元人民币）	同比（%）
第13章 虫胶；树胶、树脂及其他植物液、汁	28608.1	186.9	27008.8	224.2	1599.3	-2.4
第14章 编结用植物材料；其他植物产品	2926.2	119.1	2908.9	124.6	17.3	-56.9
第15章 动、植物或微生物油、脂及其分解产品；精制的食用油脂；动、植物蜡	10504.5	17.6	1755.6	-4.1	8748.8	23.2
第16章 肉、鱼、甲壳动物、软体动物及其他水生无脊椎动物、昆虫的制品	41377.3	-27.8	41377.3	-27.8	0.0	—
第17章 糖及糖食	11536.8	82.1	10452.5	120.5	1084.2	-32.1
第18章 可可及可可制品	1825.7	-1.5	1620.5	-12.5	205.2	146470.7
第19章 谷物、粮食粉、淀粉或乳的制品；糕饼点心	27401.9	7.6	25208.7	6.8	2193.1	18.0
第20章 蔬菜、水果、坚果或植物其他部分的制品	62994.8	37.6	62906.7	38.1	88.0	-60.0
第21章 杂项食品	60134.8	150.4	31131.6	73.5	29003.2	377.6
第22章 饮料、酒及醋	10915.4	-29.9	4353.3	3.3	6562.1	-42.2
第23章 食品工业的残渣及废料；配制的动物饲料	18605.3	-23.8	15207.2	11.3	3398.1	-68.4
第24章 烟草、烟草及烟草代用品的制品；非经燃烧吸用的产品，不论是否含有尼古丁；其他供人体摄入尼古丁的含尼古丁的产品	22303.9	16244534.5	22303.9	16244534.5	0.0	—
第25章 盐；硫磺；泥土及石料；石膏料、石灰及水泥	1967035.6	408.5	163879.8	109.1	1803155.8	484.6
第26章 矿砂、矿渣及矿灰	2489565.3	-8.7	23279.5	207.4	2466285.8	-9.3
第27章 矿物燃料、矿物油及其蒸馏产品；沥青物质；矿物蜡	106813.8	355.8	11147.2	148.5	95666.6	404.9

续表2

进出口商品类章	进出口		出口		进口	
	累计（万元人民币）	同比（%）	累计（万元人民币）	同比（%）	累计（万元人民币）	同比（%）
第28章 无机化学品；贵金属、稀土金属、放射性元素及其同位素的有机及无机化合物	3162066.8	123.9	3014811.3	159.4	147255.5	−41.0
第29章 有机化学品	1071935.4	19.0	1035003.2	20.4	36932.2	−9.9
第30章 药品	56844.3	−28.9	44705.8	−19.8	12138.5	−49.9
第31章 肥料	82242.2	178.1	82242.2	178.1	0.0	−100.0
第32章 鞣料浸膏及染料浸膏；鞣酸及其衍生物；染料、颜料及其他着色料；油漆及清漆；油灰及其他类似胶粘剂；墨水、油墨	229759.5	53.0	219492.3	55.2	10267.2	17.3
第33章 精油及香膏；芳香料制品及化妆盥洗品	131393.0	21.4	75759.8	12.0	55633.3	37.1
第34章 肥皂、有机表面活性剂、洗涤剂、润滑剂、人造蜡、调制蜡、光洁剂、蜡烛及类似品、塑型用膏、"牙科用蜡"及牙科用熟石膏制剂	81074.5	15.7	63952.7	19.8	17121.8	2.7
第35章 蛋白类物质；改性淀粉；胶；酶	71050.3	−1.6	64894.5	2.6	6155.7	−30.9
第36章 炸药；烟火制品；引火合金；易燃材料制品	244805.0	26.2	243044.6	27.3	1760.4	−43.1
第37章 照相及电影用品	9831.3	−2.0	7877.6	71.2	1953.6	−64.0
第38章 杂项化学产品	786282.9	24.1	730705.4	23.5	55577.5	32.4
第39章 塑料及其制品	2278846.5	16.5	2034408.0	21.0	244438.6	−11.1
第40章 橡胶及其制品	257771.1	57.6	215095.8	69.6	42675.3	16.3
第41章 生皮（毛皮除外）及皮革	55603.6	3.4	28988.0	31.1	26615.6	−15.9

续表3

进出口商品类章	进出口		出口		进口	
	累计 (万元人民币)	同比 (%)	累计 (万元人民币)	同比 (%)	累计 (万元人民币)	同比 (%)
第42章 皮革制品；鞍具及挽具；旅行用品、手提包及类似容器；动物肠线（蚕胶丝除外）制品	720891.7	31.9	720541.1	31.9	350.5	27.0
第43章 毛皮、人造毛皮及其制品	102226.8	23.5	102104.6	23.5	122.3	57.0
第44章 木及木制品；木炭	561010.8	34.5	355541.0	36.8	205469.9	30.6
第45章 软木及软木制品	767.1	588.2	766.8	588.0	0.3	—
第46章 稻草、秸秆、针茅或其他编结材料制品；篮筐及柳条编结品	14653.7	18.7	14601.6	18.5	52.1	175.4
第47章 木浆及其他纤维状纤维素浆；回收（废碎）纸及纸板	766899.7	35.2	6013.1	7357.2	760886.7	34.2
第48章 纸及纸板；纸浆、纸或纸板制品	1061085.9	85.2	1005866.3	90.0	55219.7	26.5
第49章 书籍、报纸、印刷图画及其他印刷品；手稿、打字稿及设计图纸	40901.0	33.4	38896.2	41.3	2004.8	-36.1
第50章 蚕丝	751.3	-62.4	700.0	-63.9	51.3	-14.3
第51章 羊毛、动物细毛或粗毛；马毛纱线及其机织物	2305.2	592.9	327.5	278.5	1977.7	703.4
第52章 棉花	35972.8	4.2	31032.3	19.2	4940.5	-41.7
第53章 其他植物纺织纤维；纸纱线及其机织物	20367.8	-60.1	12680.8	-70.8	7687.0	1.5
第54章 化学纤维长丝；化学纤维纺织材料制扁条及类似品	123261.3	14.3	108754.5	17.1	14506.8	-3.2
第55章 化学纤维短纤	89948.3	54.9	81892.4	48.5	8055.9	175.1
第56章 絮胎、毡呢及无纺织物；特种纱线；线、绳、索、缆及其制品	85373.9	5.2	80329.3	6.7	5044.6	-14.2

续表4

进出口商品类章	进出口 累计(万元人民币)	进出口 同比(%)	出口 累计(万元人民币)	出口 同比(%)	进口 累计(万元人民币)	进口 同比(%)
第57章 地毯及纺织材料的其他铺地制品	54688.5	32.6	54618.8	32.7	69.7	-12.1
第58章 特种机织物；簇绒织物；花边；装饰毯；装饰带；刺绣品	64364.7	9.7	58470.7	11.6	5893.9	-6.3
第59章 浸渍、涂布、包覆或层压的纺织物；工业用纺织制品	66778.5	9.1	57263.8	15.4	9514.6	-17.6
第60章 针织物及钩编织物	165263.0	31.9	155087.1	35.8	10175.9	-8.6
第61章 针织或钩编的服装及衣着附件	2088769.8	30.0	2086805.5	29.9	1964.3	711.1
第62章 非针织或非钩编的服装及衣着附件	970505.9	27.1	968481.3	27.1	2024.6	23.1
第63章 其他纺织制成品；成套物品；旧衣着及旧纺织品；碎织物	408568.6	-10.1	403257.2	-10.4	5311.4	24.9
第64章 鞋靴、护腿和类似品及其零件	1158117.9	32.2	1128138.5	33.3	29979.4	0.6
第65章 帽类及其零件	52157.8	5.0	51764.6	4.4	393.2	210.6
第66章 雨伞、阳伞、手杖、鞭子、马鞭及其零件	23329.0	25.4	23327.1	25.4	1.9	339.7
第67章 已加工羽毛、羽绒及其制品；人造花；人发制品	290423.5	-17.8	289571.2	-17.4	852.3	-67.6
第68章 石料、石膏、水泥、石棉、云母及类似材料的制品	320994.9	10.9	314027.7	10.5	6967.2	31.0
第69章 陶瓷产品	972973.4	27.5	969747.6	27.9	3225.8	-36.1
第70章 玻璃及其制品	519022.8	46.5	500090.3	47.9	18932.5	16.8
第71章 天然或养殖珍珠、宝石或半宝石、贵金属、包贵金属及其制品；仿首饰；硬币	689320.6	-22.0	384758.6	11.8	304562.0	-43.5

续表5

进出口商品类章	进出口		出口		进口	
	累计(万元人民币)	同比(%)	累计(万元人民币)	同比(%)	累计(万元人民币)	同比(%)
第72章 钢铁	3555359.0	368.7	3541311.2	375.8	14047.8	-1.3
第73章 钢铁制品	2058048.5	79.5	2046535.0	80.6	11513.5	-15.0
第74章 铜及其制品	2317376.2	-1.5	429626.3	-35.2	1887749.8	11.8
第75章 镍及其制品	3324.4	-22.6	2805.3	121.3	519.0	-82.9
第76章 铝及其制品	281874.2	39.3	242167.6	25.2	39706.6	345.4
第78章 铅及其制品	54632.8	3691.3	54218.4	3821.5	414.5	609.3
第79章 锌及其制品	4594.6	-25.6	4511.2	35.4	83.3	-97.1
第80章 锡及其制品	12611.0	1708.8	225.4	-63.2	12385.6	14400.8
第81章 其他贱金属、金属陶瓷及其制品	729659.2	56.9	257318.3	101.8	472341.0	40.0
第82章 贱金属工具、器具、利口器、餐匙、餐叉及其零件	284234.0	16.3	281205.8	16.4	3028.2	5.1
第83章 贱金属杂项制品	461842.0	3.2	458623.2	4.6	3218.8	-63.9
第84章 核反应堆、锅炉、机器、机械器具及零件	4362429.6	-3.2	3769154.3	-3.8	593275.3	1.2
第85章 电机、电气设备及其零件；录音机及放声机、电视图像、声音的录制和重放设备及其零件、附件	19226804.7	43.6	13626190.1	47.2	5600614.7	35.5
第86章 铁道及电车道机车、车辆及其零件；铁道及电车道轨道固定装置及其零件；附件；各种机械（包括电动机械）交通信号设备	15632.7	38.2	15631.0	38.4	1.6	-92.0
第87章 车辆及其零件、附件，但铁道及电车道车辆除外	1268447.4	49.6	1223471.4	58.1	44976.0	-39.2
第88章 航空器、航天器及其零件	5067.1	-18.5	2362.2	487.3	2704.9	-53.5
第89章 船舶及浮动结构体	31363.2	-64.0	29539.9	-65.5	1823.3	23.1

续表6

进出口商品类章	进出口		出口		进口	
	累计(万元人民币)	同比(%)	累计(万元人民币)	同比(%)	累计(万元人民币)	同比(%)
第90章 光学、照相、电影、计量、检验、医疗或外科用仪器及设备、精密仪器及设备；上述物品的零件、附件	956897.9	-25.7	639422.9	-11.7	317475.1	-43.6
第91章 钟表及其零件	53586.0	-7.5	53216.1	14.7	369.8	-96.8
第92章 乐器及其零件、附件	21503.7	-9.1	20946.4	-10.6	557.3	152.4
第93章 武器、弹药及其零件、附件	60.4	-45.9	60.4	-45.9	0.0	—
第94章 家具；寝具、褥垫、弹簧床垫、软坐垫及类似的填充制品；未列名灯具及照明装置；发光标志、发光铭牌及类似品；活动房屋	2715578.6	-0.6	2709269.1	-0.5	6309.5	-28.3
第95章 玩具、游戏品、运动用品及其零件、附件	2154910.3	8.9	2150856.8	8.9	4053.4	9.7
第96章 杂项制品	273043.7	28.2	268346.7	30.3	4697.0	-33.4
第97章 艺术品、收藏品及古物	14961.7	43.8	14900.6	44.1	61.0	-3.6
第98章 特殊交易品及未分类商品	31926.1	-64.9	28588.8	-59.5	3337.2	-83.6
第99章 跨境电商B2B简化申报商品	16.8	-85.2	16.8	-85.2	0.0	—

附录

2022年南昌海关公告

中华人民共和国南昌海关公告

2022年第1号

为满足社会公众的海关统计数据使用需求，根据《中华人民共和国海关统计条例》有关规定，现公布《2023年南昌海关统计数据公布时间表》（见附件）。

特此公告。

附件：2023年南昌海关统计数据公布时间表

南昌海关
2022年12月29日

附件

2023 年南昌海关统计数据公布时间表

时间	快讯	月度正式数据
1月	1月16日（星期一）	1月18日（星期三）
2月	—	—
3月	3月12日（星期日）	3月18日（星期六）
4月	4月17日（星期一）	4月18日（星期二）
5月	5月12日（星期五）	5月18日（星期四）
6月	6月12日（星期一）	6月18日（星期日）
7月	7月17日（星期一）	7月18日（星期二）
8月	8月12日（星期六）	8月18日（星期五）
9月	9月12日（星期二）	9月18日（星期一）
10月	10月16日（星期一）	10月18日（星期三）
11月	11月12日（星期日）	11月18日（星期六）
12月	12月12日（星期二）	12月18日（星期一）

注：月度数据指上一个月的当月数据及1月至上一个月的累计数据。其中，"快讯"为海关统计月度初步汇总数据；"月度正式数据"是在月度初步数据的基础上，进一步修正差错后形成的正式数据。

2023年2月不公布数据，3月12日公布1月和2月合计快讯数据。

"中国海关史料丛书"
编委会

主 任 委 员　　胡　伟　许大纯

副 主 任 委 员　　黄冠胜　赵增连　杨振庆

编 委 会 委 员　　翟小元　张　红　吴瑞祥　刘书臣　龙夫春　李海勇
　　　　　　　　　田　壮　詹庆华　陈福升　孙霞云

执 行 主 编　　谢　放　詹庆华　郭志华

编　　　　辑　　房　季　王　虎　解　飞　范嘉蕾　李　多　刘金玲
　　　　　　　　贺　红　邓玉栋